宁波大红鹰学院
蓝源家族财富管理研究院家族财富管理丛书

宁波家族企业研究

陈 超 陈柏成 苏赛尔 著

中国财经出版传媒集团
经济科学出版社
Economic Science Press

图书在版编目（CIP）数据

宁波家族企业研究/陈超，陈柏成，苏赛尔著.
—北京：经济科学出版社，2017.10
ISBN 978 - 7 - 5141 - 8640 - 6

Ⅰ.①宁…　Ⅱ.①陈…②陈…③苏…　Ⅲ.①家族 - 私营企业 - 企业管理 - 研究 - 宁波　Ⅳ.①F279.245

中国版本图书馆 CIP 数据核字（2017）第 273276 号

责任编辑：刘　莎
责任校对：郑淑艳
责任印制：邱　天

宁波家族企业研究

陈　超　陈柏成　苏赛尔　著

经济科学出版社出版、发行　新华书店经销
社址：北京市海淀区阜成路甲 28 号　邮编：100142
总编部电话：010 - 88191217　发行部电话：010 - 88191522
网址：www.esp.com.cn
电子邮件：esp@esp.com.cn
天猫网店：经济科学出版社旗舰店
网址：http://jjkxcbs.tmall.com
固安华明印业有限公司印装
710×1000　16 开　12.75 印张　220000 字
2017 年 11 月第 1 版　2017 年 11 月第 1 次印刷
ISBN 978 - 7 - 5141 - 8640 - 6　定价：45.00 元
（图书出现印装问题，本社负责调换。电话：010 - 88191510）
（版权所有　侵权必究　举报电话：010 - 88191586
电子邮箱：dbts@esp.com.cn）

专家指导委员会

主任委员： 廖文剑

副主任委员： 孙惠敏　孙　卫

委员会成员： 李　羽　武　军　刘　莉　郭菊娥　沈晓燕

序

伴随着经济体制改革的逐步深入，中国经济已经走过了波澜壮阔的30年，社会财富快速积累，不仅使人均GDP增长了将近60倍，也使以家族企业为主的民营经济在地区经济发展中的作用不断增强。家族企业在增加社会财富、拉动经济增长、推动改革创新等方面发挥了重要的作用，已经成为中国社会主义市场经济的重要组成部分。

家族企业乃至整个民营经济的顺利传承和永续发展是中国经济体制改革的核心问题，关系到中国整体经济的健康发展。因此，研究家族财富管理中的思想和实践方法，探索家族财富管理在中国现今社会中的应用价值，对于我国以家族企业为代表的民营企业长远发展具有深刻的现实意义。

通过研究家族财富管理的实现路径，积极探索资本市场在民营经济发展中的多元作用，帮助民营企业建立健全的企业法人治理结构，从制度、结构、顶层设计等多个维度促进家族企业乃至整个民营经济稳步前行。

家族财富管理是围绕整个家族的所有资产的经营和规划，应用家族信托、家族基金、私人资产管理、第三方资产托管、家族办公室等多种金融工具和资产配置模式，对家族拥有的产业资本、金融资本和社会资本进行运营管理，以实现家族财富的保值增值和家族企业的永续传承。与一般大众的财富管理不同，其内容不仅包括一般意义的理财、金融投资以及不动产、收藏品等另类投资，还包括税务、法律、企业战略等一系列咨询服务。对于无形财富的管理，诸如对子女教育的投入、家族和谐关系的建立和维护，乃至整个家族的传承，也是家族财富管理中重要且具有家族特色的内容。

在西方社会，伴随着家族企业发展和家族传承的演变，家族财富管理逐渐形成了一套全面、严谨、自成一体的财富规划服务，并以家族办公室这一服务形态最为典型。相较之下，我国目前家族财富管理的发展仍显幼稚，各家机构基于自身的业务能力从某一维度提供特定的家族财富管理服务，缺乏一种系统性、综合性的整体解决方案。具体表现为拥有财富的富裕家族，分别通过商业银行、投资银行、第三方财富管理、律师事务所、会计师事务所等商业服务机构完成相应的家族财富管理活动。

在中国经济转型升级和全面深化改革的背景下，中国的家族财富管理行业总体还处于发展初期阶段，缺乏一批良性、专业化的家族财富管理机构，民营企业家和相关从业人员对家族财富管理也缺乏足够的认识。中国的家族财富管理存在着家族资产配置混乱、家族财富投资渠道单一、家族财富风险隔离机制僵化、家族内部治理结构落后、家族企业转型路径不明、家族企业代际传承困难、家族企业人才流失严重等诸多难题。家族纠纷的传闻不绝于耳，家族企业败落的案例更是屡见不鲜，直接向家族财富管理与家族企业发展传承提出了新的要求和挑战。"真功夫创业者内乱"、"国美电器控制权之争"、"陈逸飞前妻遗孀争产"、"海鑫钢铁轰然崩塌"，如此家族败落的案例为中国家族企业乃至整个民营企业敲响了警钟。

鉴于家族财富管理的迫切需求和家族企业对国民经济的重大作用，研发具有中国特色的家族财富管理模式，发现和把握家族企业的成长特征、规律和发展中存在的问题，引导家族企业、家族资本进入资本市场，研究如何实现家族财富的保值增值和家族企业的基业长青，对中国经济未来的发展有着不可忽视的作用。长期以来，中国家族财富管理市场存在着产品服务同质化严重、投资工具缺乏、投资标的有限、专业人才不足、风险管控不严、创新动力不够等诸多问题，亟须一个智库和协作互动的平台，通过研究、教育和专业化服务满足企业、行业与社会的理念需求、人才需求和家族财富管理需求。家族企业的传承与转型不能简单以培养子女领导力为主，必须构建一套基于金融资本顶层设计下的系统，将系统科学的金融资本与家族柔性结构相结合，才能实现有效的传承。

蓝源投资集团与宁波大红鹰学院在三年前成立了我国第一家家族财富管理研究院，并与西安交通大学管理学院共同成立蓝源家族财富管理研究中心，在北大金融创新中心、香港大学、香港金融管理学院、浙江大学企业家学院等支持下，致力于打造中国式家族企业传承模式，推动中国家族企业的财富管理，引导和规范民间资本，打造基于家族企业的金融资本生态系统。

本系列丛书是蓝源家族财富管理研究院、宁波大红鹰学院和西安交通大学管理学院三年以来通过对浙江近500多家家族企业的访谈和蓝源资本12家家族办公室（FO）运营实践的基础上，对国内外家族财富管理模式的总结、研究、借鉴与实践。可以相信，该系列丛书的出版将为中国家族企业解决长远发展和代际传承的难题提供新的思路，为中国家族财富管理事业献智献策。

2016年4月

前　言

宁波作为全国民营经济最发达、家族企业最集中的地区之一，凭借其体制机制的先发优势迅速发展，产生了雅戈尔、韵升、华茂、方太等一批典型的家族企业，这些企业成为宁波民营企业中的佼佼者。受中国传统文化、宁波商帮文化和家族文化的多重影响，宁波的家族企业在成长过程中形成了其特有的家族性资源。政治、经济、政策法律、道德文化和内部环境都为宁波家族企业创造了环境供给，并有效地影响、促进着家族企业的发展。宁波家族企业发展经历了起步、稳步、快速、规模扩张和优化整合转型提高阶段；已形成独具特色的混合型发展模式，初步完成了资本的原始积累，规模不断壮大，管理趋向规范，"块状化"和"产业链"特点显著。然而，宁波家族企业在发展中也存在一些共性的问题，比如制造业层次还不高、产业规模化水平较低、产业技术创新能力不强、融资障碍等。

针对宁波家族企业治理，结合美国、德国、日本，以及发达国家和地区的家族企业治理的借鉴，我们提出了一套完善的措施来保障家族企业自身实力的提高、经营绩效的改善和长久发展。宁波现有的家族企业中，10%的家族企业初步完成了传承接班，其他大量的家族企业正面临或即将面临传承问题。当下，宁波家族企业面临传承高峰，挖掘并探究企业成功传承的普适性规律对于家族企业、宁波民营经济乃至中国民营经济的可持续发展都是非常有意义的。成功传承后的家族企业在产品、技术、管理、市场、品牌等方面获得了演进、转移和聚焦发展，企业的核心竞争力得到进一步提升。本书在借鉴现有的研究成果基础上，通过宁波地区家族企业的实证分析，探讨研究了宁波家族企业。本书由以下七个章节组成：

第一章：家族企业内涵。本章通过综合主流的国内外学者关于家族企业的界定观点，从所有权视角、经营控制权视角、所有权和经营权相统一视角、传统社会文化视角和契约视角展开家族企业的界定，并且阐述了家族企业特征，主要从两权不分离、家长式领导、封闭性以及传统文化对家族企业具有较大影响等方面入手。最后，提出家族企业类型，主要分为既有所有权又有经营权的家族企业、家族有所有权但只有部分经营权的家族企业和家族有经营权但只有部分所有权的家族企业。

第二章：宁波家族企业发展。首先，从宁波家族企业发展历程入手，介绍了起步发展阶段、稳步发展阶段、快速发展阶段、规模扩张阶段和优化整合转型提高阶段。其次，分析了宁波私营企业的特点，宁波私营企业已形成独具特色的混合型发展模式；已初步完成了资本的原始积累，企业规模不断壮大；管理趋向规范，同时注重品牌建设和技术创新；"块状化"和"产业链"则成为发展亮点。最后，阐述了宁波私营企业发展中存在的问题：制造业层次还不高、产业规模化水平较低、产业技术创新能力不强、融资障碍等。

第三章：宁波家族企业治理。企业治理作为家族企业治理研究的理论基础，其作用是至关重要的。它是企业提高自身实力、改善经营绩效的必经之路，它为调动企业内部员工的工作积极性起到保障作用；同时能够有效地促进企业资源的科学合理配置，对企业内部的代理成本问题也起到有效地抑制作用。此外，企业治理还是促使企业实现科学化决策、企业所有者，以及其他利益相关者、市场经济有序高效运行的重要保障。首先，阐述了家族企业治理内涵和家族企业治理理论。其次，分析论述了宁波家族企业治理问题：甬商文化的影响；内部产权不清晰，股权结构不合理；资本结构单一，融资渠道不畅；缺乏长期的激励约束机制；缺乏良好的家族企业文化；面临代际传承困境及外部经理人市场的不成熟。再次，结合借鉴国外家族企业治理经验。本章通过对美国、德国、日本，以及发达国家和地区的家族企业治理进行分析与总结，得出了利于我国家族企业发展的相关经验借鉴。最后，提出了完善宁波家族企业的治理措施：吸取传统文化精髓，推动企业文化创新；理顺产权关系，优化股权结构；吸纳外来人才，建立完善经理人的激励约束机制；完善资本市场的建设，优化家族企业的融资渠道；做好家族继承人的选择；完善职业经理人市场，健全职业经理人监督制度。

第四章：宁波家族企业传承研究。首先，从家族企业传承理论与模型入手，介绍了家族企业传承理论：委托—代理理论、资源论、利益相关者理论和计划行为理论；家族企业传承模型：传承经典模型、阶段传承模型和权力交接模型。其次，分析了宁波家族企业传承特征：面临传承高峰期，子承父业是主要模式，职业经理人模式是传承趋势，和比较重视接班人的培养。再次，提出了宁波家族企业传承存在的问题：缺乏传承计划；企业内部产权不明晰；一代创始人不愿放权；接班人不愿接班或能力不济；接班模式存在着局限性；职业经理人制度不完善。最后，提出了提升宁波家族企业代际传承的建议：提前制订传承计划；科学选拔和培养接班人；建立健全职业经理人制度。

第五章：宁波家族企业竞争力。首先，介绍了企业竞争力，阐述了企业竞争力的定义和基本属性：动态性、复杂性、有效性、相对性。其次，提出了企业竞争力指标评价，阐述了评价指标的分类，论述指标的选择包括指标选择的基本原则和常用的基本指标；阐述评价方法，从模型构建到权重确定再到结果分析。再次，展开宁波家族企业竞争力评价。评价结果显示，网易的竞争力远超其他宁波家族企业；京投银泰、围海股份、东方日升、双林股份、三星电气，以及聚光科技的竞争力有待加强；圣达莱、三江购物、先锋材料三家家族企业竞争力相对较弱。最后，提出了提升宁波家族企业竞争力建议：提高经营管理质量；完善公司治理结构和薪酬体系；建立有效的风控预警和管理机制；提高家族企业盈利能力；加大研发投入，着力提高创新能力。

第六章：宁波家族企业发展环境。研究企业与环境的关系，为企业正确、全面地认识和把握环境，进行科学的决策，提供理论依据，具有重要的理论意义和应用价值。同时，对政府更好地为企业创造环境供给，更有效地促进企业的发展，也具有重要的参考价值。本章首先阐述了家族企业环境概述及相关理论，包括安索夫的战略规划理论、本尼斯的组织发展理论、权变理论学派、彼得·圣吉的学习型组织理论、迈克尔·波特的竞争战略理论、系统理论学派。作为复杂开放系统中的企业组织，要求得生存与发展，较大程度上取决于家族企业与外部环境的适应性和内部环境的自身建设。总体来讲主要从政治环境、经济环境、政策法律环境、道德文化环境和内部环境展开分析论述。

第七章：宁波家族企业案例分析。如今，宁波有82%的家族企业进入交接班阶段，有96%的企业在交接班问题上选择代际传承。家族企业的成功传承和可持续发展，不仅关乎家族和企业的命运，也关乎中国民营经济的健康发展，更关乎中国经济的未来。本章节通过文献资料查找、深入访谈和数字资源检索，对宁波本土的9个家族企业案例展开分析探究：宁波方太集团、雅戈尔集团、宁波永发集团、浙江野马电池有限公司、宁波华联电子科技有限公司、宁波易中禾生物技术有限公司、宁波夏厦齿轮有限公司、浙江爱妻电器有限责任公司、宁波东方电缆股份有限公司。

目 录

第一章 家族企业内涵 ………………………………………… 1

一、家族企业界定 ………………………………………… 1

二、家族企业特征 ………………………………………… 4

三、家族企业类型 ………………………………………… 5

第二章 宁波家族企业发展 ………………………………… 7

一、宁波家族企业发展历程 ……………………………… 7

（一）起步发展阶段（1978～1987 年） ……………… 7

（二）稳步发展阶段（1988～1991 年） ……………… 8

（三）快速发展阶段（1992～1997 年） ……………… 8

（四）规模扩张阶段（1997～2005 年） ……………… 9

（五）优化整合转型提高阶段（2006 年以后）……… 9

二、宁波私营企业特点 …………………………………… 10

（一）形成独具特色的混合型发展模式 ……………… 11

（二）已初步完成原始积累 …………………………… 11

（三）管理趋向规范，注重技术创新和品牌经营 …… 11

（四）"块状化"和"产业链"已成为私营经济发展亮点 …… 11

三、宁波私营企业发展中存在问题 ……………………… 12

（一）制造业层次还不高 ……………………………… 12

（二）产业规模化水平较低 …………………………… 13

（三）产业技术创新能力不强 ………………………… 13

（四）融资障碍 ………………………………………… 14

第三章 宁波家族企业治理 ………………………………………… 15

一、家族企业治理内涵 ………………………………………… 15
（一）企业治理的概念 ……………………………………… 15
（二）家族企业治理的概念 ………………………………… 17

二、家族企业治理理论 ………………………………………… 18
（一）委托—代理理论 ……………………………………… 18
（二）利益相关者理论 ……………………………………… 19
（三）激励理论 ……………………………………………… 20
（四）现代产权理论 ………………………………………… 22
（五）企业生命周期理论 …………………………………… 23

三、宁波家族企业治理问题 …………………………………… 24
（一）甬商文化对宁波家族企业的影响 …………………… 24
（二）内部产权不清晰，股权结构不合理 ………………… 25
（三）资本结构单一，融资渠道不畅 ……………………… 27
（四）"亲疏远近"的用人标准，缺乏长期的激励约束机制 … 28
（五）宁波家族企业缺乏良好的家族企业文化 …………… 29
（六）宁波家族企业面临代际传承难困境 ………………… 30
（七）宁波外部经理人市场不成熟 ………………………… 30

四、国外家族企业治理借鉴 …………………………………… 30
（一）美国的家族企业治理 ………………………………… 31
（二）德国的家族企业治理 ………………………………… 34
（三）日本的家族企业治理 ………………………………… 35
（四）发达国家及地区家族企业治理的经验借鉴 ………… 38

五、完善宁波家族企业治理措施 ……………………………… 41
（一）吸取传统文化精髓，推动企业文化创新 …………… 41
（二）理顺产权关系，优化股权结构 ……………………… 43
（三）吸纳外来人才，建立完善经理人的激励约束机制 … 44
（四）完善资本市场的建设，优化家族企业的融资渠道 … 45
（五）做好家族继承人的选择 ……………………………… 47
（六）完善职业经理人市场，健全职业经理人监督制度 … 49

第四章 宁波家族企业传承研究 51

一、家族企业传承理论与模型 51
（一）家族企业传承理论 51
（二）家族企业传承模型 55

二、宁波家族企业传承特征与问题 59
（一）宁波家族企业传承特征 59
（二）宁波家族企业传承存在的问题 61

三、提升宁波家族企业代际传承的建议 65
（一）提前制订传承计划 65
（二）科学选拔和培养接班人 66
（三）建立健全职业经理人制度 70

第五章 宁波家族企业竞争力 75

一、企业竞争力理论概述 75
（一）企业竞争力的定义 75
（二）企业竞争力的基本属性 76

二、企业竞争力指标评价 77
（一）评价指标的分类 78
（二）指标的选择 79
（三）评价方法 80

三、宁波家族企业竞争力评价 82
（一）宁波家族企业概述 82
（二）模型构建 82
（三）评价结果分析 85

四、提升宁波家族企业竞争力建议 88
（一）提高经营管理质量 88
（二）完善公司治理结构和薪酬体系 88
（三）建立有效的风控预警和管理机制 90
（四）提高家族企业盈利能力 90
（五）加大研发投入，着力提高创新能力 91

第六章　宁波家族企业发展环境 ·················· 93

一、家族企业环境概述及相关理论 ·················· 93
（一）安索夫的战略规划理论 ·················· 93
（二）本尼斯的组织发展理论 ·················· 94
（三）权变理论学派 ·················· 94
（四）彼得·圣吉的学习型组织理论 ·················· 94
（五）迈克尔·波特的竞争战略理论 ·················· 95
（六）系统理论学派 ·················· 95
二、家族企业发展的政治环境 ·················· 96
三、家族企业发展的经济环境 ·················· 100
（一）要素市场环境 ·················· 102
（二）市场准入环境 ·················· 105
（三）信用环境 ·················· 105
四、家族企业发展的政策法律环境 ·················· 107
五、家族企业发展的道德文化环境 ·················· 111
（一）家族本位主义的影响 ·················· 115
（二）等差人际关系的影响 ·················· 115
（三）继家思想的影响 ·················· 116
六、家族企业发展的内部环境 ·················· 116
（一）企业人力环境 ·················· 117
（二）企业机制和体制环境 ·················· 122
（三）企业资金环境 ·················· 124
（四）企业文化环境 ·················· 125

第七章　宁波家族企业案例分析 ·················· 127

一、宁波方太集团家族企业案例分析 ·················· 128
（一）宁波方太集团的企业发展历程 ·················· 128
（二）宁波方太集团的家族化管理模式的演变 ·················· 129
（三）宁波方太集团职业经理人的选拔任用机制 ·················· 131
（四）宁波方太集团职业经理人的治理机制 ·················· 134

（五）宁波方太集团家族企业管理模式转型的现状 …………… 135
　　（六）宁波方太集团家族企业管理模式转型的对策 …………… 142
二、雅戈尔集团家族企业案例分析 ………………………………… 144
　　（一）雅戈尔集团的企业发展历程 ……………………………… 144
　　（二）雅戈尔集团家族企业的核心竞争力——品牌 …………… 146
　　（三）"泛家族化"雅戈尔家族企业管理模式的选择 …………… 147
　　（四）雅戈尔集团家族企业案例小结 …………………………… 150
三、宁波永发集团家族企业案例分析 ……………………………… 151
四、浙江野马电池有限公司家族企业案例分析 …………………… 154
五、宁波华联电子科技有限公司家族企业案例分析 ……………… 157
六、宁波易中禾生物技术有限公司家族企业案例分析 …………… 162
七、宁波夏厦齿轮有限公司家族企业案例分析 …………………… 166
八、浙江爱妻电器有限责任公司家族企业案例分析 ……………… 170
九、宁波东方电缆股份有限公司家族企业案例分析 ……………… 174
十、小结 ……………………………………………………………… 177

参考文献 ………………………………………………………………… 179

第一章

家族企业内涵

一、家族企业界定

家族企业的兴起并在企业组织模式中占统治地位是市场经济特别是市场发育早期阶段的一个普遍现象。尽管家族企业在世界各国早已存在,经济学者和社会学者对家族企业的研究由来已久,在诸多方面已达成共识,但这并不能完全掩盖人们对这一问题的认识差别或认识侧重点不同。研究者们基于不同视角形成了对家族企业的不同界定。比较具有代表性的观点是:

(1) 基于所有权视角。国内外学者们大多以家族对企业所有权的控制为根本依据界定家族企业,他们认为家族成员所有权的掌握程度对家族企业的界定有着决定性的作用。盖尔西克(1998)认为,判定为家族企业与否的关键就在于有没有对企业的所有权实行掌控,仅仅以家族名称来命名或是以有家族成员占据要职来作为界定依据是不可靠的。比亚隆加和艾米特(Villalonga & Amit, 2006)认为家族成员应该拥有一个企业51%或是更多的所有权,才能将该企业定义为家族企业。敦克和富伦里克(Donckels & Fronhlich, 1991)认为,当有六成或是六成以上的股权被家族成员所掌握时,这个企业就可以称为家族企业。此外,也有很多学者,如海沃德(Hayward, 1992)、思缪斯和罗曼纳(Smymios & Romano, 1994)、克罗米斯(Cromis, 1995)等,他们与敦克(Donckels)和富伦里克(Fronhlich)的研究观点类似,指出只要当家族成员掌握五成左右的企业所有权时就能定义为家族企业。我国学术界也有学者视所有权为界定一个企业是否为家族企业的关键,认为当一个企业的所有权被其家族成员所掌控，同时这种权利（即所有权）能够受到合法的保护一代传一代的时候，这种企业便可称作家族企业（朱卫平，2004）。

（2）基于经营控制权视角。贝马斯和赫迅儿（Bames & Hershon，1976）指出区分一个企业能不能被定义为家族企业的关键是企业的经营控制权，如果家族成员拥有经营控制权，则可以定义为家族企业。也有学者指出要视经营权为关键点对家族企业进行定义，如果家族成员或是几个有很好关系的家族对整个企业的所有权都掌握于手中，那么就可以视为家族企业（孙治本，1995）；金祥荣（2002）也认同以上观点，指出应从一个企业的经营控制权着手，以此来衡量一个企业是否应该被界定为家族企业。

（3）基于所有权和经营权相统一视角。部分研究者将所有权和经营权相统一界定家族企业。美国著名企业史学家钱德勒（Chandler，1987）在《看得见的手》一书中指出，家族企业是"企业创始者及其最亲密的合伙人（和家族）一直掌有大部分股权；他们与经理人员维持紧密的私人关系，且保留高阶层管理的主要决策权，特别是在有关财务政策、资源分配和高阶人员的选拔方面"。在钱德勒（Chandler）的定义中，有两点必须注意：其一，家族企业作为一种特殊的企业组织形式，拥有自身的独特性。它是企业与家族的统一体，既是一个经济组织，又是一个文化伦理组织。因此，在家族企业中存在着企业的和家族的两种完全不同的运行规则。前者基于理性的思考和功能性的运作，而后者则更倾向于家族辈分和血缘的亲疏距离。家族企业所有的优缺点都可以从这两种不同的规则中得到解释。其二，家族企业中涉及的家族概念并非仅限于传统意义中由父系后代家庭所构成的家庭组合，它包括了以下各种关系的组合：以父子关系为核心的家族、以夫妻关系为核心的家族概念、以兄弟姐妹关系为核心的家族、以朋友关系为核心的家族。家族与企业之间的关系实际上就是所有权与控制权如何分配的问题。从钱德勒（Chandler）的定义来看，他强调了家族企业的股权和控制权为一个家族所掌握，并在程度上强调需掌握大部分股权，且保留高阶层管理的主要决策权。国内学者潘必胜（1998）认为当一个家庭或是家族成员对企业的所有权及经营控制权取得掌控权时，就可以界定为家族企业。此外，储小平教授（2000）认为应该从股权和经营控制权的角度把家族企业看成是一个连续分布的状况，从家族全部拥有两权到临界控制权的企业都是家族企业，而当这个临界控制权被突破了，就不能定义为家族企业了。

（4）基于传统社会文化视角。美国学者皮特·德鲁克（Peter. Drucker）曾经说过，文化对于管理来讲有着很重要的影响意义，不仅如此，其所在社会的价值观、传统习俗同样影响管理的进行。对此，部分学者以传统文化作为视角尝试定义家族企业。雷德（Redding S. G, 1993）指出华人家族企业有着别具风格特色的"家长式"领导形式，企业的经营管理几乎全部依靠家族成员以及相关亲缘朋友，雷德（Redding）在对华人家族企业进行分析研究后认为其从根本上可以看作是特殊的文化产物。来自哈密尔顿（G. Hamilton, 1991）的观点则是将有着社会性、亲缘性关系的人与人联系在一起来界定家族企业。在中国，有学者研究认为家族企业从根本上可以看作是以经营、生计为主的组织团体，或是一个有着传统文化背景的伦理组织，即由家族和企业相结合的统一体（吕政，2001）。而甘德安（2002）认为传统文化是一个家族企业的灵魂，郭跃进（2003）则提出"血亲关系距离"这个概念，指出在家族企业中以企业的业主或者法人代表为中心来确定企业中家族成员的亲等指数。申凯、李军毅（2009）通过对家族企业相关特征的研究分析后指出家族企业应该是以"血缘关系"为前提的，基于这种传统文化因素而形成的由家族成员所掌握实际控制权的企业。

（5）基于契约视角。随着现代企业治理理论的不断发展，以契约为角度的界定也逐渐在整个学术界占据了一席之地。在现代企业理论中，企业是一种由一组契约所联结的生产性团体组织。无论是在家族企业或是在非家族企业中，契约的作用是显而易见的。贺志锋（2004）认为契约是界定家族企业的关键，分别以家庭契约和交易契约两个方面来进行详尽的论述。以契约作为判断一个企业是否是家族企业的标准，已然开辟了界定家族企业的另一视角。以契约作为视角的学者还有马丽波、付文京（2006），他们指出区别是否是家族企业的本质特征在于它的企业要素构成中既有通过要素市场缔结过程所融入的社会（财物和人力）资本，同时也有依靠家族成员之间永久性契约关系所融入的家族（财物和人力）资本，在家族企业的治理机制中既包含着要素市场合约的一些治理规则，同时又保留着家族内部关系性合约所存在的一些治理规则。对此，他们把家族企业的经济性质归结为一个由创业家族与非家族要素资本之间的"要素使用权合约"和创业家族内部成员之间的"永久性关系合约"所共同组成的复合企业契约结构。

综合以上几点主流的国内外学者关于家族企业的界定观点，我们认为家族企业可以定义为：一个以血缘及亲缘关系为纽带所建立起来的，不仅拥有企业的所有权，而且经营控制权被家族所掌握。

二、家族企业特征

依据对家族企业的界定,家族企业一般具有如下特征:

(1) 家族企业两权不分离。所有权与经营控制权的相结合或是两权分离往往被看作是一个企业是否能被称为家族企业的关键标志。对于家族企业来说,所有权和经营控制权是两权合一、紧密结合的。作为家族成员,对家族企业的经营被他们视为安家立业的根本,他们牢牢掌握家族企业的所有权,以此来实现对家族企业内部权利的支配控制,按照自己的意愿来安排企业的治理与管理。相应地,经营控制权也被家族成员集中掌握,对于聘请的 CEO 很难或者说根本无法拥有真正的经营控制权。

(2) 家长式领导。樊景立和郑伯埙(2006)认为家族企业领导是一种具有权威性、长辈家长式领导形式的人格表现,其中,被领导者完全臣服于领导者。陈恩(2005)形象地将家族企业比作一个大家庭,而家族企业的董事长被视为家长,所有企业成员被比作家庭成员,在家长的领导下指导大家工作。家长式领导可以视为人治管理,在这种管理模式之中,领导者在家族企业中的地位往往是举足轻重、最具影响力的。在家族企业内部,除了家长式领导使家族企业中的领导者拥有巨大的权威以外,另外一个典型的特征是决策权和管理权的高度集中。对于整个家族企业来说,所有权与经营控制权的紧密结合、被家族成员所控制,无形中就变成了一个具有家长式领导特色的集权化模式。在有关家族企业的决策问题上,家族成员具有最高的决策权,由他们独揽大权。

(3) 家族企业具有封闭性。在家族企业中,无论是从企业的员工聘用还是企业运营资金的来源等方面都呈现出较强的封闭性,这个可以说是全世界所有家族企业的共性。在家族企业创立之初,企业运营的相关资金都是由家族成员内部共同筹资完成的,而且家族成员共同对企业进行经营管理,对外来的资金及外聘职员都具有较强的排斥性。因此,家族企业较现代企业具有较强的封闭性。

(4) 传统文化对家族企业具有较大影响。我国是一个具有上下五千年历史悠久的文明国度,有着相当深厚浓郁的文化传统,而这些文化传统对我国家族企业的影响也是深远的。首先,是儒家传统思想文化的影响,正是因为企业内部的家族成员之间有着血缘关系,并且是在相同的家族文化氛围下成长生活的,因此他们的价值观、对利益追求的目标可以说都是大同小异的,所以家族成员之间存在着一种先天存在的信任感,而这种信任感是无法撼动的。家族成员之间关系的网络化也正是这种思想文化的很好体现。其次,是家权威主义思想文化的影响,由于家族企业在创立及成长过程之中,都是由一个家族的核心人物艰苦奋斗、带领家族成员勇往直前的,因此他对家族企业的所作所为都被视为一种功勋而倍受家族成员的爱戴,获得了家族成员的信任和对其的忠诚。

三、家族企业类型

目前,研究者对于家族企业分类的研究也有不同观点。

国外学者对家族企业类型的分类。雷诺兹(Reynolds,1995)将家族企业归为三种主要类型:第一种是独资的家族企业;第二种类型是以家族成员掌握企业中五成的所有权作为区分依据;第三种类型则是对第二种类型的区分,认为是超过五成的所有权被家族成员所掌握。日本学者福山(1998)将家族企业分为两种类型,即"家族式"和"准家族式"。他在研究中认为中国的家族企业应属于"家族式",而日本的家族企业由于已经突破了传统的血亲关系,应该属于"准家族式"。

国内学者对家族企业类型的分类。可能是因为儒家文化在我国有着相当深远的影响,国内的学者在对家族企业类型的分类上也显得比国外学者更为注重,也更加的详细。台湾学者黄光国(1989)以家族企业的发展阶段和组织形式作为划分标准,将家族企业分为以下几种类型:第一类家族企业是仅仅由具备亲缘关系的亲戚来运作的家族企业,这种类型也是最普遍的;第二类家族企业是以家族成员为主体,企业内部几乎所有重要权利都由他们所持有;第三类家族企业是逐渐由家族成员实行的人治转向法治,即家族企业内部运作均依据规章制度;第四类家族企业是所有权与经营控制权不再结合,而是更加接近现代企业意义的家族企业。晁上(2002)将家族企业划分为古典家族企业和现代家族企业。他认为,古典家族企业就是家族在企业中占据着绝对统治地位,包括家族业主制企业、家庭合伙制企业和部分家族股份公司(指古典家族股份公司);现代家族企业则是股权结构分散后的治理结构企业,即现代家族股份公司。古典家族企业与现代家族企业之间存在的区别是:在古典家族企业中,所有股权或是绝大部分股权集中在个人、家庭或是家族手中,由此带来控制权的集中,控制权是所有权的函数;而在现代家族企业中,股权结构分散之后，家族表面上丧失了绝对性控制股份，但是实际上却控制着企业的运作，呈现出一种低所有权、高控制权的产权结构。于立（2003）从家族成员对企业内部权利所掌握情况的不同这个方面，对家族企业提出了以下分类：（1）家族所有型。家族成员虽然是企业的所有者，但是他们并不直接接触与企业有关的经营事项，而是将这些运作交给外人；（2）家族经营型。针对这类家族企业，家族成员已然退出企业所有者行列，仅仅只对企业的经营负责；（3）混合型。家族成员在这类企业中不但掌握着企业的（全部或部分）所有权，而且还拥有（全部或部分）控制经营权。刘锦勇（2004）也将所有权与经营控制权的被掌握范围作为划分家族企业类别的依据：（1）传统家族企业。家族企业内部的所有权与经营控制权由家族成员所持有掌握，而这种掌握程度可以说是完全的；（2）混合家族企业。家族成员对企业有主要控制作用，同时吸收了家族以外的所有者或经营者；（3）现代家族企业。这类家族企业中，家族成员基本上退出了控制经营的行列，或是仅持有少许企业股份，这类家族企业实际上已无限接近与现代企业范畴。

综合上述关于家族企业的分类及现实状况，我们将家族企业分为三种类型：第一种是家族既有所有权又有经营权的家族企业。家族既是企业唯一的所有者也是企业具体营运的操作者。企业的经营管理完全以家族关系为基础，家族关系既是企业选择和安排经营管理者的准则，也决定着经营管理者的权利和地位，例如，父亲是董事长，儿子是总经理，女儿是财务总监，等等。任何非家族关系的人，不能进入企业经营管理的核心层，家族关系与企业的经营管理活动内在地融合在一起，经营管理家族化，家族关系企业化。处于创业时期或规模较小阶段的家族企业就属于这一类型。第二种是家族有所有权但只有部分经营权的家族企业。一般来说，随着家族式企业规模的不断扩大，家族成员的智慧和能力都会深感不足，在适当的时候，就会向社会广招贤士能人，引进一定的人力资本和社会资本，不过家族成员还是掌握着企业的所有权，并在关键岗位安排家庭成员或亲信去任职，只是把部分的经营管理权转让给家族以外的人。步入成长期的家族企业大多属于这一类型。第三种是家族有经营权但只有部分所有权的家族企业。家族企业在发展到一定程度，需要进一步扩张的时候，如果仅仅依靠家族成员的融资渠道，往往很难突破资金的"瓶颈"制约，这就需要让渡部分股份，为企业发展注入必要的新鲜"血液"。虽然让出了部分股份，但家族仍然有部分所有权，并且家族成员依然牢牢掌握着企业的经营管理权。处于扩张发展期的家族企业就属于这一类型。

第二章

宁波家族企业发展

一、宁波家族企业发展历程

改革开放以来，宁波私营经济经历了起步发展、结构调整、快速增长和质量提升、稳步提高等阶段，同时宁波私营经济体制机制创新也实现了两次历史性飞跃。

（一）起步发展阶段（1978~1987年）

1978年前，两种公有制经济占中国经济几乎是100%。经济很不景气，问题很多，与一些发达国家的差距越来越大。就企业本身来讲，大量企业都是亏损的，很难维持下去。在这样背景下，党的十一届三中全会确立了以经济建设为中心的指导思想，并提出国有企业所有权与经营权可以适当分离的理论，明确昭示国有企业可以国营，也可以非国营（私营）；使长期以来受到禁止和歧视的私营经济重新得到发展。首先是提倡个体户的发展，后来慢慢允许私人办工厂，中国的私营经济就这样一步一步发展起来。这一时期，宁波家族企业的表现形式主要以个体工商户为主，1978年全市仅有个体工商户187户。1983年以后，宁波积极贯彻"国家、集体、个体一起上"的方针，允许城乡居民和剩余劳动力从事个体经营，并放宽批准权限、经营范围和经营方式，简化登记审批手续。到1987年，全市已有个体工商户10.57万户，从业人员达16万人。

（二）稳步发展阶段（1988~1991年）

这一时期，国家对私营经济先加以保护，后进行调控。宁波对私营企业既保护又调整，但以保护为主。1987年和1988年，国务院先后颁布了《城乡个体工商户管理暂行条例》和《私营企业暂行条例》。1988年，修订后的新宪法增加了"国家允许私营经济在法律规定的范围内存在和发展。私营经济是社会主义公有制经济的补充。"的内容，从宪法层面保护私营经济的合法权利和利益，为私营经济的发展创造了较好的法律政策环境。1988下半年严峻的经济形势，迫使我国国民经济进入"治理经济环境，整顿经济秩序"时期，其中，民私营经济是治理整顿的重点之一，宁波也严格控制私营企业登记。1989年8月至1990年，对个体工商户、私营企业进行清查，并制定各种相关规定。

（三）快速发展阶段（1992~1997年）

1992年邓小平同志南方谈话的发表，特别是"三个有利于"论述的提出解决了长期困扰的姓"资"、姓"社"的标准问题。党的十四大确认非公有制经济是社会主义国有经济的补充，由此明确私营经济发展的合法地位。党的十四届三中全会又提出现代企业制度理论，进一步解放了人们的思想，私营经济得到了迅猛发展。至此私营经济作为一种经济方式被接受。

1993年，宁波出台了《关于加快发展个体私营经济的若干意见》，为私营经济的发展创造宽松的政策氛围。私营经济投资显著增加，政府也由以前的对个体私营经济不支持、承认默许转向主动扶持、明确鼓励、积极引导，并相继出台了一系列发展个体私营经济的政策措施。在乡镇企业体制性弊端暴露后，宁波赶在苏南之前，果断地对乡镇企业进行大规模的产权制度改革。短短几年，实现了乡镇集体企业的成功转制，由乡镇企业转制成的私营企业迸发出新的活力。从此，宁波的私营经济由小到大，由弱变强，实现了宁波私营经济体制机制创新的第一次飞跃。到1997年年底，全市共有个体工商户19.4万户，从业人员达34.3万人，分别比1992年增长35.5%和44.6%。私营企业1.98万家，雇工26.6万人，均比1992年增长了7.5倍，注册资本已达到127亿元，是1992年底的55.84倍。此外，乡镇企业89 271家，吸纳就业人数

115.89万人。

（四）规模扩张阶段（1997~2005年）

私营企业数量大量增加，企业规模和所涉及的经营领域不断扩大，几乎涵盖了目前国家政策所允许民间资本涉足的领域，私营经济在GDP中所占比重越来越大。1996年宁波市共登记私营企业1.85万户，到2004年年底，私营企业数已达6.85万户。8年间增长了3.7倍，年均增长18.5%；私营企业投资者人数由1996年的3.24万人增加到2004年的14.08万人，增长了4.34倍；私营企业注册资本由1996年的107.9亿元增加到2004年年底的662.12亿元，增长了6.14倍，年均增长28.5%；私营企业雇工人数由1996年年底的25.3万人增加到2004年的108.6万人，增长了4.3倍，年均增长20.44%；私营企业产值由1996年的293亿元增加到2004年的1 216.83亿元，增长了4.15倍，年均增长大约15%；私营企业实现销售总额由1996年的111.3亿元增加到2004年的797.06亿元，增长了7.16倍，年均增长约33%。

（五）优化整合转型提高阶段（2006年以后）

家族企业组织形式由最初的个体工商户发展为私营企业，再发展为有限公司、集团公司、股份合作制企业、股份有限公司、有限责任公司，逐渐形成了我市私营经济的主要结构。

改革开放近30多年来，作为对外开放的重要港口城市和长江三角洲南翼的经济重镇，宁波凭借体制机制的先发优势迅速发展，形成了以私营企业为主体的经济发展格局，8万多家私营企业创造了近80%全市国内生产总值、70%的利税，提供了80%的就业岗位。因此私营企业在创造产值、推动技术创新、优化产业结构、促进市场繁荣、缓解就业压力、保持社会稳定等方面都发挥着积极作用，进而有力地加速了宁波的市场化、工业化和城镇化进程，成为推进宁波经济快速健康增长的重要动力。

然而，企业总体规模偏小，管理还比较粗放，产品主要集中在低端，创新能力依然不强，在全球产业链中很难形成核心竞争优势。从制度经济学的视角来考察，"宁波私营经济"的启动是基于区域内的自然资源禀赋和社会资源禀赋的，历史比较制度分析（HCIA）可能是解释宁波私营经济启动的一个比较适用的理论框架。区域的制度变迁与经济发展是由区域内经济主体的行为决定的，而所有经济主体的选择行为都会受到一组特定的约束条件的制约。因而，区域的制度变迁与经济发展的启动一定与该区域内当时的一组初始选择条件的约束有关，在这一组初始约束条件中，区域的自然资源禀赋和社会资源禀赋是两个最重要的选择约束条件。宁波自古有崇商之风，三江汇流的宁波，是中国最早开放的贸易口岸之一。开放带来的商业文明，激励着宁波人闯荡天下、开创伟业的勃勃雄心，使宁波人自古以来就有创业意识与冲动，以及对财富的追求与认同。早在唐宋元时期，宁波的商业就已繁荣兴盛，尤其是海外贸易往来频繁，至明清时期，一大批商贸巨贾陆续出现。宁波人在接受影响了中华几千年文化的"学而优则仕"这一正统观念的同时，人们对商业巨贾们同样刮目相看，"工商皆本"正是浙东学派所提倡的思想。此外，宁波地处东南沿海，南毗温州、北邻苏南，位于长江金三角地带；宁波素有"小上海"之称，很早就受到上海的产业辐射，以及管理和技术的经验传授；宁波有遍及海内外的"宁波帮"，众多海外赤子积极为宁波牵线搭桥；宁波有海涂围垦历史，慈溪、镇海、余姚、宁海、象山等地移民性强，民风兼容性强，因此能够博采众长、兼容并蓄。这些历史禀赋因素一旦条件成熟，人们的区域商业文化传统意识就被激活了，大规模的非农生产活动就在区域中迅速扩张，工业化和商业化进程由此启动，区域的制度变迁由此发生。由此，从比较历史制度分析的理论视角观察，宁波区域经济中特定的自然资源禀赋和社会资源禀赋是推进宁波区域制度变迁与私营经济启动的两个非常重要的因素。

二、宁波私营企业特点

宁波私营企业经过30多年的发展，已形成独具特色的混合型发展模式。从发展阶段看，已初步完成了资本的原始积累，企业规模不断壮大；从发展质量看，管理趋向规范，同时注重品牌建设和技术创新；从产业特征看，在第二产业，三大板块为主导的制造业结构初步形成，服务业正加速发展，同时"块状化"和"产业链"则成为宁波私营经济的发展亮点；从区域布局看，已从广大分散的农村地区向小城镇和城市等优势空间集聚，且呈现北强南弱、强县弱市的特征，差距日渐缩小。

（一）形成独具特色的混合型发展模式

在地理位置上，宁波地处东南沿海，南临温州，北接上海、江苏，这些地区均面临着人多地少的问题，故宁波的私营经济在发展模式上受温州模式和苏南模式的影响。同时，宁波人历来就有外出经商传统，"宁波帮"遍及海内外，加之优良的港口资源，发展外向型经济有着天然优势。从发展历程看，这种混合型模式在不同的发展时期有其不同的侧重。在起步阶段，以乡镇企业、城乡个体工商户为主共同发展；1992年以后，大量的乡镇集体经济转制或脱掉"红帽子"成为个私经济，同时私营经济的外向度不断提高。

（二）已初步完成原始积累

目前，在宁波既有一批规模超群、实力出众的强势私营企业，也有一大批中小规模、但发展前景良好、发展势头强劲的成长型私营企业，这些实力型和潜力型企业共同架构起宁波私营企业梯队型结构的良性发展体系。

（三）管理趋向规范，注重技术创新和品牌经营

与企业组织形式相适应，企业法人治理结构随之优化，决策、监督、执行分层运行和相互制衡，股东大会、董事会、监事会、经理层责权明确、各司其职的法人治理机制逐步成为私营股份制企业的主流，从而充分调动了出资者和经营者的积极性，企业治理效能不断提高。另外，私营企业家队伍素质也在不断提高。在品牌建设方面，自从各级政府出台创牌奖励制度和设立创牌风险补贴基金以来，私营企业创牌意识增强。

（四）"块状化"和"产业链"已成为私营经济发展亮点

为了提升竞争力，拓展发展空间，宁波私营企业依托原来的产业基础，转变发展理念，从单体作战逐步走向产业整合，逐步形成了各具特色的产业群。宁波的产业集群主要有两种形式：一是"块状化"产业集群，是由大量产品相近、共处一地、关联度较小的企业形成的"块状化"的经济发展形态，如：

象山针织、北仑文具、宁海模具等。无论是农村还是城镇，都普遍存在着"一村一品"或"一镇一业"的专业生产加工群体，从而构成了颇具地方特色的块状经济。目前，全市已有块状经济 140 多块，其中，产值超亿元的有 90 多块，超 5 亿元的有 10 多块。二是"产业链"式产业集群，是依托当地强势产业、整合上下游产业资源而形成的更高层次的经济发展形态。如余姚塑料产业，以余姚塑料城为依托，一方面带动了上游塑料模具乃至塑机制造业的发展；一方面搞活下游整个塑料交易市场。目前，余姚塑料城销售量已突破百亿元大关，销售价格指数已逐步成为影响全国塑料价格的晴雨表。又如慈溪小家电产业，目前，慈溪已拥有 2 000 多户整机家电企业和 8 000 多家家电配套生产企业，成为全国最大的饮水机、取暖器、电熨斗、电吹风、双缸洗衣机、电源插座生产基地。这些"产业链"式产业集群，直接构成了其他区域所无法复制的产业竞争力，成为宁波私营经济发展的亮点和活力源。

三、宁波私营企业发展中存在问题

（一）制造业层次还不高

产业现代化追求的是产业的高技术含量、高产品档次、高附加值率。宁波市工业结构的层次偏低，高加工度趋势并不明显。从宁波工业经济实际运营状况来看，低附加值的一般加工业仍然是支柱产业；绝大部分企业处于价值分配链条的附属地位，未能在开放的分工体系中占据有利地位；处于雏形阶段的临港型工业还难以带动宁波工业进入重化工业阶段。而作为产业发展的实施者和推动者——微观运营主体的企业，能否在管理水平、运作机制、人力资源、创新能力等方面实现质的提升，已经成为工业结构调整的关键。

从产品结构看，存在着结构性短缺，即一般加工能力过剩和高新技术产品严重依赖于进口的矛盾。宁波各行业有很多产品在国内市场具有一定的竞争力，如服装、水表、注塑机、粉末冶金制品、输配电设备、电容器、钕铁硼等，但总体上依然没有摆脱产品"三多三少"的问题。即一般产品多、优质产品少；中低档产品多、技术含量高的产品少；初级产品多、附加值高的产品少，并且产品、行业之间关联度小、产品链短，附配件、半成品的比重高，生产的规模化、集约化程度低，使原来的比较优势正面临逐步丧失的危险。

（二）产业规模化水平较低

没有大企业做后盾、做龙头，区域经济发展的基础就不稳固，产业也不可能形成真正规模。如果没有雅戈尔、杉杉、罗蒙、太平鸟等一大批大企业支撑，宁波的服装产业就不可能有今天这样的行业地位和市场格局。当然，不同的产业和产品有着不同的优势规模和合理规模，各类企业努力的方向应该是所在行业和产品的优势规模，在国内同行业中争龙头地位，在国际市场中争一流水平。而目前宁波企业组织结构不合理，资源配置不利于发挥规模经济效益，也不利于建立和完善大中小企业的协作分工体系。目前，宁波大中型企业数远低于杭州、苏州、无锡；国有及年销售500万元以上工业企业平均产值只有3 748万元，分别为杭州、苏州、青岛、大连、广州、深圳的86.5%、69.1%、56.7%、53.4%、47.8%、42.4%。现有大中型企业主要集中在纺织、轻工等一些劳动密集型产业，这些行业内部的企业平均规模也比较小。而对规模经济要求较高的化工、冶金、电子等行业，大中型企业比重较低，特别如化学、医药、电子通信、仪器仪表、金属冶炼、交通设备等行业的平均规模均在全国平均水平以下，造成企业总体规模小，大中型企业尤其是大型企业缺乏，带动力弱，担风险能力差，影响了市场竞争力的持续增强。

（三）产业技术创新能力不强

新技术革命为宁波市工业发展，特别是对于新兴的高新技术企业，提供了新的发展空间，为传统工业的改造提供了条件。但目前宁波在发展新技术方面还存在一些不足之处：首先，宁波市高新技术产业尚未形成规模，特别值得注意的是，企业总体技术创新能力不强，技术进步缓慢，技术装备或工艺达国际先进水平或国内领先水平的少。其次，宁波市尚未形成有效的科技创新体系，在人才、资金、技术的孵化与市场化等方面都相对薄弱。在新技术革命的背景下，传统产业将获得改革的有利条件，而作为宁波主导产业重要组成部分的高新技术产业将面临更大的压力。最后，从产业结构变动的因素分析，存在着产业技术创新要求与现有企业的技术创新整体能力较弱的矛盾。一是企业科技人才严重短缺；二是科技投入严重不足；三是技术装备水平较落后；四是企业创新能力弱。

（四）融资障碍

融资方式以自筹为主，银行贷款为辅。在银行间接融资上，已基本不存在所有制性质上的差别待遇问题，但在企业规模上，中小型私营企业融资渠道不畅的问题依然存在。这主要反映在三个方面：（1）融资渠道单一，目前主要渠道为国有商业银行与农村信用合作社，它们在风险与收益的权衡中更多关注风险防范，很难满足中小私营企业扩大再生产以及技术开发对资金的需求；（2）银行及农村信用合作社的贷款担保手续繁、周期长，综合起来借贷成本不低；（3）目前宁波的中小企业担保、融资与风险投资体系不健全。从宁波已建立的中小企业贷款担保机构的运作情况看，除了鄞州中小企业贷款信用促进会运作较好外，其他担保机构的运作并不佳，而且一些担保机构已经被取消。

第三章

宁波家族企业治理

家族企业治理是规范和处理家族所有者、外部所有者、家族经理、职业经理人等利益主体之间关系的一套正式或非正式制度安排,并随着家族企业的发展、所有权分配的变化而调整。家族企业治理主体分别来自企业和家族两个系统,每个利益主体可能分别扮演多重角色,增大了家族企业治理的复杂性。由于家族企业涉及家族和企业两大系统,家族企业治理既有一般公司治理的共性,也有属于家族企业的特殊性。

一、家族企业治理内涵

企业治理作为家族企业治理研究的理论基础,其作用是至关重要的。它是企业提高自身实力、改善经营绩效的必经之路,它为调动企业内部员工的工作积极性起到了保障作用;同时能够有效地促进企业资源的科学合理配置,对企业内部的代理成本问题也起到了有效地抑制作用。此外,企业治理还是促使企业实现科学化决策、企业所有者,以及其他利益相关者、市场经济有序高效运行的重要保障。因此,有必要对企业治理进行一定的简要概述。

(一)企业治理的概念

企业治理又名公司治理、企业管治,是一套程序、惯例、政策、法律及机构,影响着如何带领、管理及控制公司。企业治理是一个多角度多层次的概念,企业治理的产生主要是源于企业之中所有权与控制权的相互分离。伯利与米尼兹（Berle & Means C，1932）在其所著的《现代公司与私有财产》之中就曾对企业"两权"的相关问题进行过详细地分析，他们认为企业所有者，以及相关投资者的利益会随着企业经营者的权力增大而变得岌岌可危，并担心会因此而失去整个企业。因此，所有者有必要对企业经营者建立一种监督和制衡机制，即通过一种制度安排来合理配置所有者和经营者之间的权利和责任关系。学者们在很长一段时间之中都是围绕着"两权分离"的问题对企业治理进行相关研究的，如威廉森（Williamson，1964），祥尔菲和维香尼（Shleifer & Vishny，1997）等学者都认为是在"两权分离"下，由于企业所有者担心自身利益遭到经营者的损害而做出相关行为，从而产生了企业治理问题。关于企业治理的概念，可以从狭义和广义这两个方面来了解。

（1）狭义的企业治理。是指所有者（主要是股东）对经营者的一种监督与制衡机制，即通过一种制度安排，来合理地界定和配置所有者与经营者之间的权利与责任关系。公司治理的目标是保证股东利益的最大化，防止经营者与所有者利益的背离。其主要特点是通过股东大会、董事会、监事会及经理层所构成的公司治理结构的内部治理。英国学者阿林梅耶在其所著《市场经济和过渡经济的企业治理机制》一书中认为，企业治理是企业赖以代表和服务于其他投资者利益的一种组织安排，包括从企业董事会到执行人员激励计划的一切东西，是随着现代企业所有权与控制权相分离而产生企业治理的需求。我国经济学家吴敬琏（2001）指出，企业治理即是一种由企业所有者、董事会，以及高级经理人所组成的结构，并在此结构之中形成监督约束的关系。而胡汝银（2000）则认为企业治理是指导并控制企业经营运作的一套机制。

（2）广义的企业治理。是指通过一整套包括正式或非正式的、内部的或外部的制度来协调公司与所有利益相关者之间（股东、债权人、职工、潜在的投资者等）的利益关系，以保证公司决策的科学性、有效性，从而最终维护公司各个方面的利益。从公司治理的环境和运行机制来看，可以分为内部公司治理和外部公司治理。在广义的企业治理之中，企业变成了一个利益共同体，是由企业利益相关者通过一系列的手段来进行共同治理，已不仅仅是企业所有者个人的企业了。可见，广义的企业治理指的就是以一套内外部的机制制度来对企业和利益相关者之间的利益进行平衡与协调，以此来保障企业的相关利益不受损，确保企业决策的科学化、合理化。因此，治理目标就不仅仅是为了保障企业所有者及股东相关的利益最大化，而是通过治理来确保企业所有的利益相关者的利益最大化，并保障企业决策科学化。

由上述分析可以看出，对企业治理定义的分歧之处在于企业只能对股东（出资人）负责，还是应对包括股东、债权人、供应商等一系列利益相关者负责。围绕前者出发，企业治理主要是指内部治理，强调公司内部股东、董事会和高级经理人员之间的相互制衡。围绕后者出发，企业治理是一套包括内部治理和外部治理的一系列约束和激励机制。各种国际组织倾向于从宏观角度来定义企业治理，要求企业治理的范围应扩充到公共政策方面，强调企业治理的好坏关涉宏观经济的稳定，由此认为企业治理应该对整个社会上的利益共同体负责。而有些学者则从微观角度定义，认为企业治理是在所有权和经营权分离的情况下，企业为了最大化其股东收益，在必要情况下施行有损于其他利益相关者的措施是合理的。

（二）家族企业治理的概念

家族企业与非家族企业相比，其既具有一般企业的特征，又具有家族企业的特殊性质。因此，家族企业治理既具有一般企业治理的特征，同时因家族企业的特殊性质，家族企业治理必然存在特殊性。家族企业治理之所以与其他类型企业之间存在差异性，很大程度上取决于家族企业的自身性质（Lubatkin，2005）。本书认为出现这种区别的原因是：

（1）正是因为家族企业这种特殊性质的存在，使得其自身影响问题有所增加，而其自身所受的分别来自资本和劳动力市场的治理影响却有所减少。这样一来使得家族企业所形成代理问题的概率相比其他类型的企业要大得多（Lubatkin，2005）。

（2）家族企业存在代际传承问题，而家族企业的利他主义会随着所有权的变化而变化（Olson，2003）。

（3）家族成员在家族企业之中占据着主导作用，他们分布在企业各个重要部门及各个具有决策性的职位中，并且呈现出一种具有以血缘、亲缘为导向的关系特征，而这也正是有别于一般企业的原因之一（Sehulze，2003）。这些因素导致了家族企业在治理对象、目标及治理结构等方面都呈现出了差异性与复杂性，而家族企业之中由于所有权和经营权被家族掌握，也使得家族企业治理呈现出特殊性。莱富·美林（Leif. Melin，2000）指出目前关于家族企业的相关研究并不能完全依靠企业治理理论，其中有部分理论并不适用于研究；什么是家族企业治理，莱富·美林（Leif. Melin）认为是有助于家族企业所有者实现他们特殊目的的过程、原则、结构及关系,而这个定义强调在治理过程中的家族影响。

综上所述,家族企业治理与一般企业治理之间的差异性就逐渐清晰了,企业治理之中的家族影响这个观点已经越来越受到关注和认可。克莱斯曼(Chrisman,2003)指出,家族已经成为重要的考察变量,整个家族企业治理的核心问题来自两种影响:企业对家族、家族对企业。而这个观点也得到了很多学术界学者的肯定(如:Zahra,2003;Astrachan,2003等)。

因此,家族企业治理是企业内部家族成员之间以及所有的利益相关者之间的权益制衡、监督约束的一套制度安排,并且家族企业治理应该从两个方面进行:

1. 以"企业"为中心的治理

在家族企业的相关研究中有一个共识,即家族企业要进行的主要经营管理行为和一般企业之间存在的差异并不多,并且在有些方面还存在着相似的共同点,如战略管理、组织设计、市场营销等方面实施的相关治理行为;因此家族企业治理同一般企业治理具有相应的共性(Chrisman,2003)。

2. 以"家族"为中心的治理

家族企业治理过程与目标中都涵盖了家族因素及家族影响(Hoffman,2006),并且家族企业的成功也以"家族"和"企业"两个领域的成功为条件(苏琦、李新春,2004)。同时,由于经营企业而使得家族的内部结构、功能,以及文化方面都发生了很大变化,使得家族企业治理变得非常迫切(Olson,2003)。

二、家族企业治理理论

任何家族企业的治理问题探讨都离不开相关理论的指导,纵观当今国内外的研究动向与成果,对于家族企业治理的相关理论依据主要有如下几种:

(一)委托—代理理论

委托和代理是劳动分工的一种特殊表现形式,是经济发展到一定水平后的必然产物。委托和代理是两个互为依靠的现象。两者中的任何一个消失都将导致另一个不复存在。委托—代理理论产生的背景是企业的所有权与经营权相分离。特别是公司的出现，使得委托代理问题突现出来。公司的出现产生了企业的所有者即委托人，和企业的经营者即代理人。由于委托人与代理人之间经常存在利益冲突，表现在委托人希望实现资产价值最大化，而代理人则是以实现自身利益最大化为其目标，两者的差异是一般企业制度所固有的矛盾。如何在企业两权分离的情况下在企业所有者与经营者之间建立起一个有效的机制，达到既确实能够保护委托人的利益，又能充分发挥代理人的主观积极性，实现委托人与代理人之间的双赢，由此导致了委托—代理理论的产生。

时至今日，委托—代理理论已经成为当今解析现代企业治理的主流理论。国内学者赵明勋和范方志（2005）认为，委托代理是由于委托一方和代理一方两者间无论是利益还是信息都缺乏一致性，这样一来就直接导致了委托一方的相关目的得不到代理一方努力去实现，而随之产生的副作用即是代理成本的不断增加，以及代理一方按照委托一方意愿去工作的难度加大。

委托—代理理论是交易成本经济学的一个重要组成部分。当一个人或集团将某种权力委托给另一个人或集团，受委托人对委托人负有规定的权利时，委托代理关系就产生了。委托代理关系指的是"委托人授权代理人在一定范围内以自己的名义从事相应的活动，处理有关事物而形成的委托人和代理人之间的权利与收益分享关系。"由于委托方和代理方拥有不同的利益以及存在不完全信息这一障碍，使得委托方有必要通过订立合约来监督代理方的行为，防止代理方偏离委托方的目标，以最终实现委托方的利益最大化，由此产生了交易成本。由于这种监督所产生的代理人行为的局限性，也会间接的影响代理人的经营绩效，丧失更多的潜在利润。正是由于代理成本的存在，委托人必须设计一套有效的激励约束机制，既能降低代理成本，又能实现自身效用的最大化。

（二）利益相关者理论

利益相关者，指的是企业投入某项专用性资产，对企业经营具有利益关系的经济主体。对于现代的公司制企业来讲，主要的利益相关者包括除股东之外的经理人、债权人及职工；而从更广义的意义来讲，也包括公司的供应者、用户和所在地等。

管理人员、股东、董事会及企业的其他相关利益者之间相互作用所产生的许多特定问题都是企业治理所要解决的。美国的经济学家布莱尔认为，企业治理是指有关企业的控制权或剩余索取权分配的一整套法律、文化和制度性安排，这些安排决定企业的目标、谁拥有企业、如何控制企业、风险和收益如何在企业的一系列组成人员，包括股东、债权人、职工、用户、供应商，以及企业所在地之间分配等一系列问题。所谓利益相关者，就是企业专用性资产的投入者，要完成相互之间签约组成企业的前提就是这些利益相关者对他们所投入的专用性资产具有完全的产权。而利益相关者要参与企业控制的依据就是他们所投入专用性资产的多少，以及这些资产所承担风险的大小，也就是说投入的资产越多，所承担的风险也就越大，而他们所得的企业剩余控制权与剩余索取权也就越大，相应地，他们所掌握的企业所有权也会越大。利益相关者共同利益最大化是现代企业的必然选择，而他们共同参与治理则是企业制度演化的必然趋势。企业的出发点就是为了盈利，而盈利也是企业经营的最终目标。企业经营的目标经历了以下几种观点的变化：

（1）利润最大化（Profit Maximization）。毋庸置疑，企业的最终目标就是追求利润，但是利润最大化并没有考虑到资本投入的多少、资本的时间价值以及所获得利润所要承担的风险，这样的指标是片面的。

（2）每股盈余最大化（Surplus Maximization of Each Stock）。虽然稍比利润最大化要全面，但是由于没有考虑风险因素以及时间价值，依然是存在缺陷的。

（3）企业价值最大化（Enterprise Value Maximization）。对于此种观点，从企业自身的角度来讲还是比较全面的。

（4）现代企业（Modern Enterprise）。不仅要考虑其在社会中所应承担的社会责任，更要把社会及企业自身的价值最大化作为目标，以此实现企业价值最大化与社会价值最大化的双统一。

对于利益相关者理论的研究，不仅使企业治理的外延不断地拓展，还促进了企业治理理论的变化。以股东为基础的内部治理不再是治理机制单一的治理对象，已经变成以利益相关者为基础的内、外部共同治理。公司治理目标也发展到保证决策的科学性以及保证利益相关者的利益最大化，而这些也正是家族企业治理目标所需要的基本要求。

（三）激励理论

激励理论主要研究的是以激励他人的形式来使其积极从事工作，从而实现自己的目标。在心理学领域,"激发"的意思就是指促使人的心理动机被完全持续的激发起来的一种心理过程。在"激励"的作用下,无论是人的内心世界还是身体表面都会受到不同程度的刺激,从而激发一个人的兴奋感,并一直沉浸其中。我们将"激励"运用于管理中,就成为调动人的积极性。作为调动起人的积极性而所实施的种种措施方式,必须符合人的行为、心理的客观规律。从人的行为及心理活动中揭示规律,以便挖掘出各种激励方式,这样就形成了各种激励理论。

综上所述,我们可以认为研究激励问题的理论基础就是探究人的行为及心理活动的规律。从心理学的相关研究中我们可以看出,在一个人的心理层面上其行为的"动机"是受到了"需要"的引发,而这种"行为"又受到了"动机"的影响并最终指引其去完成。人的"行为"是在"动机"支配下,为达到某个目标的有目的的活动。在整个激励过程之中,实质是因受外界因素的刺激而变化产生的一种持续的兴奋,促使人的行为有一种积极反应,而当实现目标后,经过反馈而再次强化刺激,以此类推,周而复始。

激励理论从公司治理的角度来说主要是为了解决公司管理层的激励约束问题,激励理论的基本观点是:委托一方和代理一方之间存在着追求目标的不一致、双方之间信息的不对称,导致代理一方可能会产生为追求自身效益最大化而自私自利的行为,而解决这种问题的其中一种可能方法就是设计完善契约合同来使委托一方与代理一方双方的目标一致。但是,委托一方在设计完善这类契约合同时,存在着以下困难:(1)在契约合同签约前,委托一方与代理一方之间的信息存在不对称,代理一方更了解委托一方的信息,因此信息拥有量多于委托一方。(2)由于契约合同中不可能明确的规定代理人在工作时的努力程度,所以说契约合同也是不完备的、存在缺陷的。因此,在考虑到委托一方与代理一方双方之间利益的前提下,最优契约合同的设计必须满足以下三个条件:第一是代理一方总是要选择能使自己的期望效用达到最大化的行为,任何委托一方希望代理人采取的行为都是只能通过代理一方的效用最大化来实现,这就是所谓的激励相容约束;第二是代理人从接受契约合同时得到的期望效用不能小于不接受契约合同时所能得到的最大期望效用(即保留效用),这就是所说的参与约束;第三是委托人向代理人支付报酬后所获得的效用不可能因为采用任何其他契约合同而有所提高。(3)企业的利润并不是委托人向代理人支付报酬的完全依据,因为存在外界因素的不确定性,委托人就无法从企业利润的高低中判断代理人的工作努力程度。

(四) 现代产权理论

科斯（Coase，1937）作为现代产权理论的开创者，在其《企业的性质》一书中指出，企业绩效的关键性因素就是产权明晰。而这里所说的产权明晰指的是产权法律归属上的明确界定和产权结构上的优化配置。

产权，是物品所有者实施一定行为的权力，是因为物品的存在与使用影响自己或其他人的受益或是损害，因而所有者在法律或是契约范围内对物品用途做出选择的权力。其基本要素包括了所有权、使用权、转让权及收益权。可以说，产权反映的是人与人之间的关系，而不是人与物之间的关系。从产权的功能上看：（1）产权有利于资源配置效率的提高。要使公平市场的交易成为可能，首要的就是对产权的明确界定。产权的可让渡性能够促使资源从利用效率，以及配置效益较低的地方不断地交换到高效率的地方，如此不断地交换直到最优状态。（2）产权有利于交易时达到合理的预期。当今社会，面对稀缺的资源，人们不但要相互竞争，也需要相互合作，但是无论是合作还是竞争，作为一个有序的合作与竞争秩序的形成，都是以合理的预期为前提的。也就是说，只有通过双方一致的意志行为，才能让渡自己的商品，占有他人的商品。而之所以会形成这种合理的预期，是因为产权的界定，将各自的财产权利都通过产权的界定进行了很好地划分。（3）产权有利于激励人们的经济活动。产权的界定，让人们意识到了在行使各自权力中的行为边界，即对其行为主体的权责利关系有了明确界定，也正因如此，大大刺激了人们在市场活动中的动力，激励人们去对自身利益最大化的追求。

可见，明确产权的界定，其意义之大不容忽视。产权理论中指出，产权的明晰是进行效率交换的前提，并且有效地避免了人们在资源的竞争中发生不必要的冲突，同时也对经济活动的动力起到了积极的保障作用。在家族企业当中产权是私有存在的，即家族企业的所有者同时也是企业的经营管理者，形成了两权不分离的特征，因此产权是归家族所有的。但是，家族企业内部的产权却存在着模糊不清的产权界定，这也是阻碍家族企业发展壮大的问题之一。因此，家族企业需要产权理论作为依据，对企业内部的产权进行明晰界定。

（五）企业生命周期理论

科斯是最早研究并论述企业生命周期的学者，他认为企业不会无限的扩大，"随着交易的空间分布、交易差异性及相对价格变化可能性的增加，组织成本和失误带来的亏损似乎也会增加。当更多的交易由一个企业家来组织时，交易似乎将倾向于既有不同的种类也有不同的位置，这为企业扩大时效率下降提供了一个附加原因。"

最具有代表性的企业生命周期理论是由美国学者伊查克·爱迪思博士于1989年提出的。他认为企业的生命是由孕育期、婴儿期、学步期、青春期、盛年期、稳定期、贵族期、官僚化早期、官僚期和死亡期这几个阶段有机组成的。其中，从孕育期至成年期是企业的成长阶段，而自稳定期之后，企业就进入了老化阶段。在孕育期，必须是由企业创业者独自掌权，决定企业的发展方向。在婴儿期，企业的发展主要遇到资金和创业者如何处理自身义务的问题，这时候必须联合家族成员，共同努力。在学步期，企业已经解决了资金和创业者的义务问题，企业逐渐步入正轨并开始扩大规模，这时候企业会遇到一系列的问题，比如创业者的能力跟不上企业的发展、继承人的问题等，企业若不变革，会陷入到系列的危机之中。在青春期，企业已经转危为安，但是企业业务的扩大已经超过了创业者个人能力，如果这时候不进行制度化的改革，企业会直接走向死亡。

我国学者认为企业生命周期主要分为四个阶段：创业期、成长期、成熟期和衰退期。在创业期，企业刚刚成立，家族成员担负起员工和管理者的角色，由于血缘关系，企业的凝聚力比较强。这一阶段企业面临的问题很多，所以创业者在经营过程中一个人决定重大决策和企业的发展方向，再加上企业文化尚未建立，管理比较混乱。在成长期，企业逐渐进入正轨，组织结构和企业文化逐渐建立起来，这一阶段企业会开始注意占领并扩大市场，但是随着企业规模的扩大，会出现员工技术的欠缺和资金的不足。到了成熟期，企业会研发出几种重要的产品，具备了核心竞争力，并成功占领市场。但是这一阶段，市场逐渐开始饱和，竞争激烈，企业需要投入更多的资金来进行新技术和产品的研发，在资金来源上开始着眼于引进外资，企业的组织体系日趋完善，形成完整的企业文化。到了衰退期，企业开始走向没落，经营出现亏损，管理层矛盾增多，这一阶段，企业若不进行组织重组，很可能会就此解体。

我国大部分的家族企业寿命都不长，很多企业都在成长期或成熟期早期就走向没落或解体。很多企业是由于过渡期过渡不力而走向失败的，因此如何在过渡期成功转型对家族企业至关重要。

三、宁波家族企业治理问题

（一）甬商文化对宁波家族企业的影响

长期以来，甬商文化激励着无数宁波商人为自己的创业梦想奋斗不息，使得甬商文化成为中国"明清十大商帮"，至今仍是传承度极高的商业文化。尽管甬商文化使得无数宁波草根实现创业梦想，但是在企业传承发展过程中，甬商文化因其本身的特点限制了宁波家族企业的成长，主要表现有三点：

1. 企业发展模式与企业内部治理相矛盾

甬商文化发展至今，没有像浙江其他地区一样，形成如"温州模式""绍兴模式"等具有鲜明特色的商业发展模式，甬商文化追求的是与时俱进、不断创新的企业发展方式。因此，在宁波家族企业的发展过程中，由于市场经济发展较早，企业的经济主体往往也会根据外部市场的变化而变化，不局限于企业内部法人作为企业发展过程中的经济主体。但是，对于企业内部治理模式而言，家族企业的组织架构仍然遵循传统的家族治理模式，以企业法人作为企业的最高决策者，这一现象导致企业对外发展和对内治理形成了鲜明的对比，并在长期发展中造成了矛盾。随着中国市场环境的不断成熟，以及现代企业治理观念的不断推进，这一矛盾的长期存在，将会导致企业权责不明、发展实际与规划相偏差、限制企业发展多元化等一系列问题。

2. 注重代代传承，忽视职业经理人引进及员工培养

宁波商人非常重视对子女教育事业的投入和培养，宁波许多家族企业的继承者都是具有高学历的人才或者是海外归来人才，创业者因为知道家族企业的继承需要具有高层次、专业化的人才，掌握国内外先进的管理知识、管理理念、具有开拓创新的思维、具有国际化的视野和眼界。正因为宁波商人对自己下一代培养的过度重视，导致他们忽视了从外部引进职业经理人，规范家族企业的内部组织架构。由于传统的"子承父业"思想的影响，商人为了降低家族企业财富的外流风险，他们不愿意将自己一辈子打拼的心血流入他人之手。与此同时，他们也就自然地忽视了内部优秀员工的培养，自然失去了一个激励员工的有效手段。这一现象极不利于组织人才的持续发展，内部员工失去努力工作的激情。

3. "家文化"影响企业文化

甬商文化是现代工业的典型代表，但同时也是"儒家思想"的传承者，因此"家和万事兴"理念贯穿着宁波家族企业发展的整个发展过程。由于宁波市场经济发展较为成熟，因此家族企业相对于其他地域的家族企业而言，企业内部的各种规章制度更加完善，但也存在家族企业惯有的弊端，这主要表现在对企业非家族成员员工的激励措施不健全。

由于企业长期遵循着团结、服从、尊上的家族信条，同时由于员工明白企业的主要职位来自于家族内部，这极大降低了员工的竞争意识，也限制了他们创新开拓行为的实施，最终导致企业发展了无生机，固步不前。

（二）内部产权不清晰，股权结构不合理

产权缺陷一直是影响我国家族企业稳定发展、扩张规模的重要因素之一，而产权封闭也成为众多家族企业的"招牌"特征。"肥水不流外人田"、大权旁落，这些都是身为家族企业所有者们整天所担心的，他们不愿意外界人士参股合作，他们希望的是保持自身家族对企业的绝对控制及领导。在我国家族企业中，发展所需的资金往往主要依靠家族企业自身的积累，以及家族成员的再投入，他们将所有权高度集中在自己手中，在家族企业所有权结构中占据着绝对的优势地位。根据《中国家族企业发展报告2011》的调查研究表明，对家族企业内部所有权的持有与控制往往是企业所有者重点留意的大问题，1996年与2009年家族企业所有者平均的持股比例均在91%左右（如图3-1所示）；从图3-2中可知，2009年的我国家族企业的家族持股比例高达91%（其中所有者占72%，家族成员占19%），企业股权几乎完全封闭地集中在家族手中；而在对于"家族应该拥有企业大于50%的股权"这个观点的调查结果中，持认同观点的就有46.6%，仅有27.1%持反对的态度。此外，在2012年"中国家族财富500强"的榜单中，我们更是发现约有48.2%的家族在企业中持股超过50%，其中，持股超过80%的就有12家，而家族持股超过30%的更是占了75%。可见，"一股独大"的封闭现象在家族企业中尤为明显。不

仅如此，封闭且单一的产权结构极易造成企业资产与个人或家庭财产混淆难以区分，家族企业往往无法"独善其身"，将企业自身与家族个人及家"划清界限"，并且受家族个人及家庭的影响而严重制约家族企业的发展。一般情况下，家族企业的产权对外界往往是非常清晰的，但是对于家族企业内部，即家庭内部、家庭成员之间，却又是含糊不清的，"大锅饭"的现象普遍存在。当家族企业有了一定的积累、稳步发展之后，随之产生的就是家族成员之间、创业者之间的利益矛盾，并且这些矛盾越发明显、逐步加深。来自对利益的占有欲往往是可怕的，家族成员为获得自己所拥有资产的诱动会随着利益诱惑的不断增大而逐步超过他们对家族企业资产的关心程度。而当矛盾渐渐发展到无法协调、创业者"家长"过世的时候，产权纠纷就会愈演愈烈，"塘心风暴"的剧情就会由银幕走向现实，并最终可能导致家族企业的衰亡或是解体。

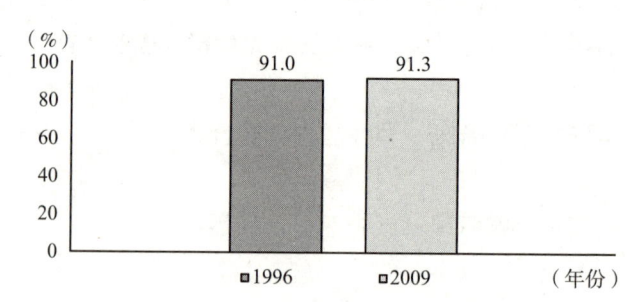

图 3-1 1996 年、2009 年我国家族企业的家族持股比例

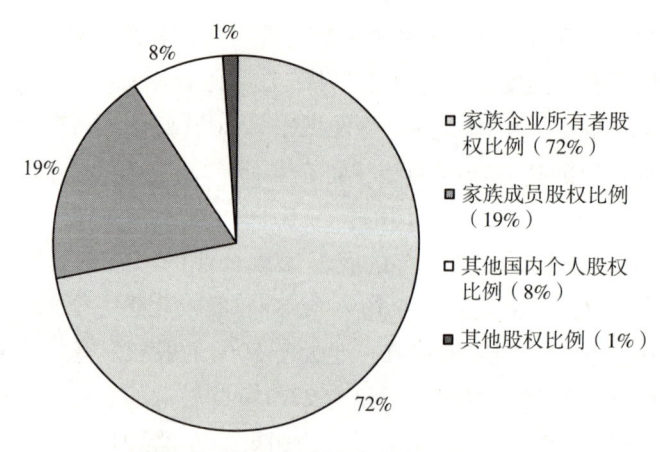

图 3-2 2009 年我国家族企业股权构成

宁波现代工业水平的发展越来越成熟，企业所处的市场环境也日益复杂，竞争日益激烈。面对这种复杂的商业环境，家族企业必须跟随环境的变化合理调配内部产权结构。但是对于家族企业而言，他们的企业产权结构单一，企业规模小，对抗外部环境突变的能力弱，限制了家族企业的筹融资渠道。此外，由于大部分家族企业缺少内部财务披露，无法得到外界的全面审视，影响金融机构对家族企业的信用评级，进而也就限制了家族企业规模。

（三）资本结构单一，融资渠道不畅

对于家族企业来讲，企业资金的来源一直是一个尴尬的话题，由于受我国金融政策的影响，我国国有四大商业银行的信贷融资服务对象主要面向国有企业及规模较大的私营企业，而对于规模较小、一般性的家族企业来讲，要想从银行获取资金是一件相当难的事情。因此，家族企业的资金来源往往主要依靠家族成员内部筹集，而家族企业资本结构单一的现象也随之产生。

如表3-1所示，家族管理下的家族企业自然人投资者平均为2.77个，平均家族股东人数是1.40个，但是法人投资者平均仅为0.88个；而在非家族管理的家族企业当中，自然人投资者的平均个数是10.10个，其中，家族股东仅占1.84个，而法人投资者个数平均仅为0.77个。从以上种种数据显示，无论是家族管理的家族企业还是非家族管理的家族企业，企业股东人数都是少数，并且差异很小，非家族管理下家族企业的自然人股东明显多于前者。实际上，通过这些数据进一步分析显示，大部分的家族企业的股东都是或基本上全都是家族成员。简单来讲，家族企业的资本构成是单一的，几乎都是家族成员投资筹得。

表3-1　　　　　　　　2009年年末家族企业股东构成情况比较

	家族管理	样本数	均值	标准差
自然人投资者个数	是	2 007	2.77	4.73
	否	1 204	3.33	10.10
法人投资者个数	是	1 698	0.88	0.76
	否	1 009	0.81	0.77
家族股东个数	是	1 848	1.40	2.86
	否	1 062	1.84	0.98

由于对家族企业信任度的不够等原因，我国的金融机构对家族企业的贷款是非常有限的。如前文所述，国有商业银行的信贷余额基本上都投向了国有企业或是大中型企业，因此家族企业很难从国有银行筹集到发展企业所需的资金。不仅如此，对于我国的家族企业来说，通过发行债券、股票融资的比例也相对较小，特别是规模较小的家族企业，它们在融资问题上往往面临着众多的难题而举步维艰。

（四）"亲疏远近"的用人标准，缺乏长期的激励约束机制

宁波家族企业创业的初期，由于企业规模不大、市场竞争较小等因素显得人才问题不是很突出。但是，随着市场经济的不断发展，家族企业也在不断地壮大，家族成员越来越不能驾驭这些出现的新问题。然而，家族企业在用人方面由于受自身特点的影响而难以解决。

首先，"亲疏远近"的用人标准在家族企业中显得尤为突出，家族企业将亲缘和忠诚摆在最重要的位置，很少依据能力或是品德来选择人才。在企业内部依赖的是亲属，将他们视为"可信任的人"，而对于其他人则视为"外人"，这种"排外性"的思想似乎已经根深蒂固了。此外，目前我国经理人市场的不完善直接促使了家族企业对经理人的诚信问题产生疑虑，这也在客观上增加了家族企业对"外人"的不信任。如表3-2所示，在我国家族企业内部，有近38.0%的企业选择以家族成员作为企业内部财务负责人，其中由配偶、父母或是子女来担任的就达到了25.7%，而在采购负责人的任职更是有40.1%的家族企业选择了家族成员。其次，"子承父业"的传统观念在"接班人"选择的问题上一直备受争议。家族企业所有者总是希望将手中的"权力棒"交给他的下一代，并且期望他们能有所作为，将家族企业延续下去。但是，如果作为下一代的接班者不具备接班的素质能力，或是没有接班的意愿，那么家族企业就岌岌可危了。

激励机制的建立是为了让家族企业员工能够更积极的工作，而有些家族企业所有者由于观念的落后，只局限于利用"小恩小惠"这种短期激励来"刺激"企业员工，却完全忽略了长期激励对于一个企业可持续发展的重要性。在我国家族企业当中，企业所有者对于激励的理解十分简单，在他们眼中"激励"不外乎就是一种奖励、惩罚的手段，以此来刺激企业内部员工帮他们增加收益，获取金钱，而激励手段也主要是以物质激励，工作的好就加薪，反之就

扣钱。此外，由于家族企业中存在着特殊的人际关系格局，所谓的家族成员与"外人"之间缺乏信任，而"外人"又对他们所为之工作奋斗的家族企业缺乏归属感和安全感，他们更需要精神上的激励，如高层对他们尊重的需要，以及自我价值实现的需要。

表 3-2　　　我国家族企业之中重要岗位任职者与家族关系情况　　　单位：%

	配偶、父母或子女	其他血缘关系	姻缘	朋友、同学	没有特殊关系
财务负责人	25.7	9.7	2.6	5.4	56.5
采购负责人	15.6	18.8	5.7	6.9	53.1
销售负责人	12.7	11.6	3.8	7.3	64.5
人事负责人	11.3	7.9	2.7	6.8	71.3
研发负责人	5.2	4.7	2.0	6.7	81.5
生产负责人	7.6	8.5	3.6	7.0	73.3
行政负责人	8.9	8.2	2.6	7.3	73.0

（五）宁波家族企业缺乏良好的家族企业文化

肯尼迪（A. Kennedy，1982）曾说过，企业文化是为一个企业所信奉的主要价值观，是一种含义深远的价值观、神化、英雄人物标志的凝聚力。可见企业文化的重要性，它是企业得以永续经营、充满活力气息的内在源泉。目前，我国家族成员对企业文化的认识还显得较为模糊，甚至有些肤浅，虽然有些家族企业在企业内部推行了所谓的企业文化管理，但是也只是出于初级的自发管理阶段。众多家族企业文化的特征是"家长式"文化，其价值理念是家族企业所有者长期自发形成的，在家族企业决策过程中，往往由他们说了算，决策者缺乏一定的制约性，而这些都是与现代企业文化相比相距甚远的。此外，血缘性也是家族企业文化的一大特征。

这样的家族企业往往缺乏具有凝聚力的文化氛围、厚实有力的文化支撑。在众多家族企业之中，企业文化受到来自各个方面的制约影响，如裙带关系间的职权跨越、家族成员之间的矛盾，以及缺乏公平性质的人事政策等。随着家族企业的不断发展壮大，各形各色的利益集团也在家族企业内部悄然形成，而家族企业所有者在面对这些利益关系时，由于复杂情感关系的干扰而总是陷入两难的境地，甚至在家族成员违反企业规章制度时，无法向普通企业员工那样实行一视同仁的惩戒，这也给家族企业内部的管理埋下了祸根。

（六）宁波家族企业面临代际传承难困境

据相关研究调查显示，截止到 2011 年，宁波家族企业、工商户等占市场主体总量达 47.5 万户，占比 88.87%，这些家族企业注册资本总额为 3 201 亿元，其中，注册资本亿元以上的有 360 户，但是宁波家族企业连同个体工商户，平均运营寿命仅为 3.67 年。家族企业短暂的平均寿命反映出宁波家族企业代际传承难困境的现象。据调查，宁波近 80% 的家族企业面临着代际传承问题，特别是规模较小、缺乏资源的中小型家族企业。其中，愿意接班创二代占比为 60%～70%，但是具有接班能力的仅为 20%～30%。说明有 2/3 的宁波家族企业没有合适的传承人，这对于家族企业来说是一个极为残酷的现实。此外，在代际传承的问题上不仅面临着选择接班人的问题，还面临着诸如接班人与候选人之间的冲突、接班人与员工之间的冲突等。

（七）宁波外部经理人市场不成熟

相对国外职业经理人市场，宁波经理人市场发展不成熟。一方面，企业家与职业经理人之间的信任关系非常微妙。诸多企业在培养了内部人才之后，且当该员工具有了一定的经理人才能就有可能选择出走企业，单办企业，成为原有公司的竞争者，这就成为家族企业所有者不愿意培养企业员工的顾虑之一。另一方面，外部职业经理人由于具有完备的专业知识，以及相当全面的实战经验，成功管理企业一段时间之后，会产生强大的公司占有欲，国美陈晓的案例给家族企业所有者带来的冲击也是极大的。可见，当前中国外部职业经理人市场的发展是相对落后的，外部职业经理人和企业家之间的信任关系若即若离，也阻碍了家族企业现代化治理模式的进化。

四、国外家族企业治理借鉴

不可否认，家族企业是普遍存在于整个世界范围之中的，并不是仅仅只有我国才存在这种企业形态。纵观整个世界经济发展史可以发现，家族企业在整个经济领域有着举足轻重的地位。沿着世界发达国家，以及个别典型地区家族企业的发展脉络，对他们的治理特征及经验进行解析与了解，这对于我国家族企业的"茁壮成长"具有非凡的借鉴意义。本书通过对美国、德国、日本地区的家族企业治理进行分析与总结，得出了利于我国家族企业发展的相关经验借鉴。

（一）美国的家族企业治理

1840年以前的美国由于受市场规模、科学技术等因素的制约，其家族企业还处于小规模的经营阶段，而这个时期美国的企业组织形式也只是以家族企业为主。但是，1840年以后随着市场规模的不断扩大，铁路等交通运输业的迅猛发展，都为美国家族企业的发展与变革起到了催化剂的效果。如1882年洛克菲勒家族建立的埃克森公司、1903年创建的福特公司等，这些享誉盛名的家族企业就是创始于这个时期的美国。同时，美国家族企业也随着经营规模的迅速扩大，企业内部管理的日趋专业复杂，开始向职业经理人管理经营模式转变。随着20世纪初期"经理革命"在美国爆发，家族企业的所有权与经营权逐步被分离，职业经理人开始走上企业内部管理层的舞台，美国家族企业自此成为由职业管理层经营、多个组织团队形成的大型企业，家族企业的股权开始趋于分散化。"二战"后，美国在全球范围内确立了自己的霸主地位，金融业等行业的高速发展又进一步刺激了家族企业的壮大。1958年，《小企业投资法案》的通过更是刺激到了创业者的神经，在美国掀起了一股家族的投资创新热潮。不可否认，美国家族企业这种在吸收现代企业制度优点的同时又不舍弃家族最终控制权的做法，其成效是有目共睹的，逐步形成了治理结构科学化、股权分散化，以及职业化管理程度强等特点。

1. 治理结构科学化

科学化的治理结构可以说是美国家族企业经历200多年成为长寿企业的一剂"良药"，这种在家族企业中引入现代企业制度的科学化治理结构，为美国的家族企业在发展中突破"瓶颈"起到了至关重要的作用。目前，美国的众多家族企业已经建立了一套较为科学规范的治理结构。据2003年1月发布的《2002美国家族企业调查报告》调查显示，在美国目前的家族企业中设立董事会是普遍现象，并且有34.1%在其董事会下还设立了分支机构，而在这

34.1%的家族企业之中，还设立了审计委员会（29.6%）、报酬委员会（22.7%）、行政委员会（19.9%），以及人力资源委员会（7.5%）等。作为董事会，在美国家族企业中的作用是重要的（有36%的家族企业认为董事会具有重要作用），家族企业的重大决策、接班人的人员选择以及最高管理层的报酬等都是只有经过董事会才能通过批准的。

2. 股权分散化

首先，由于企业所有权与经营权的相分离，融资渠道的多样化促进了美国家族企业股权的分散化，而家族企业这些股东的法人化特征也随着股权的分散而日趋明显。一方面，部分大型家族企业的家族成员通过以中介的形式来间接的掌控企业，以此来改变对家族企业直接掌控的状况；另一方面，多级控股、持股的现象在家族企业中日趋普遍。在美国，众多的大家族通过母公司来掌控下一级的子公司，并且在这些子公司的下面还存在着很多小公司，而这些小公司也受家族的掌控，这样一来就呈现出一种纵向的多级控股、持股现象，这样的做法不但能让家族深入到各种市场领域，而且对经营风险也起到了分散弱化的作用。

其次，美国的家族企业所有者仍然保留着对企业的高度控制权，这主要表现在即使随着家族企业产权的日趋开放，家族企业所有者的控制权依然没有受到任何"重创"。在美国，企业股权分散化的情况虽然日渐频繁，但是对于家族企业所有者来讲却影响不大，往往他们可以凭借少数的股份来实现控股，这种情况的发生是与美国上市公司股权分散的整体现象密不可分的。

3. 职业化管理程度强

在美国《财富》杂志2012年评选出来的"全球最大五百家公司"中，我们可以看到很多美国家族企业的身影，如排名第三的沃尔玛、汽车巨头福特公司、全球最大日用品公司之一的宝洁公司等，他们的成功无一不对企业的所有权和经营权实行了"两权分离"，将家族企业的经营权交由家族以外的职业经理人掌握。这种在美国家族企业之中相当普遍的"两权分离"做法，有利于他们摆脱家族企业的局限性，成就现在的辉煌。

20世纪20年代之后，美国家族企业内部股东的数量在家族企业的逐渐发展扩张中悄然膨胀，导致股东的控制权被随之削弱，而职业经理人逐渐开始掌握家族企业的控制经营权，成为实际的控制者，这就是美国家族企业所经历的"经理革命"。随着现代企业制度在美国的逐渐建立，家族企业所有者开始逐步将自己手中的经营权转移给职业经理人，这种所有权与经营权相分离的"两权分离"模式促成了由职业管理层经营、多个组织团队形成的大型企业。这种转变正如阿尔弗列德（Alfred. Chandle）认为的，是由于市场的不断扩大，新技术的大量应用，促进了家族企业规模的壮大，而与此同时管理的逐渐复杂专业化导致家族成员难以胜任现在的经营管理工作岗位。此外，职业经理人市场的兴起也促进了这种"两权分离"的转变。

企业所有权与经营权的"两权分离"、大量的聘用外来职业经理人等现象，在美国的家族企业之中可谓是司空见惯，相当的普遍。一般情况下，整个家族不但掌握着家族企业的所有权，还拥有企业的控制权，聘用职业经理人后便将经营管理权转交给他们，这样的职业化管理打破了家族企业经营管理层的格局，大大提高了家族企业的经营管理效率，从而为家族企业的起飞提供了强大动力。但是，凡事总有两面性，有利就有弊，美国家族企业的这种"两权分离"也存在着一些弊端，例如，家族企业在经营管理中产生的道德风险问题、逆项选择问题、代理成本问题、搭便车问题等，并且这些问题至今都没有彻底得到解决。不可否认，正因为家族成员掌握着大部分的股权，从而促使家族企业和现代企业制度在针对"两权分离"所产生的问题中起到一定的积极作用。不仅如此，在与股权更为分散的上市企业的对比中，更加有利于代理成本等问题的有效解决，对家族企业的发展壮大也有着促进作用。高程度的职业化管理让美国家族企业在与其他国家的对比中略胜一筹，在由《家族企业》推出的"全球最大200家家族企业"的排行中，有99家家族企业来自美国，占据了近50%的席位，而占据席位第二多的法国仅拥有17家。

4. 社会信任法制化

由于美国是一个由世界各地大量移民所共同组建起来的国家，因此在建国初期并不具备一个高度信任的社会环境。但是由于受不同文化的影响，这些移民虽然彼此之间很多都是亲朋好友，却并不以人际关系来作为一个新社会的基础，在他们看来契约能够促使社会导向法治，契约才是走向彼此信任的关键。祖克尔在对1840~1920年美国经济信任的分析研究之中发现，因为受外来移民的大量涌入及人口流动巨大的影响，导致了社会信任的缺乏，从而加剧了美国家族企业的动荡。可见，美国需要一个具有高度信任的社会。正因为这些因素的影响，美国开始完善加强相关的立法与规章制度，以及对专业资格制度进行相应的推广。这样一来，在法制催生下悄然形成的信任机制在美国逐渐受到认可及运用，而社会信任法制化的建设也对美国家族企业的发展起到了相当重要的作用。

(二) 德国的家族企业治理

在德国80%的企业是家族企业，在这些家族企业之中，有着许多非常成功的典范。在2012年9月6日德国《商报》公布的一份德国家族企业20强名单中，我们可以看到欧洲最大的汽车制造商大众、象征着地位与荣耀的宝马，以及在世界上盛产最著名豪华跑车的保时捷等著名企业的名字，这些家族企业不但在世界上家喻户晓，并且在自身行业里也绝对算得上是赫赫有名。在伯恩中小企业研究所（IFM）2012年的研究成果中，我们可以了解到德国目前约有4 400家大型的家族企业控股工业企业，营收额都超过了5 000万欧元，而这些家族企业所占德国出口总额的比例高达43%。此外，还有数据表明，德国企业的营业总额中，有高达42%的比例是被德国家族企业所占据的，并且这些家族企业为57%的法定保险参保人提供了工作岗位。因此，从这些惊人的数据中我们可以意识到德国家族企业的成功地位，它们是德国经济的重要支柱。

德国的家族企业治理主要是内部监控型，是以利益为导向的多元化的相关利益主体的治理形式，家族企业的治理具有双重化的特点，并且家族企业之间存在着普遍的相互持股、控股现象，家族成员也对企业内部实行集中化的股权控制。

1. 治理结构双重化

在德国的家族企业之中分别设立了董事会和监事会，这种双重监控的治理在整个欧洲来讲是具有典型性的。在董事会之中，外部独立董事开始进入董事会，并且不允许有监事会的成员兼任的现象出现，这样做就避免了某些家族成员从中得权获益的现象发生。而在监事会内部，企业准许一定人数的内部员工担任，因为对于家族企业内部员工来讲，维护自身的利益是相当重要的，他们参与其中能够很好地避免自身的利益受到损害。一般情况下，家族企业中监事会的成员人数至少要有一半是企业内部的员工。此外，由于家族企业内部员工在监事会中的作用影响，直接造成了家族成员对企业控制权的弱化，也导致家族内部的成员以及亲属进入企业内部任职的难度加大，但是这样做有利于家族企业内部大股东与中小股东之间利益的平衡，对于企业的治理也具有一定优化作用。

2. 股权构成特殊化

家族企业之间或是家族企业与银行之间的相互持股、参股的现象在德国乃至整个欧洲都相当普遍，这也是德国家族企业股权构成特殊化的特征。在德国，股份有限公司拥有一个自身的企业集团，而每个企业集团下都有一个家族企业的现象可谓是屡见不鲜，例如，世界著名的汽车公司戴姆勒——奔驰公司，这个誉满全球的企业在德国国内就拥有近百家的控股公司，而参股企业也不占少数。对于这些控股、参股的公司企业，奔驰公司并没有完全进行直接控制，而是分层次的在财务及人事上实行管理和控制。不仅如此，由于在德国国内家族企业与银行间有着相当密切的往来，从而确保了德国家族企业的融资渠道无阻碍，同时也为家族企业股权的集中提供了保障。

3. 股权控制集中化

尽管在德国的家族企业之中有很多都在家族控股权方面经历了由家族完全控股逐步转变到放松控股，向现代企业治理制度转型的过程，但是这样的转变似乎不够成效，家族企业的控制权依然掌握在家族成员的手中，他们将企业股权牢牢集中在自己手中，这样的控制程度之高是美国的家族企业很难比拟的。在德国的家族企业中，家族成员只要掌握着十成以上的股权就能够参与家族企业的治理，并且能在监事会中占据一席之地。这样一来，意味着家族成员可以在家族企业经营不善、业绩不佳的时候直接以大股东身份来行使表决权，影响企业的决策，而并不需要"用脚投票"。这种股权控制集中化的特点从某种意义上来讲对稳定家族企业内部股权结构还是具有一定的积极作用的。

（三）日本的家族企业治理

在20世纪初期，即第一次世界大战以前（1914年之前），日本的企业治理主要是以资本所有者掌握企业全部所有权的"资本雇佣劳动"式单边治理模式。而日本的企业治理结构在两次世界大战期间产生了一些改变，"两权分离"的现象逐渐地呈现于日本的企业之中，家族成员以外的职业经理人开始以各种重要身份走上企业的"舞台"，逐渐掌握企业的经营管理权。1945年（第二次世界大战结束）之后，由于历史政治原因，在美国的占领及影响下日本开始实行新旧体制转变。在此期间，大型的财阀企业股票被要求交由财阀解散委员会进行公开的出售，并且这些企业的高管及股东都被肃清了出来，解除了财阀家族对企业的控制局面。而这些空出的位置都相应的由在企业内部没有拥有股份的年轻管理者或是经理人来填补,并且企业的股份分别交由银行、保险公司,以及企业内部员工共同来持有,这样一来日本的家族企业所有权就被分散化了。总之,第二次世界大战结束后的日本家族企业,开始逐步形成近似于利益相关者共同治理的企业治理模式。不可否认,这种模式是成功的,如今的日本家族企业之中,松下、索尼、丰田这样优秀的企业可谓是不胜枚举。

1. 企业发展长远化

在日本,对于家族企业中的家族成员来讲,创建家族企业并不是为了以快速转手等方式来获取资本收益,而是为了对其进行精心的经营与培育,让企业能够长远的发展下去。可以说,家族企业是他们实现家族自身使命、延续家族血脉的宝贵工具。而这种观念并不是一般企业所有的,很多一般企业所有者往往只注重企业的短期业绩,他们为了促使利润增长,不惜一切手段来减少成本,甚至是裁员,以及通过兼并来快速实现企业收入的提高。然而这些措施从长远来看是不利于一个企业的健康发展的,裁员不仅会让专业人才流失,还会使企业的内部士气低落,兼并之后所面临的整合问题也是让人棘手的。可见,一个企业的发展需要具备相当长远的打算。在这一点上,日本的家族企业就很具典范。无论是日本丸井百货的总经理青井忠熊,还是丰田公司的丰田章一郎,他们都为企业的长远发展做出了极大的贡献。他们不断地对企业的优势进行巩固与增强,对家族企业的声誉更是看得相当之重,不管是企业技术的创新、还是产品的质量与相关服务,他们都考虑甚远。正如日本著名的丰田公司为自身企业提出的三大使命:"为了地球、为了社会、为了人类;以人为本;永不停步的改善"。成功在他们看来,并不一定就是家族企业利润的增长或是技术上的成就,但是一个企业健康稳定长远的发展却是他们对家族企业成功达成的共识。

2. 管理制度科学化

在日本的家族企业之中,由于家族成员的忠诚效应,以及弥漫在企业内部的"亲和力"氛围等企业自身所具备的特点,为日本家族企业能在社会化大生产中占据一席之地提供了重要保证。除此之外,科学化的管理制度也让日本的家族企业得益许多。在日本,家族企业将现代企业制度融入其中,在企业内部建立起了一套具有科学化的管理制度,为了降低家族企业发掘职业经理人的成本及道德风险,家族企业很少通过外界的职业经理人市场来发掘聘请职业经理人,而是从家族企业内部培养,也正因为具有家族成员及企业职员忠诚度高的特征,由企业内部培养的职业经理人更让家族企业放心,也更加有利于企业的壮大发展。

3. 激励约束机制独特化

独特化的激励约束机制一直是日本家族企业不断发展壮大的重要保证之一。虽然在"二战"后日本的家族企业制度形式发生了重大的变化,但是传统的、具有日本特色的激励约束机制却得到了很好的保留,如"终生雇佣制""年功序列制""企业内福利"等,这些极具特色的激励约束机制在很大程度上发挥了激励家族企业经营者及企业内部员工的积极作用。

在日本,只要不是犯相当严重的错误,家族企业都不会解雇员工,即使员工在某职位上难以胜任,家族企业也只会将其安排到合适的职位,而不会随意的解雇他。这种"终生雇佣制"的作用不言而喻,即让家族企业员工在工作时无后顾之忧,又保障了他们的长期福利,并且能使他们将企业视为自己的家一样积极工作。很多的日本家族企业将薪酬与员工的年龄挂钩,薪酬是随着员工年龄的不断增长而提高的,还有些家族企业把员工是否要供养一个大家庭来作为判断是否要增加员工薪酬的因素。此外,日本家族企业一直以来都实行的是低分红政策,把家族企业的长远发展视为重点,而作为企业的员工,享受着家族企业提供的住房折扣、医疗、假期住宿、俱乐部等优惠,实际上也就是分享了家族企业的剩余。

据《日本经济新闻》报道,2007年著名的日本游戏制作公司任天堂(Nintendo)的山内家族在其国内的家族企业夏季奖金中仍然稳固着第一的宝座,平均每位任天堂的员工获得1 694 060日元(约11万元人民币)的奖金,而排名第二的就是1 433 420日元(约9.5万元人民币)的丰田公司。正因为这些独特的激励约束机制,稳定了家族企业的发展,并且员工"跳槽"的现象更是很少发生,这也正是日本的家族企业有别于其他国家家族企业的方面。

4. "和魂洋才"的家族企业文化

"和魂"指的是日本大和民族的民族精神,深受我国儒家思想的熏染,可以称为是以儒家思想为代表的文化产物,日本的武士道精神"忠于天皇,拼死不憾"正是"和魂"的精髓。正是这种"和魂"精神在日本家族企业中发挥了不小的成效。在家族企业内部,企业所有者提倡要所有员工对企业忠诚,视员工与家族成员为一家人,和谐一致共存共荣;要有一种肯为集体而牺牲个人的团队精神,强调企业上下之间要有一种家庭式的团结感;倡导一种集体重于个人的价值观,而这一精神在企业进行决策时显得尤为明显,在日本家族企业之中普遍实行的是集体决策的形式;此外,企业员工的工作态度及工作氛围也是家族企业非常重视的方面，在很多成功的日本家族企业之中，我们都能看到企业自身特别设立的"社训"，如本田公司，其"社训"就是"三满意"，也就是企业员工对自己所生产的产品要满意，销售店要对经销其产品满意，购买顾客要对其产品满意。"和魂洋才"之中的"洋"指的就是西方欧美国家的技术。"二战"后，作为战败国的日本大量引进和吸收了西方欧美国家先进的技术，在这个基础上进行了适合自身家族企业发展的改善与创新，并且创造了较欧美国家大得多的资本增值。可见，这种"和魂洋才"的家族企业文化正是日本家族企业存在与发展的精神文化支柱。

（四）发达国家及地区家族企业治理的经验借鉴

1. 合理的产权安排利于家族企业的转变

借鉴大量的国外实践经验及相关理论研究，再结合我国自身家族企业的现状，要使我国的家族企业取得更好的成绩，就必须进行企业产权制度的创新。就目前我国家族企业的产权现状来讲，家族内部以及家族成员之间呈现出一种含糊不清、"大锅饭"的现象，而这种模糊封闭的产权问题极大地制约了家族企业的发展与壮大。反看欧美发达国家的家族企业，在企业内部有着很清晰的产权安排，而这样的产权明晰现象正是很多知名家族企业不断前进的助推器。可见，明晰产权安排、进行产权创新是我国家族企业治理问题的首要任务。只有家族企业的产权现状进行合理转变与创新，才能对家族企业的资产独立性及完整性提供保障，明确家族成员之间的利益关系，同时能够促进家族企业治理结构的转变，对企业的管理效果也具有保驾护航的作用。

2. "两权分离"是社会经济发展的必然结果

不可否认，所有权与经营权的相结合在家族企业发展的创立之初确实对企业的经营成长有着不可忽视的积极作用，能够做到及时地获取经济市场的相关信息并根据信息作出最快速的决策。但是，社会经济是不断发展向前的，随着家族企业在沧海桑田的经济变化中不断地扩大，企业所有者在面对抉择时已然显得力不从心，缺乏更加全面的信息和知识经验去驾驭，随之而来的经营管理水平与家族企业不断发展扩大的矛盾越来越明显，并且企业的管理层内部也日趋复杂化。而面对这些日渐增多的矛盾问题，家族企业所有者不得不选择将企业的经营管理权让渡出去，交予职业经理人手中，以此来实现所有权与经营权的"两权分离"。正如美国与日本的家族企业所经历的"两权分离"，正是在社会经济不断发展背景下的必然结果。但是，每个国家和地区都有着该地方特有的政治、经济及文化风俗，这也直接导致了他们都有着独具特色的家族企业产权制度。换句话说，家族企业的发展离不开所在国家或地区经济的发展，并且必须符合所在国家或地区的经济发展水平。美国、德国的家族企业都经历了近百年多的时间才渐渐向现代企业转化，然而我国的家族企业发展至今也就40年不到。身处目前我国这种缺乏良好的社会信用环境、职业经理人市场有待完善、法律法规仍需不断健全的大环境下，一味地生搬硬套发达国家家族企业的制度是不切合实际的，必然会吞下失败的苦果。我国的家族企业必须从实际出发，根据自身企业的实际发展，理智的选择一套适应我国经济发展水平的家族企业制度。

3. 重视吸纳外来人才有助于管理趋向职业化

无论是美国、德国、还是日本，在家族企业的内部都吸纳了大量的外来专业人才，在他们看来专业的外来人才对家族企业的职业化管理有着至关重要的推进作用。在美国、德国等西方发达国家，家族企业的职业化程度相当之高，如前文所述，他们基本上都是所有权与经营权相分离的"两权分离"模式，相当注重职业经理人等大量专业人才的聘用，而相比这种"契约关系"式的经营管理模式，我国的家族企业仍然还处在传统的家族观念束缚之中，对外来职业经理人相对比较排斥，更不敢轻易放权给他们。此外，面对日本家族企业"和魂洋才"、具有家庭式团结氛围的企业文化，我国家族企业的团队意识及企业员工的忠诚度就显得相对薄弱。可见，我国家族企业要想实现职业化管理、增强家族企业的自身实力、提高创新的意识与能力，必须挣脱传统家族观念等因素的束缚，重视吸纳外来的优秀专业人才，使家族企业内部融入职业化、专业化的氛围，促进我国家族企业管理的职业化。

4. 不容忽视社会文化对家族企业治理的影响

任何家族企业都不可能独立于其所在地的文化传统之外，无论是企业自身还是家族成员、员工，都不可避免地被当地文化传统深深地影响着，无论是他们的思想价值观念，还是他们的行为方式都被深深地打上了当地文化传统的烙印。一个家族企业的企业文化往往深受当地文化传统的影响，而这种家族企业文化被视为一种新型的管理方式，对家族企业的发展方向，以及发展途径都有着重要的影响。

在美国的传统文化之中有着追求卓越的信念，而这种信念正是美国家族企业勇于开拓，敢于创新的"精神动力"。此外，由于家庭观念在美国的家庭之中被看得较淡，在家族企业中家族成员也要服从上级、遵循企业规则，无论是家族成员还是企业员工，都需要遵守相关的法则，按照相应的企业规章制度来从事工作。因此，美国的家族企业往往拥有一套完善的治理体系。在日本，与美国传统文化不同的是日本家族观念、团队精神，以及服从纪律等传统观念都相当强，在日本家族企业内部，企业上下都有着相当高的忠诚度，如企业员工"跳槽"、经理人的道德风险，以及机会主义行为等现象的发生概率较小。由于深受日本家族观念的影响，血缘和血脉的延续并不如我国那样被家族所看重，日本家族的延续实际上主要是家族名义上的延续，因此我们可以看到日本家族企业大量地吸纳外来专业人才，而企业员工也视家族企业为自己的第二个家，形成一个"大家庭"的和谐氛围。而在我国的香港及台湾地区，"家族主义"的思想观念相当强烈，家族成员对企业一直保持着绝对地控制，而这种来自家族成员的各种行为常常会影响一个企业的发展及决策。因此，要想家族企业得到稳定地发展，只对企业高利润的盲目追求是不行的，必须要注重社会文化对家族企业的影响，应该将当地的特有文化传统与家族企业现状相结合，建立形成一套适用于自身的企业文化作为家族企业前进的动源。

5. 家族企业成长需要社会信任

随着我国家族企业规模的不断扩大，很多家族成员自身的能力水平已很难满足家族企业对于职业化管理的需求，因此企业要想进一步壮大，就必须要走出"血缘关系圈"向家族以外扩展。然而，受我国传统文化、家族信任等多方因素的影响，我国大多数家族企业很难有效的聘请和接纳来自社会的专业人才，他们认为"忠诚"是最重要的，甚至重于"能力"，这种对社会信任的缺失严重阻碍了我国家族企业的发展。通过对美国家族企业的研究我们可以看出，一个家族企业的成功离不开具备高度信任的社会环境。鉴于此，我国家族企业应该吸取美国等发达国家的相关精华，摆脱一些传统文化的束缚，从而不断地自我完善与充实，建立起家族企业的社会信任，强化诚信立法，营造诚信的法制环境。

6. 家族的行为选择对家族企业发展具有决定意义

处于创业初期的家族企业由于家族成员之间的天然信任、齐心协力，以及家族资源低成本等优势，企业一直处于一个平稳、迅速的发展阶段。但是随着家族企业开始进入成长阶段后，处于创业初期的很多做法就很难相对应着在各个成长阶段实行，因此这个阶段需要做的就是重新选择各项适合家族企业的措施，而家族成员的意识态度便成为措施选择意愿，以及执行力度的关键所在。

在日本家族企业进入成长阶段后，企业选择大量的吸纳和引入家族成员以外的职业经理人，而对家族本身只保留一定的名分，以此来延长家族企业的寿命。在美国，家族企业为了确保自身的可持续发展，同样选择了引进职业经理人机制，建立起了委托代理关系，甚至有些家族企业当家族内部无血亲关系的人接管的情况下果断选择出售企业。而在我国台湾地区，由于深受我国传统文化的影响，尽管也会选择吸纳职业经理人，但是依然表现得非常慎重，尽可能地确保家族成员的所有权与经营权，而企业制度化的转变速度却显得非常缓慢，因此很多家族企业的寿命都很短，"富不过三代"的说法正是对其很好的体现。可见，家族的行为选择对家族企业摆脱"短命"怪圈，以及持续稳步地发展具有决定性的意义。

五、完善宁波家族企业治理措施

当前宁波市的大部分中小型家族企业仍然处在家族治理模式阶段，少部分已经从家族治理模式向混合治理模式转变。对于大部分宁波市中小型家族企业而言，尽管家族治理模式仍然可以为他们带来稳定的利润，但是却暴露出诸多弊端。对宁波家族企业治理存在的问题及成因的充分认知与了解，是对完善宁波家族企业治理措施进行探讨分析的基本出发点，在对相关完善措施的选择上，不能完全不切实际的盲目照搬西方发达国家及地区家族企业的治理优势，应该通过对其治理经验的借鉴与启示再结合自身的实际。因此，对于宁波家族企业治理的完善措施，不应该仅仅局限于从内部治理方面着手，还要放眼企业外部的环境方面。

（一）吸取传统文化精髓，推动企业文化创新

我国作为世界四大文明古国之一，有着上下 5000 年的历史渊源，在这悠久的历史时期更是诞生了很多非常具有生命力的文化思想。这些中华传统文化的精髓，对我国家族企业文化的构建与创新有着非常积极的作用。

1. 吸取中华传统文化精髓

（1）"诚信为本、以义取利"。在中华传统文化之中，"诚信为本、以义取利"的思想为我国家族企业树立了正确价值观。在当前家族企业中，个人、企

业和社会之间的利益关系是相当复杂的，需要家族企业对此树立起正确的价值导向来引导这三者之间的利益关系。在企业内部，员工以追求自身的个人利益为前提来从事工作，但是这种个人利益的追求不能建立在损害他人的利益、企业的利益，以及社会的利益之上；同样的，家族企业不能把违反法律法规、社会道德、见利忘义、损公肥私等不义行为作为实现企业自身经济效益的手段，要诚信为本、诚信立业。因此，将"诚信为本、以义取利"灌输进家族企业文化中，是具有积极意义的。

（2）"重人和、倡仁爱"。要在我国家族企业中营造一种和谐的企业文化氛围，"重人和、倡仁爱"的思想是必不可少的。与西方国家的传统价值观念不同，我国的传统文化中认为经世治国需要靠"人为"，摒弃"天与人相异"，价值观念应该是将个人自身的价值全部投入到现实的人生当中，特别注重"人和"，将人际关系、人伦道德协调共存。"仁爱"作为我国儒家伦理思想的核心思想，无论是对"人"还是对"己"都有着严格的要求。"仁爱"在对"己"的方面提倡"正人须先正己"；而在对"人"的方面提倡人们需要做到对他人关心、关爱，面对集体也是一样。如此"重人和、倡仁爱"的思想必然会改变我国家族企业的企业文化氛围，促使企业内部能够和谐相处、互帮互助、荣辱与共、共进共退。

2. 剔除中华传统文化中的糟粕

不可否认，我国的传统文化之中，也存在着不适合我国目前市场经济、小农经济意识形态等文化思想，这些思想的存在对我国家族企业文化的影响是不容忽视、甚至是巨大的。因此，我国家族企业应该剔除这些糟粕来营造一种良好的企业文化氛围。

（1）摆脱"贵义贱利"的束缚。在我国的传统文化之中，儒家文化崇尚"伦理至上、道德至上""君子喻于义，小人喻于利"，这些传统思想在一定程度上歪曲了人们对利益的追求方式，不提倡追求合法的经济利益，并提倡先满足精神上的追求，再对物质上进行追求。此外，更将"人"分为"君子"和"小人"两种类别。把"君子"视为致力于追求道德修养的最高目标、忽视物质利益的人；把"小人"看作是只追求物质利益的人。但是，面对现今的市场经济，以追求利益最大化为最终目标，这种流传了几千年至今依然深深影响着我们的"贵义贱利"思想已然不利于我国家族企业乃至整个市场经济的发展。因此，家族企业应该在不"见利忘义"的前提下摆脱"贵义贱利"的束缚，既要追求企业的经济效益，也不能忽视对社会效益的追求。

（2）摒弃"中庸之道"。作为我国传统文化的重要组成部分之一，"中庸之道"一直提倡以"中和"为准，主张对现状的维持，回避斗争，可以说其实质就是不主张提倡冒险、开拓，以及进取创新的精神。在当前社会发展中，这些思想是有违发展、消极创新的。因此，在我国家族企业中摒弃"中庸之道"，树立起发展、进取的创新精神是相当有必要的。

3. 吸取西方发达国家家族企业文化的成功经验

在西方发达国家的家族企业当中，之所以能够出现如此多的成功企业，良好的企业文化起到了功不可没的作用，如德国、美国的很多家族企业中，都有着相当融洽和谐、积极开放的文化氛围。在当今的企业竞争之中，企业文化的比拼也占据着很大的比重，只有积极开放的企业文化才能让企业内部拥有理性、拼搏、奋进、创新的精神，才能让家族企业在不断变化发展的经济市场中占据主动权，而消极传统的企业文化必然会被企业所淘汰。因此，我国现在的家族企业要摆脱自身传统的企业文化束缚，就需要对国外发达国家家族企业文化的相关经验进行借鉴：首先，一些存在于企业文化之中的传统文化可以进行适当的保留和理性的摒弃；其次，要理性、不盲目地将西方家族企业文化中先进的规章制度、道德准则等很好地融入到我国的家族企业文化之中，做到求知若渴、博采众长。

（二）理顺产权关系，优化股权结构

首先，要明晰产权归属。根据现代产权理论，一个公司的产权归属是公司本身的根本属性；如果连产权归属都弄不清楚就不可能建立完善有效的治理结构，在现代企业制度的要求中，第一条就是产权清晰，只有明晰了产权归属，才能找到公司的出资人，出资人才能享受三项基本权利，即：经营者选择权、资本收益分配权、企业重大决策权，在此之上形成出资人与经营者的委托—代理关系，才能建立健全的经营者激励约束体制。

其次，要促进产权主体多元化和社会化。如果家族在家族式企业中持股过大，规范的公司治理结构是极难建立起来的，这就要求打破家族企业产权封闭性特征，淡化家族企业产权主体的血缘、亲缘、地缘等宗法性。可以通过经理层持股、员工持股计划等方式确立股权的激励与约束机制，也可以通过向社会出售股权等方式，甚至是上市公众化，分散企业经营风险，构造一个配合经营业务的多元化股权结构。

最后，要实现所有权和经营权的分离。所有权和经营权相统一的古典企业模式有其适用的范围和效率。在中国的家族企业中，应强调企业由家族成员的单独控制向由家族成员和非家族成员共同控制的转化。在这一转化的过程中，在一些重要的职位上要大量任用非家族成员的高级管理人才从而打破家族式企业封闭式的权力机构。

总之，股权结构是影响公司治理结构的重要因素，即通常所说的"有什么样的股权结构，就有什么样的公司治理结构"。股权结构优化是改善家族企业公司治理结构的前提条件。股权优化设计的目的是以股权换发展，最终建立多元化动态化的股权结构，从而实现家族企业的持续增长。

（三）吸纳外来人才，建立完善经理人的激励约束机制

在家族企业创业的最初阶段，由于企业内部的成员大多数是以家族成员为主，因此在这种亲情、血缘的关系之上家族企业更倾向于"自家人"，而对家族成员以外的企业员工总是区别对待。这样的态度可想而知，必然会让企业员工缺乏安全感，随之员工的忠心度也会渐渐淡化全无，最终导致的就是企业员工的"黯然离去"。不仅如此，前文中也有指出，随着家族企业的不断壮大，市场竞争的愈演愈烈，家族企业迫切需要引进专业的人才来弥补企业的不足、增强企业的市场竞争力。因此，家族企业必须摒弃传统的家族制管理，建立起科学合理的家族企业人才选择机制，要知人善用、人尽其才、才尽其用、尊重人才、激励人才，以此来吸纳并留住外来的专业人才。但是，大量外来专业人才涌入家族企业，必然会引发家族企业的"道德风险"，加之我国经理人市场的有待完善，这些因素必然需要我国家族企业建立起一套完善的经理人激励约束机制。只有科学完善的激励约束机制，才能将家族企业所有者与经理人的利益统一在一起，并有效地防止机会主义等"道德风险"的发生概率。本书认为，一套科学合理的经理人激励约束机制应该遵循以下几个原则：

1. 必须遵循以薪酬激励为主的激励原则

大多数家族企业经理人辛勤工作的首要目的是为了满足个人以及家庭的生活需要，通俗的讲法就是为了生计。因此，对企业经理人实行薪酬的激励就是最好、最直接、最显著的激励手段。在经营者理论中，企业经理人所得到的"报酬"即是承担风险的收入，属于创新收入；在人力资本理论中，企业经理人所得到的"报酬"即是其人力投资的收益，属于经理人价值所在；在激励理论中，企业经理人所得的"报酬"即是调动其积极性的重要因素，是对其

所做工作的回报与奖励。

2. 必须遵循以长期激励为主，短期与长期激励相结合的原则

当前的市场经济环境竞争愈演愈烈，要想在如此激烈的环境中占据有利的位置，作为家族企业的经理人，必须以长远的眼光来对企业的发展策略进行定位，制定出企业长期发展战略。因此，家族企业必须为企业经理人能够制定出长远的、有利于企业生存发展的长期发展战略做出相应的鼓励措施，而这种鼓励措施不但是一种短期激励，也更需要一种长期激励。

3. 必须遵循物质激励与情感激励"双管齐下"的原则

美国学者（Alfred. Chandler, 1977）曾说过，企业中的经理人往往视经营管理活动为终身事业，这种追求行为就是追求自我实现的行为。可见，企业经理人对于自我价值实现的追求是相当看重的，因此我国家族企业必须对企业经理人的心理、情感、目标等加以重视，要给予他们足够的情感激励，从而促使企业经理人有更加充裕的时间与空间来展现自己的才能，在不断实现自我价值的同时也达到提高家族企业竞争实力的目的，以此达到"双盈"。

4. 必须不断强调薪酬激励与绩效挂钩

一套科学合理的企业激励约束机制中，少不了经理人的绩效与薪酬相挂钩的激励方式，这种绩效与薪酬相挂钩的激励方式能够很好地激励企业经理人的积极性，并且可以有效地提高他们的工作效率，最终达到提高家族企业经营成果的目的。

（四）完善资本市场的建设，优化家族企业的融资渠道

完善健全的资本市场对家族企业突破自有资金的"瓶颈"、拓宽融资渠道起到了不可忽视的重要作用。如今，市场竞争愈演愈烈，家族企业要想在这样一个全球经济一体化的环境影响下提高自身企业的竞争能力、占据上风，就必须要有大量的资金作为后盾。

2005年，国务院颁布了《关于鼓励支持和引导个体私营等非公有制经济发展的若干意见》，该政策出台截至2012年已有7年的时间，虽然该文件在推动我国私营经济健康发展、创建公平竞争市场环境、放宽市场、改进我国家族企业经营环境等方面取得了一定的积极成效，但是在对于缓解家族企业融资问题上（如表3-3所示）依然有50.3%的企业认为不甚理想。因此，如何完善资本市场，优化家族企业的融资渠道便成了重要问题。

表3-3　　国发〔2005〕3号文件颁布7年后对家族企业经营环境改变的看法

	作用显著		作用不显著		没有作用	
	企业数	百分比（%）	企业数	百分比（%）	企业数	百分比（%）
缓解融资问题	1 591	39.2	2 042	50.3	428	10.5
放宽市场准入	2 300	56.1	1 543	37.6	260	6.3

1. 构建多层次资本市场为主体的直接融资体系

资本市场股市化强、高度集中化（沪深证券交易所）已成为目前我国资本市场的一个重要特征，也直接导致了我国市场结构呈现出比较畸形的现状。对此，我国对于多层次资本市场为主体的直接融资体系的构建就显得尤为必要。本书认为需要降低中小型家族企业在主板市场的上市"门槛"，鼓励他们在主板市场上进行筹资；加大我国债券市场的建设，完善健全公司债市场并推动公司债市场的发展前进，使家族企业以发行债券的方式来实现融资，通过在外国的证券市场来发展海外的融资渠道等。与此同时，还要不断地发展及壮大我国创业板市场和中小板市场，根据我国家族企业目前的发展特点及现状，不断地去完善利于家族企业的新股发行机制和再融资制度等。此外，也不能忽视场外交易市场的建设，要在考虑我国家族企业特殊化现状的同时不断地借鉴成熟市场的宝贵经验，以此来扩大对我国家族企业的服务范围。

2. 完善以银行为主的间接融资体系

由于我国相关的贷款政策不利于家族企业，很多中小型家族企业又没有足够的经济实力来进行贷款抵押等因素，直接影响了我国家族企业在银行的贷款。鉴于此情况，可以从以下几点来进行改善：

一是加大我国国有商业银行信贷机制的改革力度，以及通过国内股份制银行来缓解融资问题。首先，为了尽快形成一套政策方针来应对我国家族企业的贷款要求，就必须要对国有商业银行及股份制银行的贷款，以及贷款抵押的相关程序进行改革，认真落实"十二五"提出的"提高中小企业贷款规模和比重"；其次，可以通过放宽银行分支机构的贷款审批权限，通过对这些银行分支机构积极性的调动来刺激对家族企业贷款审批的效率；再次，可以针对在我国家族企业上的贷款利率进行一定放开、调低的尝试，在不影响大型国有企业贷款利率的情况下形成一种"双轨利率"体系。

二是通过积极发展地方性中小金融机构来支持我国家族企业的融资和经营

发展。不可否认，地方性中小金融机构对于家族企业的融资有着很多不可或缺的优点。首先，作为"土生土长"的地方性金融机构，对当地的家族企业可谓是了如指掌，因此方便了家族企业的借贷问题；其次，由于地方性中小金融机构的运作成本不高、更具效率以及自身机制的灵活性等特征对家族企业的经营发展都有着巨大推动作用。

3. 民间融资的积极鼓励与正确引导

2011年4月初，温州市多家企业的老总因欠下巨额债款而出逃，这便是这两年相当受关注的"温州民间借贷危机"。不仅如此，内蒙古的鄂尔多斯、陕西的神木县，都相继因为民间借贷而爆发危机，可谓一时间"民间借贷"被推上了风口浪尖，成为人们纷纷议论的敏感话题。虽然民间融资给我国社会经济带来了一些副作用，但是不可否认任何事物都存在着两面性，有利有弊，民间融资也是有它特有的优势的，不然也不会经历千百年还顽强地存活着，更不会有如此多的企业去寻求民间融资。一方面，民间融资的借贷手续比较灵活、简便、快速，这是国有商业银行等无法比较的优势，当很多家族企业在继续资金周转的情况下，民间融资借贷也许就是一个不错的选择；另一方面，民间融资还能起到缓解家族企业对国有商业银行的信贷压力，以及达到转移、分散信贷风险的作用。此外，民间融资还能够优化家族企业的融资结构、提高家族企业的直接融资比重。可见，民间融资总是能在我国银行供给不足之时"显山露水"，在银行"缺位"之时起到"补位"的作用。因此，积极鼓励民间融资也是拓宽我国家族企业融资渠道的措施之一。但是，"温州民间借贷危机"还是给我国民间融资敲响了警钟，由于我国缺乏相应的政策指引、民间融资自身的自发性、信息滞后性，以及相关操作不规范等原因，一旦发生纠纷，"温州民间借贷危机"的悲剧还会重演。因此，要建立起相关的我国民间融资监测体系、完善相关的管理机制；要取消关于民间资本投资领域不合理的规定，创新相应的融资机制、拓宽投资领域、深化金融体制改革、鼓励创新；要完善相关民间融资的法律法规，让民间融资"规范化"等，以此来对民间融资进行正确引导并规范其发展。

（五）做好家族继承人的选择

第一，思想观念上端正认识。创业者必须认识到，除了经营好企业外，他还有一项重要的任务，就是培养企业未来的接班人，要尽早从心理上对下一代或者职业经理人的接班问题有个客观的认知。

第二，制订家族企业连贯计划。家族企业连贯计划是指与家族参与、管理权和领导权，以及与所有权相关的家族计划活动。针对家族和企业两个系统互相矛盾的现实，制订家族企业连贯计划时必须平衡地考虑家族和企业的期望、价值观、各自的目标等内容。明确的家族企业连贯计划可以平衡家族和企业的矛盾，能够使家族和企业的期望得到实现，使企业的战略得到家族的保证，能够较好地促进家族和企业持续发展。

第三，发挥家族会议积极作用。家族会议是解决继承问题较为简洁、有说服力的方式。家族会议是促进家族参与的工具，而家族的积极参与将会为家族在一起工作和计划创造一个良好的开端。家族会议在帮助家族完成任务和保持社会关系方面发挥着重要作用，它是鼓励家族参与共同计划、商议决策，以及解决家族矛盾的机制。通过家族会议解决家族企业继承问题，既要体现公平性，又照顾利益相关者的利益，还要考虑企业的发展。

第四，制订继承计划。及早制定家族企业的继承计划是避免发生继承矛盾的有效措施。一个全面的继承计划无论对家族还是对企业都是十分必要的。首先，未来继承人培养需要一个过程，必须为掌握企业的权力和建立永续经营而做准备，需要获家庭成员、员工、供应商、顾客等利益相关者的肯定、依赖和支持。其次，企业要不断地改革创新才有活力，才能跟上市场日新月异的变化步伐。再次，为增强企业的安全性，防止不可抗拒因素的发生（如企业主死亡、失去民事行为能力或突发事件出现），必须重视继承人的培养锻炼，做到未雨绸缪，以防万一继承计划不仅指明谁将作为继承者，而且还要说明怎样交接权力。

第五，建立接班人培育机制。家族企业能否顺利的交接并持续的发展的一个很重要的因素是创业者能否培养出合格的接班人。企业领导者应在继承计划的基础上，根据企业的发展战略，结合候选继承人的能力、知识、性格等特点，有针对性地对他们进行培训。

第六，建立科学合理的家族企业成员退出机制。建立科学合理的家族企业成员退出机制，一方面是防止难以胜任的家族成员涉足家族企业事务产生一系列不良影响；另一方面是在部分成员有离开家族单独发展的需要时维持企业的稳定和家族的和睦。一个科学合理的家族成员退出机制，应当能使家族成员退出时有所补偿，又不失面子，乐于退出。除了家族成员，对于那些在知识和能力跟不上企业新业务发展需要的创业元老，也要做到妥善分流。这样可以减少家族成员之间的矛盾，有利于企业的长久发展。

（六）完善职业经理人市场，健全职业经理人监督制度

经理市场是一个外部监督公司约束机制，完善和规范职业经理人的流通市场，使得职业经理人市场能够在促进职业经理人有效流动的同时，约束职业经理人流动中的非规范行为甚至非法行为。职业经理人市场上应当形成全面的职业经理人档案，对职业经理人的受聘史以及受聘业绩、能力、道德等方面进行综合评价和记录。职业经理人作为重要的社会阶层，也可以建立职业经理人行业协会和职业经理人市场，形成自己的"行规"，从而形成行业自律，通过自身的组织对职业经理人的行为形成有效的约束，避免"一颗老鼠屎坏了一锅汤"的情况。在我国，没有规范完善的职业经理人市场，当前最紧迫的是要加快职业经理的市场化进程，通过完善的职业经理市场，从外部行业行规、制度监督、舆论监督约束职业经理的行为，并从外部形成一种对职业经理人的客观评价。具体的做法有：建立有效的经理人制度；建立职业经理人才测评制度、岗位资格证书制度；建立有权威的市场执法和监督机构。

1. 建立经理人准入资格认证及相关档案的管理体系

要想成为一名合格的职业经理人，首先，要做的就是通过由经理人市场的中介机构组织的经理人从业资格认证的考核，即按照被考核经理人的学历、资历、业绩等指标来进行衡量，对他们的学历证书、相关技能证书进行严格的鉴定，以确定其是否具备相应的从业条件。并且，还需要建立相应的经理人档案管理体系，经理人在家族企业聘用期间所获得的业绩、影响力，以及经理人个人专业管理能力、道德品质的评价等都必须记录在经理人档案之中，这样做能够使经理人的信息公开化、透明化，有利于家族企业在经理人的聘用上得到充分全面地了解。

2. 建立经理人的评价体系

经理人评价体系的建立就意味着职业经理人在经理人市场中有了科学的定位及定价。一般情况下可以从两个方面对经理人进行评价：其一是能力评价，可以从能力方面体现一个职业经理人的价值；其二是管理业绩评价，可以通过以往的业绩来决定职业经理人在市场中的价格。可想而知，一套科学的、规范的、统一的经理人评价体系，对于整个经理人市场的正常运行起到了至关重要的作用。因此，要建立起一套完善科学的经理人评价体系，首先，要制定出通

用统一的评价标准，对经理人的培训要进行一定的统一规范，并且还要建立公平统一的考核机制；其次，借鉴国外发达国家先进的经理人评价体系，以此来指导我国经理人评价体系的建立；最后，在评价标准统一的同时，必须将我国经理人市场中的全部经理人都归入这个评价标准中，对经理人的业绩、个人能力进行统一的评价与认证，只有在这样的情况下对市场上经理人的评价才是客观、公正的。

3. 建立完善经理人中介机构

在这个网络信息相当发达的环境下，可以通过互联网来创建经理人信息网站，以全国各地的经理人市场为基础，通过信息联网、增设分支机构的方式来拓宽经理人市场涵盖面。此外，还要建立起经理人信息库及家族企业信息库，中介机构应该尽可能多的掌握经理人与家族企业的相关信息资料，以此便于职业经理人与家族企业进行双向的选择。

第四章

宁波家族企业传承研究

一、家族企业传承理论与模型

在家族企业传承问题的探索过程中，人们基于不同的政治、经济、文化、社会生活等现实背景，从各种视角出发提出了许多理论和模型，为家族企业代际传承奠定了理论基础。

（一）家族企业传承理论

1. 委托—代理理论

按照现代企业理论，企业是由一系列契约组合而成的，当中必然存在着契约不完全的情况，当所有权和经营权相互分离时，所有者和经营者之间容易发生信息不对称的情况，由于各种不确定因素的存在，使委托人和代理人之间产生矛盾和分歧，代理人的机会主义行为随之产生，使委托人的相关利益受到损害。要解决这一问题，需要企业所有者加强监管控制或给予代理者一定的剩余索取权，但这样会使企业的管理成本大大增加。即使是完整的委托—代理关系，如果职业经理人市场不健全，也会导致事前交易成本提高。对于家族企业来说，企业的最高领导决策权掌握在企业所有者的手中，其中，并不存在所有者与经营者之间的委托代理关系。同时，家族或泛家族主义的广泛存在，使得家族企业中的主要管理岗位均由家族成员担任，为寻找合格的职业经理人而产生的事前交易成本也就相应降低甚至不复存在。黛丽儿（Daily）基于梅克林

（Meckling）等人的研究成果，发现家族式经营在代理关系的简化、交易成本的降低、利益的平衡等方面具有积极作用，这也正好印证了上述的观点和看法。从权力传接模式上来看，美国家族企业的权力传接模式与企业生命周期密切相关：在企业初创期，几乎所有的家族企业都会选择由家族成员集中控制所有权和经营权，因而权力的交接主要在家族企业创始人和与其有亲密血缘关系的家族成员中进行，以掌控家族企业所有权为目标的契约关系是这一时期的典型特征；在企业成长期乃至成熟期，家族企业往往会采取股权控制形式使家族成为最大股东以便拥有企业的绝对控制权，而部分或大部分经营管理权则被转移到职业经理人手中。欧洲家族企业的权力传接模式表现为"内强外弱"的特征，家族对企业的控制程度相对较高，因而在所有权、经营权和控制权的交接过程中，家族力量占据着主导地位。此外，低信任度的文化特征导致人与人之间的交往缺乏足够的信任，家族成员与非家族成员之间很难形成良好的合作关系，家族企业具有较强的内向性。东南亚等国家或地区的华人家族企业，深受"家"文化、信用体系不健全，以及高昂代理成本的影响，绝大多数家族企业会选择子承父业模式，以保证核心权力在家族成员之间的传递。

2. 资源论

哈勃尔逊和威廉姆斯（Habbershon & Williams）指出，家族与企业紧密结合在一起，会产生"家族精神"这种独一无二的无法分割的内部资源。巴宁和艾瑞肯（Barney & Arikan）认为，独特的产品组合固然能够提升企业的竞争力，而其核心竞争优势主要来自企业内在异质性资源以及管理资源的能力。哈瑞欧特·科克（Kirk C Heriot）等人表示，"家族文化"是每个家族企业中最为稀缺、最具价值、不完全融合且不可替代的异质性资源。思蒙和希特（Sirmon & Hitt）发现，家族企业在获取、安排和运用人力、社会、耐心、生存、治理结构的方法是完全不同的，这样有利于提高家族企业的竞争能力，实现企业的长远发展。扎赫拉、海顿和萨尔瓦托（Zahra, Hayton & Salvato）指出，企业家才能与利己主义存在非线性关系，与外部倾向、家族精神、长—短期倾向存在正向线性关系。谭和佛珂（Tan & Fock）通过案例研究发现，家族企业能否实现成功传承与接班人的领导者素质有莫大关联。

在我国家族企业中，存在两种重要的特殊资源：其一，信任资源，主要包括对"外人"的低度信任和对"自己人"的高度信任。究其原因，绝大多数行为是依靠人际关系来规范的，而信息不对称、职业经理人市场的不完善以及信用体系的缺失等问题的存在，导致"外人"很难得到创业企业家的信任。

相反，由于各个家族成员相互之间存在着较强的信任感和忠诚感，企业在家族成员之间传递往往会比较容易持续发展下去。由此可见，在我国家族企业代际传承过程中，信任资源起到了重要的支撑作用。第二，关系资源，目前中国社会普遍存在"差序格局"现象，这种建立在血缘、亲缘、地缘等基础上的人际交往关系作为推动家族企业不断发展壮大的一股重要力量，使得"子承父业"是将某些异质性社会资本不断传承下去的最佳选择。

卡布雷拉－苏亚雷斯等（Cabrera－Suarez et al.）基于知识和资源转移的维度，率先提出了家族企业传承过程中无形知识资本转移的概念，这种转移至少能够在获取异质性资源方面展现出强劲的竞争力和持久的竞争优势。斯蒂尔思（Steiers）通过研究发现，社会资本代际传承的模式主要有：突发传承、仓促传承、自然渗透和计划性传承。其中，突发传承和仓促传承是由于无法预料的突发事故而产生的缺乏计划性的传承。坎贝尔（NoelD Campbell）认为，"家族文化"是一种资源或工具，具备调动各方面积极性和促进可持续发展的潜能，从某些方面来看，能够为家族企业创造意想不到的竞争优势。他还构建了一个基于资源论的理论模型，说明什么样的家族企业易于使控制权保持在家族内部。

3. 利益相关者理论

20 世纪 80 年代，弗里曼（Freeman）提出了利益相关者理论，他认为这是企业所有者为综合平衡各个利益相关者的权益而要求进行的一种管理活动。学者们致力于从不同的角度来定义或分析利益相关者，其唯一的相同点是强调将内外部各相关主体的利益置于企业生存和发展之中。利益相关者主要包括股东、企业员工、客户、上下游供应商、政府社区等与企业经营管理行为具有直接或间接联系的客体。

从家族企业整个权力交接的过程来看，内外部利益相关者主要有：在任者、接班人、其他家族成员、企业员工、竞争者、消费者、供应商等，每个利益相关者都扮演着一个特定的角色，并在家族企业的生存与发展进程中发挥重要作用。夏尔马（Sharma）指出，从家族企业权杖交接的全过程来看，所有的利益相关者都会对这一过程产生不同程度的影响或被这一过程所影响。从在任者角度来看，他们通常会刻意回避传承事实，因而错失了最佳的传承时机；从企业家子女的角度来看，由于具备了良好的教育基础，他们拒绝子承父业，极度渴望冲破家族的束缚，建立自己的理想事业；从其他家族成员的角度来看，家族企业代际传承可能会使他们之间产生矛盾和冲突，导致原来的利益平衡被打破；从外部利益相关者来看,当家族企业传递至第二代或多代之后,各利益相关者之间的关系将会变得更加复杂,他们之间既有利益的交叉,同时又有不同的责任、权力和利益,因此出于自身利益的考虑,往往会对接班人选持不同的态度。

米切尔(Mitchell)等发现,各个利益相关者集团影响传承过程和传承决策的程度是利益相关者集团权力、正统性和重要性的函数。全部利益相关者共同作用而产生的合力,决定了家族企业权杖交接的时机、节奏和效果,因此要实现家族企业的跨代交接和平稳过渡,保证所有利益相关主体的权益,融洽关键利益相关主体的关系,需要建立以利益相关者理论为基础的现代公司治理结构,突破家族企业的治理局限和内外制度的制约,将一部分剩余索取权和剩余控制权分散对称让渡给各利益相关者。在任者和接班人作为最关键的利益主体,他们所掌握的社会资本的多少会对传承过程产生显著影响,要确保家族企业的成功传承和长远发展,最根本的是要协调好这两者之间的利益关系。

4. 计划行为理论

伊塞克·安杰森(Icek Ajzen)基于菲什拜因(Fishbein)等人的理性行为理论,增加了自我"行为控制认知"这一新概念,从而发展为新的行为理论研究模式—计划行为理论。该理论表明,个人目的是导致某种行为出现的重要因素。通常情况下,实施某种行为的目的性越强,人们就会付出越多的努力去行动,最后希冀的行为结果就越有可能出现。克鲁格和卡斯鲁德(Krueger & Carsrud)用计划行为理论来揭示企业行为。斯塔夫鲁(Stavrou)则用它来衡量接班人是否具有接手家族企业的意愿。

按照计划行为理论,某种行为发生的可能性,依赖于行为人完成特定行为的意愿,而意愿又由行为人所持的态度决定。行为意愿受行为态度、主观规范和知觉行为的影响和制约。态度主要包括对预期结果的需求、对行为结果社会可接受性,以及实现所需要行为结果的可能性判断三种类型。非个人意志完全控制的行为主要受行为意向、个人能力和资源等实际控制条件的影响,也就是说,行为的产生在一定程度上依附于一些不可或缺的非动机性因素;知觉行为作为实际控制条件的替代测量指标,可以直接预测某种行为发生的可能性;突显信念是行为态度、主观规范和知觉行为控制的认知与情绪基础;个人及社会文化等因素会制约行为信念,从而对行为态度、主观规范和知觉行为控制产生间接影响,并最终对行为意向和行为结果造成干扰。

家族企业代际传承应由现任企业家来推动,这一独特的企业行为是否会发生,依赖于在任者对传承事实的行为意愿,即他是否愿意卸任并将企业传递给下一代领导者，而传承意向又由企业掌门人对传接事件所持的态度决定。接班人是否对家族事业感兴趣，接手家族企业能否满足个人需求，以及接班人的内外部工作经验是否丰富，也同样影响了交接班的顺利进行。此外，家族成员对传承事件、接班人选择和传承后企业发展战略等所持的态度，对两代人之间的成功交接具有重要影响。根据计划行为理论，家族企业代际传承这种行为能否顺利实施，主要受三种态度的影响和制约：首先，现任企业家是否希望企业的所有权、经营权及控制权继续在家族范围内传递，这一选择与接班人选的确定直接相关；其次，社会对家族企业代际传承这种行为结果的可接受性，是持肯定态度还是否定态度，而最主要的则是考察家族或泛家族成员是否认同企业继续由家族掌控；最后，权力平稳过渡的可能性，即家族企业是否能寻找到对家族事业有浓厚兴趣且具备相当能力的接班人。

（二）家族企业传承模型

1. 传承经典模型

杰赛克和戴维斯（Gersick & Davis, 1997）提出了著名的三环模式和三极发展模式，这些理论一直处于家族企业理论的支配地位，被称为家族企业经典模型。

（1）三环模式。杰赛克和戴维斯（Gersick & Davis）将家族企业看成是由三个独立而又相互交叉的子系统组成的三环系统。这三个子系统就是：企业、所有权和家庭。家族企业里的任何个体，都能被放置在由这三个子系统的相互交叉构成的七个区域中的某一个区域里（如图4-1所示）。

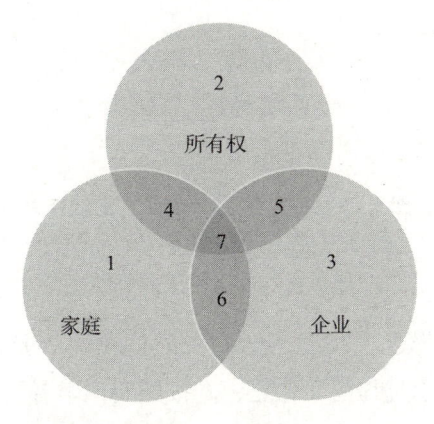

图4-1 杰赛克（Gersick）三环模式

全部所有者在顶部环内,全部家庭成员在底部左边环里,而全部企业在底部右边环里。作为家族企业系统成员的每个个体在这个模式中都有一个明确的位置。通过考察个体在三环中所处的位置,就可以解释家族企业中个人间的冲突、职责、首要考虑的问题及权力界限和来源。详细描述不同的职责和系统有助于分析家族企业内部复杂的相互作用,并使人更容易明白发生了什么事和为什么会发生,从而找出解决问题的办法。

(2) 三极发展模式。随着时间的变迁,企业、所有权、家族三环模式系统将发生变化,杰赛克等(Gersick et al., 1999)等进一步提出了家族企业三极发展模式(如图4-2所示)。这一模型深刻地揭示了家族成员在家族企业中的生命周期、企业的生命周期与家族企业所有权变迁的关系。在所有权发展维度上,分为一位所有者控制、兄弟姐妹共同控制、堂兄弟姐妹联合控制。在企业发展维度上,将企业发展阶段分为初建期、扩展期、规范期、成熟期。在家庭发展维度上,盖尔西克等考察了大量不同规模的家族企业的生命周期以后,把家族企业划分为四个阶段,即新的企业家庭、进入企业、一起工作和传递领导权。

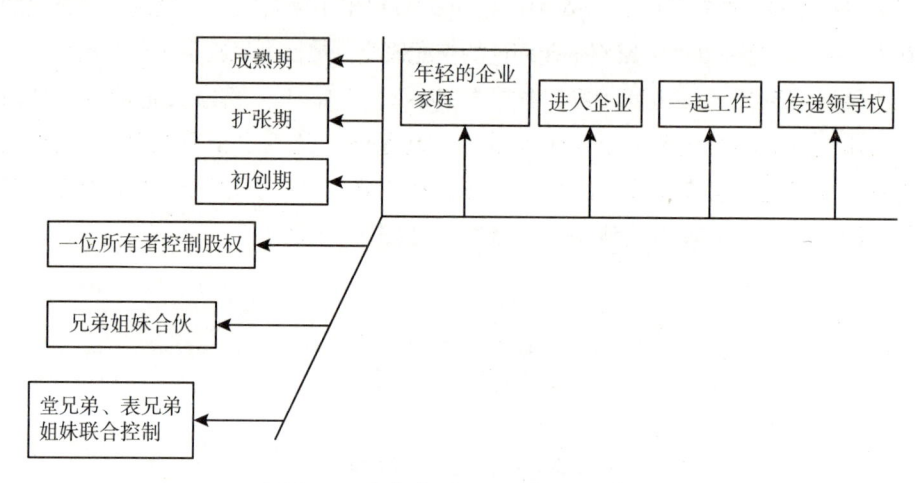

图4-2 杰赛克(Gersick)三极模式

2. 阶段传承模型

(1) 七阶段传承模型。龙尼克(Longneecker)等是最先运用理论模型来解释家族企业代际传承过程的学者之一。按照两位学者的七阶段传承模型,家族企业权杖交接的全过程可分为七个阶段:进入前、初步进入、初步发挥作用、发挥作用、发挥重要作用、接班早期和正式接班,而根据其中两个传承关键点又可将这七个阶段归结为三个子阶段(如图4-3所示)。通过该模型,可以得到如下启示:接班人必须经历一个"社会化"过程,积累家族企业内部基层工作经验,经历家族企业外部实践考验,之后才能成为家族企业的正式员工,然后逐渐晋升到中高层管理岗位,最终全面接管家族事业。

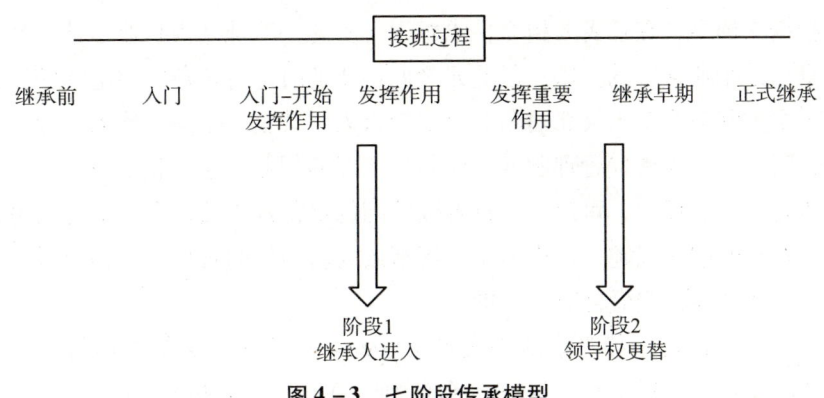

图4-3 七阶段传承模型

(2)四阶段角色调整模型。汉德尔(Handler)在对32个家族企业接班人进行深度访谈的基础上指出:在代际传承过程中,在任者和接班人之间需要互相调整角色,双方应尽快适应这种身份和地位的转变。从另一个角度来看,角色调整过程意味着现任领导对家族事业参与程度的减弱和领导权威的逐渐淡化。她认为,在任者和接班人之间的角色调整有利于实现顺利传承,并根据父子双方的角色转换点将整个传承过程划分为四个阶段:第一阶段,企业处于初创期,创始人作为核心人物,最关心的是企业生存问题,在该阶段中下一代家族成员并未在企业中扮演任何角色。第二阶段,企业处于成长期,创始人开始关注企业的发展问题,传承事宜仍未被提到议事日程上来,传承计划被列为将来需要考虑的目标。在此阶段,下一代家族成员成为创始人的助手,开始着手在企业内部工作。在最后两个阶段中,企业处于成熟期,创始人会异常关注接班人的表现,在相关准备工作已基本完成的情况下开始考虑制订传承计划。从接班人的角度来看,第四阶段至关重要,因为涉及了所有权、经营权、控制权的真正转移,这一进程相对比较缓慢,且易受到在任者的回避和其他利益集团的阻挠。

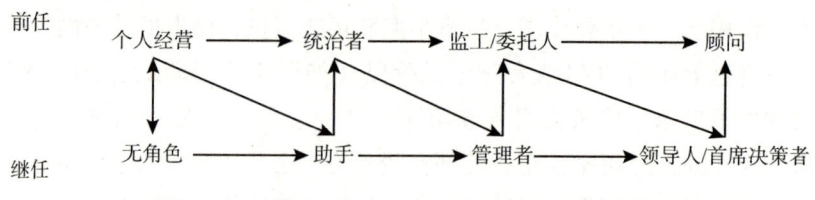

```
前任    个人经营 ──→ 统治者 ──→ 监工/委托人 ──→ 顾问
          ↕  ↘      ↕  ↘       ↕    ↘          ↕
继任    无角色 ──→ 助手 ──→ 管理者 ──→ 领导人/首席决策者
```

图 4-4　汉德尔（Handler）四阶段角色调整模型

根据该模型，在任者要树立传承意识，不能一味地认为企业是其生活的全部，自己是企业存亡的主宰；创业元老们也要适时进行角色的调整和转换，不要因为个人利益或个人喜恶而断然否定接班人，甚至否定整个传承过程；知识和能力明显无法与现代管理制度和体制相匹配的创业企业家和老一代高管团队要逐步退出历史舞台，可以以监督者或顾问的身份进入董事会，也可以另辟蹊径，寻找新的职业兴趣；接班人将会逐渐成为新一代的管理者和领导者，各利益相关主体需要为之做好充分的准备。

（3）三层次传承模型。斯塔夫鲁（Stavrou）等采用文献综述与实证研究相结合的方法，在对沃德、汉德尔和伯利（Ward、Handler & Birley）等学者的研究成果进行归纳和分析的基础上，提出了三层次传承模型。层次一：子女尚未进入家族企业阶段，接班人可以继续接受教育，也可以在家族企业范围之外就职，或者从事其他一些自己感兴趣的活动。层次二：接班人介入家族企业阶段，潜在的接班人开始以正式员工的身份在家族企业内工作。当然，他也可以决定远离家族企业，遵循自己的内心，从事理想中的事业。因而，在该阶段，接班人需要作出选择，即是否要进入家族企业或以哪种方式介入企业，这一决策行为通常会在接班人 18~28 岁时出现。层次三：权杖交接阶段，子女决定以正式接班人的身份在家族企业的管理或领导岗位任职，这一阶段又可划分为接班人参与管理和正式交接两个子阶段。

通过该模型，能够总结出以下观点：作为一个合格的接班人，必须要积累足够丰富的家族企业内外部实践经验，具备良好的教育背景、职业道德、开拓创新、领导管理、专业技能等综合素质及能力；尽早培养子女的接班意识和在任者的退位意识，有利于实现顺利传承和平稳过渡；家族企业代际传承是一个长期的、复杂的过程，需要提前制订一个相对完善的传承计划。

（4）生命阶段模型。戴维斯（Davis）将时间因素融入到家族企业代际传承的全过程，并重点考察了各个时期在任者和接班人之间的关系。他认为，在任者和接班人所处的生命周期阶段对领导权的传递具有十分重要的影响。他还特别指出，在任者 50 岁之后、子女 27~33 岁是权杖交接的最佳时机，因为此时企业已基本步入成熟稳定期，接班人经过一定时间的锤炼具备了相当的实践经验和管理能力。

3. 权力交接模型

西方学者从影响交接因素、方式等视角来研究权力交接模型，比较有影响力的有：

（1）四因素模型。斯塔夫鲁（Stavrou，1998）认为个人、商业、家族和市场是影响决策过程的四个重要因素。子女通常选择家族企业之外的工作来发现自己的兴趣，并获得自信；家族企业的产品、市场、运营和战略是影响子女加盟的商业因素；家族的价值观和传统是重要的影响因素；在市场环境跌宕起伏的年代，子女更容易做出加盟家族企业的决定。

（2）焦虑分析模型。邓恩（Dunn，1999）构建了基于个人、家族与企业需要的接班研究模型。当自我鉴别能力较低时，家族企业很可能过分迁就第一代领导成员的感受而很少进行变革。当自我鉴别能力较强时，家族成员可以很清楚地了解自己在接班过程中的作用以及自己对家族企业的贡献，并且不畏艰险克服危机，迎接挑战，因而更容易成功地实现第二代的接班目标。戴维斯（Davis，1989）基于 89 对父子展开了调查，研究发现：当父亲年龄为 60~69 岁，儿子年龄为 34~40 岁时，父子关系最为紧张。家族必须寻求使系统恢复正常的解决方案，以消除焦虑。

（3）接力赛跑模型。布鲁诺等（Bruno et al.，2002）总结归纳出影响成功实现交接班的四个因素，即次序、时机、技巧和沟通。要确定企业内部继任的先后次序；要关注环境对权杖交接时机的影响；要注重权杖交接和领导风格；要重视沟通及内部关系。

二、宁波家族企业传承特征与问题

（一）宁波家族企业传承特征

1. 宁波家族企业面临传承高峰期

民营经济是宁波经济的主体力量。2015 年年底，全市民营经济市场主体达50万家，占全市经济实体总数的95%，民企注册资金超过3 500亿元，注册资本亿元以上企业达400户。目前，宁波民营经济贡献了70%左右的GDP、78%左右的税收、60%左右的出口，提供了90%左右的社会就业。民营经济在促进宁波经济增长、产业转型、开放合作和改善社会民生方面，发挥了重要作用。培育了5家年产值超500亿元的标志性民营企业集团，20家年产值超100亿元的龙头性民营大型企业。跻身全国服务业500强民营企业达30家，有50家以上企业挤进中国民营企业500强。民营经济继续走在全国、全省前列，实现从民营经济大市向民营经济强市转变。家族企业的发展状况将直接关系到宁波企业的转型升级，关系到宁波企业的二次创业，关系到宁波经济和社会的未来。

但据对宁波家族企业的调查统计表明，如今很多第一代家族企业的创业者已经60多岁，按照中国人的惯例，60岁是退休的年龄。这就意味着很多宁波家族企业面临着交接班的问题。宁波家族企业的代际传承期已经来临，未来的十多年间将是宁波家族企业代际传承的高峰期。

2. 子承父业是宁波家族企业代际传承的主要模式

子承父业是指创始人退休以后，由其子女直接担任企业的领导者。子承父业不仅能把所有权从上一代完全传承给下一代，而且把企业的控制权也完全传递给下一代，这是家族企业的一种完整的传承。传承之后，除了领导人发生了变化之外，企业的其他制度基本不变，企业的性质更不会发生改变。目前，这种传承模式在宁波最为普遍，它不仅仅是感情上的偏向所致，更是传统文化、市场环境和产权属性等多种因素决定的。它比较符合中国的传统伦理和现实情况，是多数家族企业，尤其是仍处于发展阶段的家族企业，最乐于接受和最愿意看到的传承模式。这种模式的优点是传承是在家族范围内进行的，对企业的震动相对较小，传承的成本也最低。不足之处在于存在继任者的能力问题。由于选择范围的狭窄，如果继承人能力较差，可能会严重影响企业的后续发展。

3. 职业经理人模式成为宁波家族企业传承趋势

一般而言，职业经理人模式是家族企业发展到高级化阶段的一种现实选择。当企业的规模发展到一定程度时，原来的家族化治理模式已经不适应企业的继续发展，企业会主动寻求职业经理人来经营管理企业。目前，宁波的家族企业主要以中小企业为主，当家族企业快速发展壮大为现代化的大公司时，寻求职业经理人来经营管理企业就成为一种必然的趋势。

4. 宁波家族企业比较重视接班人的培养

由于宁波老一代企业主的文化水平普遍不高，他们在企业发展过程中，意识到了自己知识水平不足对企业发展的限制性影响，在市场竞争日益激烈的情况下，企业必须参与国际竞争并形成核心竞争力，才能守住以往的创业成果。因此，他们越来越重视接班人的培养。大多数家族企业主对接班人的培养主要有两种方法：一是在国内接受大学教育；二是让他们出国留学接受国外先进管理理念。我们通过对宁波1 000多位企业主进行调查，发现他们的子女当中约有50%在国内接受大学教育，40%的子女出国留学接受西方教育。

（二）宁波家族企业传承存在的问题

1. 缺乏传承计划

家族企业的可持续发展，实际上是家族企业在企业创业者及其后代接班人的领导下，不断延续并发展壮大，后代人能够保持和发展家族企业，并为家族创造出更多的财富。

研究成果表明，决定家族企业能否顺利地从一代人传到下一代人手中，最重要的因素是有没有继任计划。因为企业寻找可靠的接班人并非朝夕之事，对未来接班人的培养也是一个长期的过程，需要花费大量的时间，在计划的引导下对接班人进行严格的训练，为掌握企业的权力和经营做周到的准备。同时，为了防止如企业主死亡、突发事件等一些不可抗拒因素的发生而造成企业的混乱甚至出现危机，增强企业的安全性，也需要未雨绸缪，及早制订传承计划。有了传承计划就意味着做好了必要的准备，确保了家族的和谐，以及企业传给下一代人的持续性。及早制定传承计划是避免发生传承矛盾的有效措施。

但是，目前研究发现，许多家族企业没有继续生存下去的一个重要原因是缺乏传承计划。众多继承权之争、产权纷争的背后充分暴露出家族传承计划缺失的危害性，暴露了阻碍家族企业可持续发展的内在忧患。在中国，由于缺乏清晰的传承计划导致了家族企业普遍呈现出"短命"的现象。2010年全国私营企业抽样调查数据显示，私营企业最早登记时间为1989年，截至2010年，4 309家私营企业平均年龄约为9年。与1990年前后民营企业的平均寿命仅3~5年、60%以上的企业在创办后不到5年就会破产或倒闭相比，寿命虽已大幅提高，但与国际水平仍有较大差距。据20世纪90年代美国学者研究统计，欧洲和日本的公司平均生命周期为12.5年。日本神户大学教授测算日本企业（会社）平均寿命为35年。

在宁波家族企业中，同样存在着这个问题。虽然一些家族企业主已经认识到了制订传承计划的重要性，并已开始考虑传承问题，有的则已经成功地交班给下一代，但还是有不少企业主在回避这个问题，尚未制订和实施传承计划。主要有以下几种因素：

第一，受我国传统的孝道观和尊卑观的影响。中国人历来对安排"身后事"都是比较忌讳的，提到继承、遗嘱等字眼被认为是不祥的。企业创始人健在的时候，父母和子女都不希望讨论家族未来继承的问题，特别是有关经济和财务的问题，否则这被认为是无礼、自私、不孝和缺乏相互信任的表现。

第二，受企业主心态的影响。有些企业主认为家族企业是他打下来的江山，只有在他的统领下，才能繁荣富强，担心子女不能担此重任而不敢放权。

第三，企业的象征作用也妨碍传承计划的制定。有些企业主认为，家族企业就是权力、地位和荣誉的象征，他们享受惯了权力给自己带来的"至尊"待遇，对董事长的位置恋恋不舍，不愿放权，甚至根本就未在权力交接上做长远打算。

第四，受企业主年龄的影响。有些企业主认为自己年纪不算太大，还能再干几年，现在还不到制定接班人计划的时候，谈接班问题还为时过早。

由于这些因素影响，企业主们不能够科学全面地进行事先规划、制定和实施传承计划，给企业传承带来了很多的变数。调查发现，一些企业主由于缺乏传承计划，导致子女纠纷，能人出走，从而对家族企业造成损害。有些家族企业在其创始人死后或者退休后就面临着破产、被人兼并的下场。

2. 企业内部产权不明晰

宁波的家族企业在发展之初，资本都比较小，往往只重视家族整体占有企业的所有权，企业内产权没有明确到每一个自然人。当企业发展到一定规模，家族成员之间产权界定不清的弊端就充分暴露出来，不仅涉及财产如何在家族成员当中分配的问题，还极易在外部的股东和其他的合伙人中间引起争议。特别是当企业面临着继承问题时，这个问题就更为突出，有可能导致企业被人为分解为几个小企业，或者兄弟、夫妻、叔侄之间为争夺接班人位置而出现内部纷争，这会使家族企业遭到沉重的、甚至是毁灭性的打击。实际上，一些宁波家族企业做到一定规模时就会分家，产生这种情况的根本原因就是没有明晰产权，导致家族不和或内部矛盾。之所以会出现这种情况与宁波的文化传统是分不开的。宁波的文化传统极为重视家族观念，一般认为家庭、家族的财产应归整个家族所有，无须在个人之间做出划分。所以，企业就很少对家族成员之间的产权进行界定。

3. 一代创始人不愿放权

家族企业实现顺利传承的一大障碍就是老一代企业主对权力有着深深的眷念，不愿放权。对创业者来说，企业是他辛辛苦苦创立起来的，艰苦奋斗了几十年才有了今天的规模，企业就像是自己的生命一样，现在却要拱手让给别人去经营，哪怕这个人是他的儿子，他都会感到很失落，好像会要了他的命似的。同时，他们也往往习惯于过去的发号施令，认为只有自己才有能力把企业建设好，他们做子女的，毕竟太嫩，没有多少经验。因此，在企业交接班过程中，很多宁波家族企业主往往放心不下，总想继续过问或把持大权不放，在走下权力交椅时，也许还要当个顾问或名誉主席什么的。虽然名义上是退居二线，实际上却退而未休，对接班人的一些观念、做法进行不恰当的"指点"或干预。这种情况会使得接班人没有机会获得领导能力、组织能力、决策能力等方面的有效锻炼，不具备独当一面的素质和才能。在创业者去世以后，无法担当起接班人应担当的使命，最终使企业走向衰落，甚至破产或倒闭。

4. 接班人不愿接班或能力不济

接班人是否愿意接班、能力是否胜任是影响家族企业顺利传承的另一个关键因素。因为一个没有接班意愿的接班人在经营管理企业中不会全身心地投入，并且会导致其他家族成员的不满，出现领导权不稳固的现象。只有当接班人的职业兴趣、能力等与接班人要扮演的角色之间有一个良好的匹配时，继任过程才会较为成功和顺利。企业家们一心希望子女能够成才，然后将自己的事业交给他们。但子女是否愿意接班，他们也会有自己的想法或意图，所以对企业主来说，要先考虑子女是否有继承企业的意愿，这是必要的条件。从调查中我们发现，虽然很多宁波家族企业的子女愿意接班，但也有部分年轻的"富二代"并不愿意接班。之所以出现这种情况，主要有以下几种因素造成：

第一，不能吃苦。由于"富二代"们从小就生活在优越的环境中，没有经历过创业的艰辛，吃不得苦。他们认为经营以一般制造业为主体的传统产业太苦，没有前途，一旦接班，生活幸福指数会大打折扣。因此，他们不愿接班，不愿再像父辈那样起早贪黑地辛苦工作。他们更向往轻松自在的生活，认为守住父辈留下的资产就足够生活得很好了。

第二，接班压力大。不少企业二代表示，压在他们肩上的，不但有是否接班、能否接班的压力，还有来自外界的种种质疑和非议，最重要的是必须要承担起企业的生死存亡。接班后企业效益如果提升,别人认为这是父辈给我们创造的条件好;企业如果平稳运行,别人认为二代不思进取,躺在父辈开创的基业摇篮里享清福;如果企业走下坡路,别人会说自己是败家子。因此,部分企业二代会觉得接班压力太大,不愿意被笼罩在父辈的光环之下,所以宁可在国外做一个普通的职员,也不愿回国接班。

第三,更愿意留在大城市工作。虽然近几年来,宁波的经济发展非常迅速,但总体来看,相比上海等城市规模还比较小,那些在大城市里接受过高等教育的年轻人,特别是出国留学、接受了先进经营管理理念和生活方式的子女回到本土后,面临的企业经营的各个环节、企业文化、社会环境等,都与他们接受的教育不尽相同,甚至有可能是相互矛盾,这样让他们无法适应,从根本上就导致他们不愿意接班,更愿意留在大城市工作。

第四,想创立属于自己的事业。部分创业者的子女有着远大抱负,他们认为父辈们所从事的行业只能赚个加工利润,既辛苦又没有挑战性,他们更希望能开创自己心目中的朝阳行业。这也是企业二代不愿意接班的重要原因。

鉴于上述原因,企业主平时要多与子女沟通交流,从多方位、多角度对子女进行深入的认知,了解子女的接班意愿。一旦遇到子女不太愿意接班,或当子女能力不济时,就要考虑其他的人选。

5. 接班模式存在着局限性

从宁波家族企业的接班模式来看,子承父业是主要的模式。这种方式适应目前宁波家族企业的发展,但是随着内外部环境的不断变化,这种方式也应随着环境的变化而变化。随着经济全球化的发展,竞争越来越激烈,而竞争的关键在于人才,如果说仅仅从企业内部挑选人才已经很难满足企业对人才的需要,更别说只是从家族内部进行挑选了,因此家族企业应根据环境的变化,同时结合企业的实际进行传承,不能一味追求子承父业,不然企业的持续发展将存在问题。

6. 职业经理人制度不完善

随着家族企业规模不断扩大,企业经营管理日益复杂,原有经营者因为自身素质的局限,很难适应企业经营管理的需要,这时,企业有必要对外整合管理资源,引入职业经理人。

目前,宁波不少家族企业主已经认识到企业的接班人并不一定非得是创始人的后代,也有一些大规模的企业聘请了经理人来帮忙打理企业。不过,从目前职业经理人市场的实际运作状况看,还存在着许多不规范的地方:

第一，有的企业主认为企业是家族的，他们怀揣着光宗耀祖、为家族谋利的传统信念，努力保持"家族"的名分。他们害怕倘若企业改变了姓氏，就要落得个"败家子"的臭名，所以不敢聘用职业经理人。

第二，有的企业主将自己视为企业的主人，将别人视为打工者，要求职业经理人要忠于自己，不把职业经理人看做平等的事业伙伴。由于担心职业经理人对企业不忠诚，没有为职业经理人创造一个放手开展工作的条件和环境，从而使职业经理人有种施展不开手脚的感觉，不利于他们的成长，严重影响了职业经理人积极性的发挥，这样职业经理人往往做不长。

第三，有的企业主不按规定规范地聘用职业经理人，而是采用非规范的手段"挖人"，对竞争对手使用"挖墙脚"的方式等。

第四，有些企业对职业经理人的激励不足。有的公司虽然试行期权，但无法上市，对经理人来说没有实际意义。有的公司对职业经理人的激励与一般员工差别不大，主要是岗位工资上的差别，像浮动薪资等。但这些是收入激励，而没有多少股权形式的激励，这让职业经理人感觉自己的身份还是一个打工的，只不过形式上更高级一点，不能体现出自身的价值，所以导致效率不高，也导致职业经理人频繁流失。

第五，相当数量的职业经理人在职业道德方面的素质是十分欠缺的，不讲信用的情况也十分严重。有些职业经理人拿回扣，做假账欺骗企业所有者，有的偷走企业的核心技术，有的凭借掌握的客户资源或销售渠道，与企业老板抗衡，甚至另立门户，成为企业竞争对手，有的到原企业的竞争对手那里就业，会有意无意地泄露原企业的商业机密和技术专利，利用原同事关系"挖走"原企业重要员工等，甚至对原企业及企业负责人进行攻击、贬低甚至谩骂，严重损害原企业的利益。

三、提升宁波家族企业代际传承的建议

（一）提前制订传承计划

传承计划对于家族企业的传承过程能否顺利进行是一个最重要的因素，虽然这是被一再强调的重点，然而根据问卷调查发现，大多数宁波的企业主依然

忽视对传承计划的制订,只有不到10%的企业主有了较正式的书面计划。这和企业主的心态有很大的关系,担心交班了之后会降低自己在家族中的特权地位,削弱自己对家族控制的权力。

事实上,企业生命周期理论清晰地告诉我们,家族企业随时会面临衰亡的危险。因此,要实现家族企业代代相传,必须把企业生命周期与企业传承计划结合起来。为了企业的顺利传承,泉州家族企业的创始人必须从回避走向面对,努力克服情感障碍,摆正心态,接受事物新陈代谢的客观事实,明确制订传承计划的必要性。创始人做好权力交接的心理调试后,需要及早制订出传承计划,对接班人有计划地进行系统培养。同时及时吸取国内外家族企业成功实现传承的经验,建立行之有效的传承机制。

一份详细的传承计划,不仅要指明谁将作为接班人、接班的时间、接班的内容,而且还要说明怎样交接权力。也就是要制订明确的"3W1H"传承计划,即"WHO""WHEN""WHAT""HOW"。同时,在计划里还要包括现任企业家退任计划、管理层的改组、企业文化的传承、管理理念的延续和创新等几个方面。

"WHO",传给谁?这是一个决策的问题,对于大多数倾向"子承父业"的家族企业来讲,这个问题主要是决策由哪个子女担当更合适,要根据子女的意愿、能力、品德等各种素质做出综合考虑。

"WHAT",传什么?要明确家族企业的传承不仅是把企业的所有权和经营交给第二代接班人,而且也要把企业家精神、社会关系网络、企业文化传承下去,这样才能保障家业长青。

"WHEN",什么时候传?现任企业主要慎重考虑一个合适的、具体的传承时机并严格遵守期限,而不要一直"垂帘听政"或是将退休时间推迟到一个模糊的日子。

"HOW",如何传?现任企业主要根据企业的具体情况,详细考虑权力移交的所有细节问题。在这个过程中,沟通和协调是必不可少的手段。

(二) 科学选拔和培养接班人

根据熊彼特的企业家理论,在企业的发展过程中,企业家始终起着决定性的作用。俗话说:"要想跑得快,全凭车头带",企业家就像火车头,员工就像一节节车厢,要想企业快速向前发展,一个具有企业家精神的当家人是不可或缺的。尤其是在经济全球化的条件下，面对不断变化的内外部环境，企业家的领导素质和管理才能直接影响着企业战略的实施，关系着企业的兴衰成败。在这样的条件下，企业家的稀缺性就会变得尤为明显。企业家能否顺利地延续，一代又一代地传承下去对企业的发展也是至关重要的。因此，宁波家族企业接班人的选择和培养问题是直接关系到家族企业传承成败的关键。

企业有生命周期，人也有生命周期，企业家也面临着一个从起步到成长，从成长到成熟，从成熟到衰退的过程。作为一种规律，所有企业家都无法逃避这样的周期，他们迟早要进入自己职业生涯的衰退期。家族企业就其发展过程而言，代际传承之时就是家族企业最脆弱的时期。因此为了保证家族企业传承成功，企业家的培养和选择至关重要，它直接关系着家族企业的生死存亡。一位合格的接班人将带领企业再续辉煌，而选错接班人将给企业带来致命的打击，甚至是毁灭。

家族企业在接班人选择上有两条渠道：一是血缘接班，包括从企业主的子女、兄弟及家族内部有血缘关系的成员中选择接班人，其中，以子承父业为主要形式；二是非血缘接班，包括从企业内外部选择职业经理人。泉州家族企业在选择接班人时，一般倾向于先考虑自己的子女，然后是具有血缘关系的家族内部人员，比如堂兄弟姐妹，再考虑企业内部成员，最后才是企业外部人员。由于"子承父业"是家族企业代际传承的主要模式，这里就以这种模式来说明接班人的选拔和培养问题。

1. 遴选接班人

受我国计划生育政策的影响，现在一些家族企业主只有一个孩子，在选择子承父业模式下企业传给他（她）就没有多大异议了。但如果企业主有多个子女的话，就需要在他们中间做一个选择。目前，宁波家族企业一般是把企业传给长子，这样可以避免兄弟姐妹之间的纷争，而且可以较早地在兄弟之间形成一种心理默契，共同辅助兄长经营管理企业，有利于企业发展。只有在长子无法胜任或者长子能力不如其他子女时，家族企业主才会选择传给其他更为合适的子女。

另外，在选择接班人时，接班人的品德也是非常重要的。正所谓：德才兼备是优等品，有德无才是次品，有才无德是危险品，无才无德是废品。一个人能力很强，但如果品德不好，他就有可能利用他的能力去做一些违法乱纪的事情，这样的人一旦接班，对企业的危害是极大的。正因如此，企业在选择人才时，某种程度上德大于才、忠大于能。

总之，为了家族企业长青，由谁接班，并不重要，重要的是经营者的经营能力问题，能不能带领企业持续发展。

2. 培养接班人

家族企业的接班过程是一个复杂的过程，确定企业接班人选只是实施接班计划的第一步，接下来就要对接班人进行培养。这是直接关系到家族企业能否继续和光大的关键。之所以有"富不过三代"的说法，就是因为缺乏有能力的接班人，因此在家族企业代际传承过程中，对选出来的接班人进行培养是一个相当重要的问题。

正所谓十年树木，百年树人，培养一个合格的接班人不是一朝一夕的事情，需要投入很多时间、心思和精神。本书把对接班人的培养分为进入企业前和进入企业后两个阶段。

（1）进入企业前的培养。在这个阶段主要是使接班人接受良好的教育。

一方面是早期的培养教育。对于子女的教育需要从小抓起，越早越好，而不是等到需要传位之时才开始做工作。企业主应该培养孩子经商的兴趣和才能，有了兴趣，才有可能成为一个优秀的接班人。在这方面，李嘉诚培养李泽钜和李泽楷两个孩子的经验是很值得宁波家族企业主借鉴的。子女的启蒙教育可以由家族企业主及其家人进行，也可以由家族之外的第三方来负责实施。比如私人银行和专业理财机构推出的各种类型的下一代理财培训或夏令营活动，就是专业的第三方启蒙教育方式，从小对下一代进行理财启蒙教育，培养他们的经商兴趣。

另一方面是让子女接受学校的正规教育，包括小学、中学、大学等，或者将子女送到国外接受高层次的专业化经营教育，这样不仅可以培养他们的专业知识和技能，而且也可以保证他们提前一步在海外或者商场上建立一个有效的同学或朋友网络，从而为家族企业的未来发展做好准备。在学习教育阶段，除了提高接班人的知识和技能以外，还要有针对性地培养锻炼他们的企业家素质，培养组织领导、决策、创新、人际交往等方面的能力，提高他们的情商，培养他们健全的个性人格和较好的心理素养。所谓企业家素质是指企业家为实现企业持续成长必备的意识、知识、能力、修养和精神的总和。企业的延续不仅指金钱上的延续，更重要的是企业家素质的延续。企业家素质作为一种综合能力、一种稀缺资源，对于企业的持续发展是非常重要的。优秀的企业家能够推动企业持续发展，在企业经营陷入困境时，能够力挽狂澜，带领企业走出困境，使企业从一个辉煌走向另一个辉煌。企业家素质不是先天与生俱来的东西，而主要是通过后天养成的，因此对接班人进行企业家素质的培养和锻炼，也是对接班者培养的重要的内容。

（2）进入企业后的实践培养。下一代接班人在经过知识、技术、技能等的教育培训，具备基本的素质和知识以后，就要进入企业，在企业内的各个岗位上锻炼提高。这是锻炼接班人从一个单纯的年轻人走向成熟、走上领导岗位必不可少的过程。进入企业实际上可看作是接班的真正第一步。一般来讲，接班人进入企业后的培养方式有三种：

第一，安排子女毕业以后进入家族企业锻炼成长。可以采用轮岗的方法，让接班人从基层开始，到企业的生产、采购、渠道等各个环节去锻炼，通过下车间、跑市场、与各种各样的人打交道，不断磨炼其意志，使其深刻感受到工作的艰辛，自己父亲能够创业成功是一件多么不容易的事情，从而体会到建立一个企业的曲折和不易。基层锻炼完以后，接班人对企业的基本情况有了一些初步的了解，然后可以为其安排一个企业高层管理人员作为导师，让他跟着导师学习，熟悉企业的日常事务管理和经营决策的制定，不断学习管理知识和技能。这种方式是现在很多家族企业的做法。

第二，在子女毕业后，把子女送到家族外企业进行一段时间的锻炼，可以到同行业其他公司，或不同行业的公司里学习实践。从家族企业之外获得工作经验被认为是接班人培养的一种有效方式，这样可以帮助二代接班人体验不同的企业文化，加强他与企业外界的联系与交流，吸取外部先进的管理思想和经验，提高自身的管理能力；并且在企业外工作要求他们更加独立地处理问题，更能证明自身能力，帮助其树立自信心，为以后处理家族企业发展过程中可能面临的问题做好充分准备。这种方法适合尚处于成长期的家族企业。

第三，鼓励子女创业。这种方法是拿出一笔钱，让子女另起炉灶，自办公司，使接班人在独立经营中探索和掌握各种能力，培养企业家的精神。这种方法能够更好更快地锻炼接班人的独立意识和领袖能力，有助于接班人积累实际的经验，也是一种良好的培训教育的方式，适合发展到一定阶段，有意拓展业务种类或者开展二次创业的家族企业。

总之，无论是上述哪一种方法，归根到底都是要让接班人接受基层锻炼，从中检验接班人的能力，提高接班人各方面的品质等，最终担任起领导家族企业继续发展的重任。

需要说明的是，教育培养、实践训练原则上并不存在时间上的先后顺序，特别是家庭教育应该贯穿于接班人的整个培养过程，也有不少接班人进入企业后还会继续进行 MBA 课程学习。同时,教育培养、实践训练并不存在持续时间的限定,特别是接班人进入企业正式工作后是否需要从基层做起在逐步到管理者职位,并最后成为最高管理者,需要根据接班人的能力而定,该过程经历的时间也是根据培养目标的达成情况而定的。

3. 评价接班人

经过前期的选拔和培养之后,需要企业主对这些候选人进行评价,以确定到底谁是接班的最终人选。为了保证选择的客观性和公正性,可以聘请权威的人力资源测评机构,对候选人进行专业测评。可以用胜任力理论来评价。胜任力理论是美国著名心理学家麦克兰德(David C. Mc Clelland)于 20 世纪 70 年代早期提出的。所谓"胜任力",是指决定员工胜任某一岗位并能够产生高绩效的个人特质总和,它包括了六个维度:知识、技能、社会角色、自我认知、品质和动机。知识、技能是看得见的能力,社会角色、自我认知、品质和动机是不易看见的,是隐藏在个人人格深处的能力。企业主可以运用行为事件访谈法、内容分析法、专家意见法和量表测量法等方法,通过心理测验、面试、情景模拟等手段对候选人员进行客观的测量,对候选者的知识水平、智力、工作能力、特殊能力、忠诚度、个性特征、职业倾向和发展潜力等方面的素质进行综合测量,做出科学评价,最终选择具备胜任能力的人继承家族企业。在日益成熟的时候,老一代企业主就要将权力逐渐过渡给新的领导人,最终完成该家族企业的权力传承。

如果进行胜任力测评之后,发现子女确实能力不行、不胜任接班时,理性的企业主就不要硬将企业交给"扶不起的阿斗",而是要把眼光放得长远一些,在努力培养家族成员接班人的同时,放眼家族之外,适当引进家族以外的人才,并让他们在公平竞争的条件下能够脱颖而出,将企业传递给这些非血缘关系的成员(职业经理人)。也只有这样,企业才能实现经营权的顺利交接,才能走出"富不过三代"的怪圈,才有希望成为几代长盛不衰的百年老店。

(三)建立健全职业经理人制度

成功的代际传承,不能仅仅将经营管理权的传承局限在本家族内部,否则家族企业永远也逃脱不了三代人灭亡的怪圈。如果家族内部确实找不到合适的继承人,或者子女等内部成员确实能力不行、不能胜任时,企业的创始人就要着眼于企业的长远利益,大胆地将企业交给非血缘关系的成员(职业经理人)

去管理。而且，宁波家族企业要得到进一步发展，也必须推动家族式管理机制和管理模式向现代企业制度转变，其必然的选择是职业经理人制度。职业经理人，是家族制企业要做大做强的一道始终无法绕过的"门槛"。职业经理人制度在经营决策上能弥补家族经营制的缺陷，更加适应现代经济的要求。

1. 国家层面

（1）加强法律约束。加强法制建设，通过法律来规范企业和职业经理人双方的行为，为职业经理人市场建设提供良好的法制环境，这是促进职业经理人市场健康发展的关键。由于我国目前还处于社会主义初级阶段，法制建设滞后，企业竞争行为不规范，职业经理人不讲诚信受到的惩处力度小。因此，我们有必要健全有关法律法规，形成保护职业经理人和企业合法权益、规范双方行为的法律体系，运用法律和行政手段规范职业经理人市场。其主要措施包括：第一，制定职业经理人法，对职业经理人的地位及其责权利等做出明确的法律规范，既要保护职业经理人阶层的应有利益，推动其不断壮大发展，又能对其行为做出相应的法律约束和规范；第二，从物权法上加大对家族企业私人财产的保护力度，惩处和防止职业经理人对家族企业私人财产的侵犯。

（2）建立职业经理人信用体系。企业引进职业经理人的最大心理障碍就是对职业经理人的职业道德和信用没把握。要解决这个问题，除了职业经理人个体的自我修炼和自觉履行约定的道德行为外，更重要的是尽快建立职业经理人信用体系，将经理人职业生涯的业绩收集归档，让经理人在每个阶段的信息公开化、透明化，使经理人的任何行为都将对自己以后的市场交易产生影响，大大增加道德行为的成本，从而利用外部因素去约束职业经理人的行为。

2. 企业层面

（1）建立合理的激励机制。合理的激励机制不仅要考虑物质方面的激励，还要考虑精神方面的激励。因为按照美国著名社会心理学家马斯洛的需要层次理论，人类的需要由低级到高级依次可以分为五个层次：生理的需要，安全的需要，社交的需要，尊重的需要，自我实现的需要（胜任感和成就感）。职业经理人有时更注重的是自身价值是否得到肯定和实现，而不仅是冲着高额的年薪而来的。因此，对于职业经理人这样的高级员工来说，仅仅有物质激励是不够的，还需要运用精神激励手段，在精神层面满足职业经理人的需求。在物质方面的激励，不仅要考虑直接给予工资、奖金、福利、补贴、高额年薪或者其他实物的东西，还可以尽可能地采取股权或期权的激励方式，从每年的赢利中拿出一部分作为股份赠送给职业经理人。也就是在采用高薪激励的同时结合利润分红、股票期权和养老金等长期方式来激励职业经理人，让经理人感觉自己也是老板之一，以此调动经理人员的积极性和创造性。在精神方面的激励，企业可以采取情感激励、尊重激励等手段，在工作权限、工作性质、工作条件、地位和个人发展机会等方面满足职业经理人的合理需求。比如，宁波有的企业会出巨资让企业的管理人员到清华、北大等著名大学学习培训。其中，最好的手段就是给予职业经理人充分的管理权力。因为对于职业经理人来说，充分放权体现了企业主对他们的充分信任和尊重，让职业经理人感受到企业对他们的认同，自我价值得到了实现，他会感到在这样的企业里面有奔头，从而使自身的潜能得到最大程度的释放，进而提高工作效率。通过对职业经理人离职原因的调查，发现很多职业经理人离职最主要的原因是觉得在企业里寻找不到归宿感，感觉不到自己职业生涯的前景。因此，家族企业应该重视职业经理人的个体成长和职业生涯设计，加强对职业经理人的培训，在培训机制、用人机制上做到"内外一致"，以此来培养职业经理人的忠诚度，充分发挥其能动性。

（2）完善内部约束机制。企业不仅需要建立职业经理人激励机制，还需要企业内部完善相应的约束机制。内部约束最为常用的是公司章程约束、合同约束、组织机构约束等。企业要制定严明的公司章程，明确规定企业各种利益主体的责权利及其行为，其中，也包括职业经理人的职责和相应权力，要求职业经理人也应遵守章程，按章办事。要建立"竞业禁止"制度，要求职业经理人在规定时间内不准流向原竞争对手企业，以保护原企业免受经营损失。企业在聘用职业经理人时也不能一纸聘书就了事，应制定严密的聘用合同。在合同中不仅对职业经理人的责权利做明确规定，还要对职业经理人离开企业后，对企业在商业秘密、技术专利、竞争压力等方面应负的责任，都做出严格规定，从而实现对职业经理人的有效约束。

3. 职业经理人层面

提升经理人的职业道德水平。在西方国家，诚信是经理人必备的基本职业道德规范。要改变经理人因道德而引发的问题，首先，职业经理人要加强自我修养，提升自己的道德素质，自觉履行约定的道德行为。其次，家族企业可以定期组织企业员工学习职业道德知识，时刻给经理人敲响警钟。总之，经理人应把对企业的忠诚放在第一位。需要说明的是，由于家族企业深受中国浓厚的"家"文化影响，"家"文化有几千年的历史渊源，家族观念在社会成员中根深蒂固，短期不可能得到根本改变。钱德勒的研究告诉我们，在美国这样家文化观念较淡薄的国家，其家族企业演变为现代经理式企业花了100多年的时间，而宁波家族企业才只有30多年发展历程，引入、发展和完善职业经理人制度需要一个较长的时间，由家族企业转变为现代经理式企业将是一个极其漫长的历史过程。需要通过全社会的努力，优化职业经理人市场环境，健全职业经理人市场要素，才能形成一支规模宏大、素质高的职业经理人队伍和一个成熟规范的职业经理人市场，满足家族企业对职业经理人的需求，最终促使家族企业转变为现代公司制企业。

总之，对于宁波家族企业而言，代际传承是家族企业发展中必经的一道艰难的"坎"。今后，是"子承父业"，继续"两权"合一的治理模式；还是引入外部的职业经理人，进行"两权"分离的制度改革？在选择由儿子继任还是职业经理人继任问题上，不存在哪种途径更好的问题。但在目前我国的现实情况下，笔者认为，"子承父业"或由差序格局外推的"子承父业"模式是中国家族企业成立初期的第一选择；而内部职业经理人继任是企业快速成长的最优选择；外部职业经理人继任是家族企业取得长久发展的继承模式理想选择。

4. 合理安排产权

近年来，一些知名家族企业内部出现的父子成仇、夫妻反目、兄弟分家的现象都充分说明了产权不清为企业发展和交接班都会埋下潜在的危机。因此，如何明晰产权，正确处理好财产继承与经营权继承之间的关系，也是家族企业交接班中必须要考虑的一个重要问题。

若是独生子女，企业的产权分配很简单；当有多个子女时，及早对家族企业产权继承进行合理的分配就很重要。这些问题如果解决得好，企业就能平稳过渡；否则产权关系无法理顺，则可能使原本健康经营的企业发生动荡甚至产生重大危机，影响企业的长远发展。

目前，将经营权继承给一个子女，将财产在所有子女间平分是华人家族企业较为流行的继任模式。这种模式在一定程度上缓解了子女短期内争夺财产的矛盾与斗争，但很少能平息长期存在的竞争，而且可能因为财产的分割而削弱了企业的竞争力。但是如果不将财产在子女之间平均进行分配，又容易引起子女之间由于财产分配不公而导致的矛盾与冲突。那么，如何有效地解决产权分配不清的问题呢？从西方国家看：有的企业是将企业所有权与经营权全部传给一个子女，对其他子女进行补偿；有的企业比如沃尔玛创始人山姆·沃顿只将控制权交由长子，通过将全部资产设立家族基金，其他子女占有股份的方式来实现产权的明晰划分，由于各个子女都得到了利益，从而有效地避免了"内战"。如果采用平均分配的方法，就需要拥有股份的家族成员之间就股权的转让条件达成协议，家族成员有优先购买权。方太集团茅理翔则采用"口袋论"来解决产权分配不清的问题。茅忠群和父亲茅理翔共同创办方太集团时，茅忠群就向父亲提出，要求自己的妹妹、妹夫不得在公司任职。后来，茅理翔帮助女儿成立一家厨具零配件公司，作为方太的供应商，同时也向其他厨具企业供货，而把方太集团交给了自己的儿子。茅理翔称这种做法为"口袋论"，把自己、老婆、儿子的钱放在一个口袋，把女儿的钱放在另一个口袋。这种安排虽分离了公司部分资源，但在一定程度上消除了家族纷争的隐忧。而希望集团是通过适时的股份制改造来明晰兄弟姐妹之间的产权，合理地化解了潜在的利益冲突，而且为企业集团的蓬勃发展奠定了基础。

5. 传承与重塑企业文化

企业文化是企业的灵魂，是企业竞争力的核心。家族企业代际传承不仅是企业领导者的更替，也是企业文化的延续。家族企业文化不仅体现了企业的追求，而且体现了家族的精神核心，是企业创始者多年精神财富的积淀。家族企业能否构建先进的企业文化，是关系到企业持续发展的根本性问题。虽说没有文化的企业也可以成长，但没有文化的企业却难以实现可持续成长。文化虽然不能解决企业赢利不赢利的问题，但文化可以解决企业成长持续与否的问题。老一代企业主在发展的过程中，形成了独立自强、顽强拼搏、吃苦耐劳、开拓进取的精神，接班人在传承时，还要把老一代企业主的这种精神传承下去。重视传承企业文化，才能真正延续家业灵魂。

6. 借助政府和社会的力量

家族企业的成功代际传承，不仅是企业要面对的问题，也是社会和政府要共同面对的问题。因为无论哪个地区，家族企业的发展与地方经济是互惠共赢的。要实现区域经济的生机与活力，地方政府就要重视家族企业的可持续发展。因此，要借助政府和社会力量，多方面、多措施对企业接班人进行培养，提升接班人的能力，增强接班人的社会责任感，为企业接班人的成长提供良好的发展环境。

第五章

宁波家族企业竞争力

一、企业竞争力理论概述

(一) 企业竞争力的定义

由于市场中资源和需求的稀缺性，依靠资源、以市场需求为生的企业为了各自的利益与竞争对手在市场中展开角逐。企业竞争优势的确立依赖于在一定环境中支撑企业持久生存与发展的力量，企业的这种力量来自于企业所拥有的竞争力。

由于企业竞争力的复杂性，学界对企业竞争力的定义说法不一。著名的战略管理学家、美国哈佛大学的迈克尔·波特教授把企业竞争力归结或等同于企业竞争优势，认为"企业竞争优势归根结底来源于企业为客户愿意创造的超过其成本的价值，价值是客户愿意支付的价钱，而超额价值产生于以低于对手的价格提供同等的效益，或者所提供的独特的效益补偿高价而有余。企业竞争优势有两种基本形式成本领先和标新立异。"显然，波特教授主要是从企业竞争力或企业竞争优势的市场表现来理解和界定企业竞争力的。企业竞争力是一个复杂的概念，企业竞争力可以从几个角度来考察它可以被定义为单独企业在可持续基础上保持或提高其市场份额的能力，也可以被定义为企业降低成本或提供物美价廉产品的能力，还可以是来源于利润率的竞争力。与波特的定义相似，这一定义强调和突出了企业竞争力的市场表现成本、质量、市场份额及利润率。

著名学者维纳·艾莉在其著作《知识的进化》中文版年一书中指出，竞争就是企业向市场提供新产品或为增强竞争力而调整知识的过程，企业竞争力是指一个企业通过其产品在市场上所反映出来的生产力，企业竞争力的核心就是比较生产力。

日本东京大学教授藤本隆宏将企业竞争力归结为企业的能力，并认为可以从三个方面来考察即静态的能力、改善的能力和进化的能力。静态的能力是指企业实际上已经达到的竞争力水平；改善的能力即企业维持和不断提高其竞争力的能力；进化的能力是指企业建立前两种能力的能力。同时，这一界定还突出了企业竞争力的动态性或历史演进性。

综上所述，对企业竞争力的认识，大家的看法不同，没有形成统一的认识。这表明，企业竞争力是一个具有层次性、综合性的复杂概念，因此无论是理解企业竞争力的内涵，还是分析企业竞争力的源泉，抑或是评价企业竞争力的强弱，都应当以整合性的观念来加以把握。正确地理解企业竞争力的含义，对企业竞争力的形成机理分析和评价，无疑有着重要的作用。本书对企业竞争力的理解为，企业竞争力是指企业作为竞争主体在市场竞争环境中赖以生存和发展的能力。具体来说，指独立经营的企业依据内外部环境及其变化，有效地利用和配置资源，构建竞争优势，进行市场扩张和获得利润，以此为基础实现企业持续发展的能力。上述定义包括如下要点：第一，市场竞争以及企业独立的主体地位是企业竞争力的前提，没有市场竞争，企业没有独立的竞争主体地位，就无所谓企业竞争力；第二，从企业竞争力的市场表现与终端载体看，企业竞争力是企业市场扩张能力和获得能力的体现，从企业竞争力的长期表现与效果看，企业竞争力是企业持续发展能力的体现；第三，从企业竞争力的来源看，企业竞争力是企业资源、能力、环境、知识四因素之间的综合效应所产生的，是企业竞争优势的源泉。

（二）企业竞争力的基本属性

从企业竞争力的定义来看，它是相对复杂的，具有多维属性，具体包括动态性、复杂性、有效性、系统性、相对性等属性。

1. 动态性

发展变化是一切事物的本质，企业竞争力也不例外。主要表现为：首先，企业竞争力会随着市场和经济环境的发展变化而变化。其次，企业竞争根本上是企业之间为持久生存与发展在市场中展开的竞争，竞争对手具有很大程度上的不确定性然后，企业内部因素也在变化之中，企业管理体制、组织形式、人力资源、企业文化等也在不断变化之中。特别是宏观经济环境和政治环境的改变、政策的调整、科学技术的迅速发展、产业结构的变化等都会直接影响对企业竞争力的判断。海尔、三株、长虹、联想等企业的发展历程为企业竞争力的动态性都做出了很好的说明。

2. 复杂性

企业竞争力具有复杂性，它包括两重含义：其一，企业竞争力受到多种因素的影响，是企业规模、组织结构、资本、技术、知识、人员、理念、创新、战略、管理、营销等诸多因素的有效整合；其二，企业竞争力在多个方面发挥作用，包括投资选择、市场定位、产品开发、成本费用、市场开拓、品牌形象、价格政策、销售渠道、促销组合、顾客服务等。复杂性使企业竞争力的评估变得十分困难，但对于企业竞争力理论来说是无法回避的。

3. 有效性

竞争是各行为主体之间的相互较量，企业竞争力源自企业所有的能够在相互较量中获取优势的能力或资源。因此企业竞争力的首要特征就是效率性或有用性，即能够提升企业的行为效率或业绩。并不是企业所有的资源和能力都能成为持续竞争的基础，构成企业核心竞争力的能力和资源必须是稀缺的、独特的、内在主导的和有价值的，这里统一表述为"有效性"。

4. 相对性

企业竞争力是一个相对的比较概念，是一个企业相对其他相关企业进行比较测度的，相对于企业发展的一定历史阶段而言的概念。竞争力的相对性要求在选择企业竞争力的评价指标时须考虑相对指标，包括比较相对指标、比例相对指标、结构相对指标、强度相对指标、动态相对指标，等等。

二、企业竞争力指标评价

如上所述，由于企业竞争力是一个非常复杂的概念，无论是从经济学还是从管理学来进行分析，都需要将观念、理念、企业家精神、企业文化等因素考虑在内，竞争力成为一个内涵和外延都难以精确界定的概念。但是，从竞争力研究的价值来说，不仅要用经济学和管理学的方法来研究竞争力，而且还要用统计学的方法把它表现出来。经济学立足于运用严密的演绎逻辑来说清楚竞争力的性质，管理学要在现实中发现决定竞争力的实际因素，这样企业竞争力的性质和因素才可以得到理论上和经验上的解释。但是，即使我们在经济学上或者在管理学上，把竞争力的性质和决定因素都弄清楚了，仍然需要面对一个问题：我们用什么样的办法能够把竞争力量化出来，也就是怎样才能用统计学的方法把竞争力的强弱以及影响竞争力的因素东西表现出来？这时我们需要设计一套评价指标体系，在这个体系中所有的指标大致可以分为两类，即结果性指标和分析性指标。

（一）评价指标的分类

1. 结果性指标

评价企业的核心竞争力，我们的逻辑基本上可以是这样：首先，要尽可能地用比较综合性的测评指标，特别是具有显示性的指标，能把企业在市场业绩当中的竞争力结果表现出来，这是企业竞争力强弱的最终显示性表现。就跟打球一样，得分多少是运动员或者球队竞争力的显示性表现。你打赢了，得了更多的分，就是显示的你的竞争力指标，并且可以直接地说明你有较强的竞争力。这一类指标，我们称之为结果性指标，它用来解释企业核心竞争力是什么样的水平。

2. 分析性指标

结果性指标具有一定的局限性，因为得分多少只能说明当前的输赢，只在相当程度上反映竞争力的强弱，却未必能百分之百地表明竞争力的实际状况，这就像足球比赛，巴西队是公认最强的球队（竞争力最强），但不见得每次都得冠军。一个最有实力的运动员，也未必在每次比赛中都是优胜者。所以，还需要有另一类指标，即分析性指标来更详细具体地反映企业的实际竞争力状况。这些指标可以解释企业为什么有竞争力，或者为什么缺乏竞争力。换句话说，测评指标特别是其中的显示性测评指标所反映的是竞争的结果或者竞争力的最终表现，而分析性指标所反映的是竞争力的原因或者决定因素。因此，与测评指标不同，分析性指标是一个为数较多的多角度、多层次的指标体系。

(二) 指标的选择

1. 指标选取的基本原则

选取评测指标要遵循以下的原则：理论分析，专家设计；问卷调查，多数选择；运用磨合，不断完善。首先，进行理论分析，基于经济学的分析和管理学的研究，由专家设计一个指标体系的框架。然后，采取问卷的方式，由公众特别是经营管理者来说明，哪些指标重要，哪些指标更能够反映竞争力，即采取多数选择的原则，选取具体的指标。而且，问卷调查的对象要有定向性，让最有实践经验的人群来表述：企业竞争力是什么，什么东西能够反映它，哪些指标好，这样就使指标体系的形成过程具有程序上的合理性。进一步考虑，按以上方式选取的指标体系应该是比较开放的，可以通过在测评过程中的运用、试错、磨合来不断地完善。总之，指标选取过程，实际上是沿着两条线索进行的，一条是专家学者通过理论分析来构架它的基本框架，另一条是用问卷调查的方法把有关人群（主要是企业经营管理者）的经验集中起来，即从科学理论和实践经验的结合上确定选取什么样的指标更好。从而可以做到：理论依据可靠，选择程序合理，逻辑线路清晰，操作方式可行，逐步优化细化。

2. 常用的基本指标

基于上述指标选取的基本原则，我们筛选了几个常用的企业竞争力评测指标（如表 5-1 所示）。

表 5-1　　　　　　　　常用的企业竞争力测评指标

指标名称	指标性质及主要含义	可反映的其他含义或影响
1. 销售收入	规模	市场份额
2. 近三年销售收入年平均增长率	业务增长	市场份额、成长性
3. 利润总额	盈利水平	规模
4. 近三年利润总额年平均增长率	持续营利能力	成长性
5. 净资产	资本实力	融资能力
6. 净资产利润率	资本盈利和增殖能力	负债的影响
7. 总资产贡献率	资金利用效率	负债的影响、融资能力
8. 全员劳动生产率（或劳动效率）	劳动效率	销售收入及冗员
9. 总收益率	价值创造能力	人才竞争中的态势
10. 出口收入占销售收入的比重	出口竞争力	国际化

续表

指标名称	指标性质及主要含义	可反映的其他含义或影响
11. 近三年技改投资与信息化建设投资占销售收入的比重	技术实力	投资于提高竞争力的融资能力
12. R&D占销售收入的比重	潜在的技术竞争力	技术密集程度
13. 拥有专利数	自主知识产权	技术优势
14. 公众评价（人气指数）	品牌影响力	广告效果
15. 财经记者评价	企业家及管理水平	不可直接计量的因素
16. 行业分析师	资本市场表现	不可直接计量的因素

其中，近三年技改投资与信息化建设投资占销售收入的比重、R&D占销售收入的比重、拥有专利数这三个指标属于分析性指标，并不能直接体现企业的现有竞争力，但却是一个完整科学的评价体系中不可或缺的。

（三）评价方法

在确定各项评测指标后，为了将企业竞争力用数据的形式直观表现出来，我们需要通过构建数学模型对竞争力进行定量分析。学界关于企业竞争力的评价方法有很多，例如，粗糙集评价法、排序评价法、标杆测定法等，现选取较为简易的多元线性回归模型方法来展示评价过程，该方法可简化为模型构建、权重确定、结果分析等三个步骤。

1. 模型构建

根据实际情况的需要，我们将需要考虑的各项指标转变为因式变量，例如，我们将表5-1中的指标设为变量（如表5-2所示）。

表5-2　　　　　　　　评测指标转因式变量示意表

指标	变量符号	变量性质
1. 销售收入	X_1	自变量
2. 近三年销售收入年平均增长率	X_2	自变量
3. 利润总额	X_3	自变量
4. 近三年利润总额年平均增长率	X_4	自变量
5. 净资产	X_5	自变量

续表

指标	变量符号	变量性质
6. 净资产利润率	X_6	自变量
7. 总资产贡献率	X_7	自变量
8. 全员劳动生产率（或劳动效率）	X_8	自变量
9. 总收益率	X_9	自变量
10. 出口收入占销售收入的比重	X_{10}	自变量
11. 近三年技改投资与信息化建设投资占销售收入的比重	X_{11}	自变量
12. R&D 占销售收入的比重	X_{12}	自变量
13. 拥有专利数	X_{13}	自变量
14. 公众评价（人气指数）	X_{14}	自变量
15. 财经记者评价	X_{15}	自变量
16. 行业分析师	X_{16}	自变量
17. 企业竞争力	Y	因变量

利用多元回归方程可以将企业竞争力表述如下

$$Y = \alpha_1 X_1 + \alpha_2 X_2 + \cdots + \alpha_{16} X_{16} + \Delta t$$

其中，α_1，α_2，$\alpha_3 \cdots \alpha_{16}$ 为各项指标所占权重，Δt 为随机误差项。

2. 权重确定

在指标体系的构建中，确定所选取的各个指标在总得分中应占多大的权重，是一个比较困难的问题。从方法论上说，我们通常采取的是专家分析与问卷调查相结合的方法。

在确定权重的过程中，只有当问卷调查的结果同专家的意见十分接近时，我们确定的权重才是有意义的。例如，表 5-2 中的前 10 个显示性指标，实际上分为"销售收入类"和"利润类"两大类（即同销售收入相关和同利润相关的两类指标）。在这两类指标中又可分别分为当年类指标和增长类指标两类。而专家意见同特殊人群（企业经营管理人员）问卷调查对加总权数分配的总体意向大体上是相当一致的。这也表明，尽管对竞争力的概念定义特别是其学术性的表述还存在许多不同的意见，但对企业竞争力这一客观现象的认识实际上具有很高的共识性。这种共识性使得对竞争力指标权数的确定具有了比较一致的认识基础。

3. 结果分析

（1）相关性检验。在对模型运算结果进行进一步分析前，为了防止变量之间存在相关性，进而对模型有效性产生影响，我们需要对变量之间的相关性进行检验。

(2) 回归模型选择。回归模型的选择主要有两个步骤：一是确定影响形式，即随机效应模型（Random Effects Model）和固定效应模型（Fixed Effects Model）。在随机效应模型及固定效应模型的选择中，一般情况下要运用豪斯曼检验（Hausman Test）。

(3) 回归结果与分析。结合相关性检验结果与回归解过进行分析，即可对企业的竞争力进行评价。

三、宁波家族企业竞争力评价

（一）宁波家族企业概述

当前的中国，几乎 70%~80% 的民营企业属于家族企业的管理模式，企业家的财富也代表着一个家族的财富。在宁波地区，众多的家族企业更是成为支撑地区经济发展的中流砥柱。在已经上市的 48 家宁波企业中，家族企业占到了 40 家，基本上宁波地区大型的企业都被家族式的管理方式把持着。

在新发布的 3 000 中国家族财富榜中，宁波企业悉数上榜。在宁波籍企业家中，丁磊家族以 179.54 亿元的财富排名第 28 位，他在网易的持股比例为 44.90%，虽然他将目光投向很多互联网之外的行业，但其主力却丝毫没离开互联网。而沈国军家族以 79.86 亿元排名第 80 位，其在银泰百货的持股比例为 36.63%。沈国军及其银泰系是中国商业零售领域最活跃的资本大鳄，本次榜单并没有考虑计入银泰系在京投银泰和鄂武商的持股量。此次新上榜企业中，约有 10 多个宁波的家族企业跻身新富榜，如三江购物的陈念慈家族、东方日升的林海峰家族和仇华娟家族、三星电气的郑坚江家族、圣莱达的杨宁恩家族、聚光科技的姚纳新家族、先锋材料的卢先锋家族、双林股份的邬维静家族、邬永林家族及围海股份的张子和家族等都是新上榜。

（二）模型构建

1. 粗选样本

为方便研究，我们选取了几家具有代表性的宁波上市家族企业作为研究样本。具体数据如表 5-3 所示。

表 5-3　　　　　宁波上市家族企业的代表性样本表

序号	股票代码	股票简称	序号	股票代码	股票简称
1	NASDAQ：NTES	网易	6	002473	圣达莱
2	600683	京投银泰	7	300203	聚光科技
3	601116	三江购物	8	300163	先锋材料
4	300118	东方日升	9	300100	双林股份
5	601567	三星电器	10	002586	围海股份

2. 数据整理

经材料的搜集与计算，上述公司的竞争力各项相关指标数据如表 5-4 所示。

表 5-4　　　宁波上市家族企业代表性样本的竞争力数据表

指标	总收益率	总资产贡献率	全员劳动生产率	净资产利润率	出口收入占销售收入的比重	R&D 占销售收入的比重	近三年技改投资占销售收入的比重	近三年销售收入年平均增长率	近三年利润总额年平均增长率
1	4.2	8.91	6.47	1.04	0.48	16.28	1.84	9.85	-8.18
2	5.59	7.26	2.49	0.85	0.66	8.90	0.81	14.24	4.05
3	4.06	15.32	4.78	1.70	0.49	17.95	2.91	7.70	8.34
4	2.11	1.87	14.33	0.79	0.93	32.50	3.87	8.85	14.04
5	-2.02	-18.64	8.17	2.70	0.27	75.95	3.48	2.60	-47.87
6	17.29	9.70	3.43	0.45	0.80	9.72	0.44	-0.96	-2.58
7	0.60	0.76	2.52	0.78	0.61	2.52	0.70	7.73	-20.76
8	3.58	5.16	3.50	0.74	0.71	5.59	1.95	-1.08	-7.94
9	3.75	5.24	6.06	0.90	0.58	5.43	2.64	-4.51	-1.40
10	9.26	4.80	2.90	0.40	0.80	3.06	0.61	4.43	4.46

3. 权重计算

权重的数据收集采用专家意见及调查问卷的形式展开，具体的数据处理采用德尔菲法，计算形式如表 5-5 所示。

表 5-5

指标	Y_1	Y_2	……	Y_6
1	λ_{11}	λ_{21}		λ_{11}
2	λ_{12}	λ_{22}		
……	λ_{13}	λ_{23}		
$k-1$	λ_{14}	λ_{24}		
k	λ_{1k}	λ_{2k}		λ_{6k}

λ_{kj} 表示第 K 个专家对第 j 个指标的权重 λ_j 表示第 j 个指标的均值

$$\lambda_j = \frac{\sum \lambda_{kj}}{k}, j = 1, \cdots, n$$

经此方法各项竞争力指标的权重如表 5-6 所示（数据均已取整）。

表 5-6　　　　　　　　竞争力指标的权重表

指标	总收益率	总资产贡献率	全员劳动生产率	净资产利润率	出口收入占销售收入的比重	R&D 占销售收入的比重	近三年技改投资占销售收入的比重	近三年销售收入年平均增长率	近三年利润总额年平均增长率
100	20	10	15	15	5	8	2	12	13

4. 计算及结果展示

利用多元回归方程可将上述企业的各项数据及权重代入下式中

$$Y = \alpha_1 X_1 + \alpha_2 X_2 + \cdots + \alpha_{16} X_{16} + \Delta t$$

其中，α_1，α_2，$\alpha_3 \cdots \alpha_{16}$ 为各项指标所占权重，Δt 为随机误差项。

经计算各企业最终结果及排名如表 5-7 所示。

表 5-7　　宁波上市家族企业代表性样本的竞争力排名表

序号	股票简称	得分
1	网易	202
2	京投银泰	105
3	围海股份	92

续表

序号	股票简称	得分
4	东方日升	90
5	双林股份	87
6	三星电气	82
7	聚光科技	80
8	圣达莱	75
9	三江购物	75
10	先锋材料	72

（三）评价结果分析

1. 网易的竞争力远超其他宁波家族企业

网易的最终得分为 202 分，两倍于排名第二的京投银泰。通过对网易公司的分析试图找出其竞争力远超宁波市其他上市企业的原因。

通过分析认为网易公司的竞争力主要来自两个方面，一个是来自行业的优势，一个是来自企业自身的优势。

首先，对网易公司进行行业分析。网易公司所处的互联网行业通常按服务类型或功能可以分为行业基础服务、商务应用、交流娱乐和互联网媒体四个大类。网易通过提供邮箱和提供游戏平台等服务主要涉及行业基础服务和交流娱乐类的功能。从互联网行业的生命周期来看，我国的互联网行业已经发展到了成熟期。2015 年两会《政府工作报告》把"互联网＋"正式纳入国家战略。十八届五中全会发布"十三五"规划建议明确提出：实施"互联网＋"的行动计划，发展物联网技术和应用，发展分享经济，促进互联网和经济社会的融合发展。虽然互联网行业已经步入成熟期，但中国的互联网行业作为当下最热门的行业之一，显然不会停下它发展的脚步。

然后分析网易公司的个体优势。网易是中国国内著名的网络先锋，首创中国自主开发的 webmail 服务系统，主导国内著名的公共免费电子邮件市场如 163、263 等。它首先开创了个人主页服务，提出了电子社区的概念，是国内最热的电子拍卖站点，正朝综合性电子服务社区努力，提供包括邮件、新闻、搜索、电子商务在内的多种服务，是目前国内具有巨大影响力的网站。网易几乎是目前唯一一个靠自身积累运转的互联网公司，当然不是从网络本身，而是从卖软件和服务上获取利润，同时网易的勇于创新和实践也是其成功和吸引顾客的优势所在。

通过具体分析网易公司的指标发现，使网易公司具有如此之高竞争力的原因主要来自于占竞争力权重较高的总资产贡献率、全员劳动生产率、研发费用占销售收入比重和近三年销售收入年平均增长率，虽然网易公司在近三年利润平均增长率为负，但由于在另外几个方面的优势明显，仍然相较于其他的宁波上市公司具有更强的竞争力。

2. 京投银泰、围海股份、东方日升、双林股份、三星电气，以及聚光科技的竞争力有待加强

京投银泰控股股份有限公司现有总资产20.4亿元，净资产9亿元，主营业务涉及房地产开发、内外贸、服务三大行业。通过对京投银泰的指标分析，我们发现由于在总收益率、ROA、研发投入等方面相对优秀的表现使得企业在近三年销售收入平均增长率和近三年利润平均增长率两个方面表现良好，最终使得企业具有相对优秀的竞争力。为了进一步提高企业竞争力，京投银泰可以从加强技术改革和企业管理等方面着手。

浙江省围海建设集团股份有限公司是拥有多项专利技术的现代股份制企业。通过对围海股份的指标分析，我们发现造成该企业综合竞争力相对不错的主要原因在于该企业在各项指标中的表现相对均衡化，说明企业在发展中注意弥补自身的短板，实现均衡发展。但该企业作为拥有多项专利技术的技术型企业，若要提高其综合竞争力，可以通过提高加大研发投入和技术改革的投资来实现扩大企业核心竞争力和营收能力。

东方日升新能源股份有限公司是浙江省高新技术光伏企业，2010年在深交所成功上市。通过对东方日升的指标分析发现，该企业作为高新技术企业在全员劳动生产率、研发投入等方面的优秀表现使企业在近三年销售收入年平均增长率和近三年利润平均增长率方面表现稳健，最终使企业具有相对不错的竞争力。东方日升可以通过加大技术改革，控制成本，扩大利润空间，增长企业的总资产收益率和净资产收益率，进一步增强企业的综合竞争力。

宁波双林汽车部件股份有限公司现有总资产13.6亿元人民币，公司在模具、汽车、计算机、家电、电子通信类的工程塑料件和金属配套件领域发展迅速。通过对双林股份的指标分析发现，虽然该企业在近三年销售收入年平均增长率和近三年利润平均增长率等方面表现不佳，但由于在其他方面相对均衡而且稳健的发展使得企业仍然具有一定的竞争力。所以双林股份要想获得进一步提升企业的竞争力,就要增强企业创造收入的能力,增加企业利润,实现销售收入增长和利润增长的转负为正。

　　三星电气是高新技术企业,国家火炬计划重点高新技术企业,国家二级安全质量标准化机械制造企业,浙江省创新型试点企业,宁波市工业创业创新综合示范企业。通过对三星电气的指标分析,我们发现该企业的竞争优势在于全员劳动生产率和研发投入占销售收入比重等方面,但企业在总收益率、总资产收益率和利润增长等方面的不佳表现无疑降低了企业的综合竞争力。所以三星电气可以从自身相对弱势的方面着手,在提高企业的营业收入的同时控制企业成本、扩大利润,实现竞争力的进一步提升。

　　聚光科技主打产品在国内市场居于领先地位,并出口到美国、日本、英国、俄罗斯等二十多个欧美发达国家。通过对聚光科技的指标分析,我们发现该企业在各指标中的表现相对平均且整体偏低,没有特别突出的方面,这些使得聚光科技在和同类企业的竞争中失去市场份额,最终导致企业的利润水平有较大水平的下滑,使企业失去了一定的竞争力。为了解决这些问题,聚光需要进行企业内部的改革,以效益为优先的原则从各个方面对企业进行全面的整改,同时加大企业的技术投资和研发投入,在增加的销售收入的同时减少成本的增加,从而实现提高企业竞争力的目标。

3. 圣达莱、三江购物、先锋材料三家家族企业竞争力相对较弱

　　圣达莱电器股份有限公司是全球知名的温控器供应商及高端电热水壶出口前八强的公司。通过对该企业进行指标分析发现,虽然圣达莱电器股份有限公司的竞争力优势在于总收益率和ROA,但由于其作为高新技术企业,研发费用占其销售收入的比重较低,近三年技改投资占销售收入比重较低,导致其近三年销售收入年平均增长率为负,近三年利润平均增长率为负,最终导致企业的竞争力降低。

　　三江购物是浙江省目前最大的连锁超市之一,国际独立零售商联盟(IGA)成员,中国连锁业百强,是浙江省政府重点扶持的大型连锁企业。宁波先锋新材料股份有限公司,是国内高分子改性复合新材料的生产、加工、研发的龙头企业。通过对三江购物及先锋材料的指标分析发现,企业指标整体偏低,尤其在ROE、出口收入占销售收入比重以及近三年技改投资占销售收入比重偏低造成了企业近三年销售收入年平均增长率及近三年利润平均增长率偏低,其中,先锋材料这两项指标均为负值,是造成其综合竞争力整体偏低的主要原因。

四、提升宁波家族企业竞争力建议

(一) 提高经营管理质量

经营管理质量是家族企业各项能力的综合反映,对家族企业的发展具有深刻影响。首先,宁波的家族企业可以通过全面调动管理层和员工的积极性,创造具有激励性和凝聚力的企业文化,着力提高家族企业的经营管理水平,其目的在于降低经营风险和经营成本,提高其经营效能和营运效益,增加其盈利能力和产品或服务市场竞争实力。全面提高宁波的家族企业的经营管理水平,宁波的家族企业管理者首先需要在明晰社会、经济、人文发展特点的基础上,从经营管理实践的角度出发,明确以目标激励为核心的人才管理经营策略、以制度管理为核心的业务管理经营策略、以财务核算为核心的利润管理经营策略和以优化结构为核心的资产负债经营策略,通过引进先进的经营管理体制和经营管理模式,提高家族企业的整体素质和创新能力。其次,先进的经营管理体制和经营管理模式,需要以信息、技术和知识为支撑,因为对信息和知识的充分挖掘、利用和共享是经营管理创新的必要前提和基础。为顺应新经济背景下家族企业的新趋势,有效应对国内外日益激烈的市场竞争,追求利润和市场的最大化,家族企业今后的发展重点应是不断注重产品创新、提高产品质量,充分利用当代新技术、新方法、新手段实现数据集中化处理、业务电子化办公、管理信息化和服务创新化,同时充分利用当代先进科技成果,建立风险管理系统和决策支持系统,提高自身抗风险管理水平、经营管理能力,实现家族企业利润增长和品牌提升。

(二) 完善公司治理结构和薪酬体系

随着市场经济的一体化和资本市场的全球化,身处宁波的家族企业尤其是上市家族企业若想获得融资或者说是取得更加优惠的融资条件就必须实行现代企业制度。现代企业制度是符合当前社会经济发展的客观产物,是最具生命力的一种企业管理组织制度，其建立和实施有助于企业提高自身管理水平和市场竞争能力，是企业竞争力的基础。现代企业制度的执行有赖于与之相匹配的公司治理结构的完善。公司治理结构是指协同企业内部不同利益主体之间的法规、制度及各种规范的总称。健全、完善的公司治理结构不仅有利于企业提高产品、技术、组织、观念创新能力、研发能力、市场营销能力、环境适应能力，更有利于企业提高决策效率、经营管理水平和成本控制质量，进而提高企业竞争力。完善公司治理结构首先要完善股东大会、董事会、监事会、委员会制度，明确股东大会、董事会、管理层、工会的权利制衡机制，规范所有者、经营管理者、债权人、员工等利益主体的权利与义务，正确处理他们之间的关系确保其规范性运作。建立健全薪酬激励机制的目的在于降低信息不对称条件下，管理层的逆向选择风险和道德风险。在不完善的经理人市场上，经理人行为绩效的好坏对其未来薪酬结构的影响较小，在不损害自身利益的前提下，经理人没有动机去改善企业经营管理绩效。在有效的经理人市场条件下，经理人的价值表现为年薪、福利等显性因素和社会地位、声望、名誉等隐形因素。因此，经理人当前的管理绩效会对其未来的薪酬结构产生重大影响。在任职期限一定的情况下，经理人为获得潜在下家的青睐，有动机采取一些可以短期改善企业财务收益的管理措施。而管理措施虽然可以在短期内提升企业的市场价值，却也有可能是以损害企业未来发展战略为代价的。

代理理论认为，家族企业对公司管理层究竟是采用行为导向还是绩效导向的薪酬制度，取决于对其管理层绩效考核的难易度。当管理层的经营运作行为清晰可测时，家族企业通常倾向于对其管理层采取行为导向的薪酬制度。也就是说，家族企业会根据子公司管理层的任务完成量来支付其相应的薪酬，此种条件下代理行为的风险性也较小。然而，当管理层经营运作行为难以测量时，家族企业通常会对其施行绩效导向的薪酬制度。家族企业会给其管理层一个可选择的薪酬合约，并承诺根据公司未来业绩的增长赋予其一定的股权份额。但是，由于家族企业业绩会受到组织外部众多非人为因素的影响，股权薪酬很可能会造成管理层实际薪酬的缩水，这就要求企业需要支付管理层相对较高的薪酬以防止其做出不利于企业未来发展的经营决策。

因此，设计一种合理有效的管理层薪酬体系，鼓励经理层着眼家族企业未来的发展方法，制定经理管理战略，努力提高家族企业的现实和潜在竞争力，避免短视效益至关重要。一种可行的办法是宁波的家族企业将经理层的薪酬结构设为年薪、股票和股票期权的组合，这样一方面将经理层薪酬与企业经营绩效和市场表现相挂钩，有利于其管理积极性以获得较多的企业剩余价值；另一方面与期权相挂钩，潜在的鼓励经理人着眼于企业的长期市场价值进行经营管理决策，有利于减少其道德风险。但是需要注意的是，健全合理的薪酬体系实行的前提是对管理层业绩评价的科学性和合理性。

（三）建立有效的风控预警和管理机制

家族企业在经营管理实践中面临多种多样的风险，宏观性的有资本市场和消费需求的不稳定性，微观方面有各利益团体因利益分配而产生的冲突、品牌信任危机、研发投入产出风险，等等。预警机制的作用在于实时监测潜在的突发事件，对即将发生的和已经发生的突发事件予以警示和提供相关信息，这是提高有效应对突发事件能力的必要条件。预警机制的建立和完善，对于家族企业快速、有效地应对突发事件，在一定程度上起到关键作用。家族企业应设立由高级管理人员领导的独立的风险管理部门，形成高效、灵活、快速的突发事件预警组织体系；运用先进科学技术建立预测监测系统，收集各类信息，以便进行有效的风险评估和预测，不断提高对突发事件的预警能力。应依据突发事件的特点和对家族企业声誉、品牌、形象等影响作用的大小划分的不同级别，建立有序有效的迅速反应系统和专项预案，使之成为相辅相成的完整的协调性系统。因此，为加强家族企业风险管控能力的科学性和可操作性客观上要求其必须做到：加强对家族企业各利益主体风险识别和预防知识与能力的培养，强化风险管控部门成员的风险应对理论和技巧的培训，通过对仿真模拟实验结合的研究制定出符合企业风险管控的应急预案草案，提高家族企业的风险管控能力。

（四）提高家族企业盈利能力

家族企业的盈利能力主要取决于社会平均利润的高低和企业生产经营成本的高低，经济利润是家族企业生存发展所必需的最低社会平均利润率。因为低于经济利润，家族企业将会因为资不抵债而面临破产或清算。在市场经济条件下，一个行业的平均利润率水平越高，该行业就会出现大量的投资现象，社会资金供求旺盛，家族企业的融资渠道就会多样化，融资成本相对低廉，家族企业才有动力改善当前技术水平，创新产品特性，扩大企业规模以获得更为强劲的优势地位。总的来说，社会平均利润率越高，该行业的平均利率水平也会相应提高，大量企业挤入该部门就会压缩家族企业的利润空间，此时家族企业必须寻求新的行业壁垒以巩固自身优势；社会平均利润率越低，行业的平均净利率水平也要相应降低，大多数不能保证经济利润的企业将退出该行业，竞争后的各企业处于相对均衡状态。因此，为获得企业的长远发展，家族企业天然性的有动力进行科学研发，通过新技术降低产品或服务成本，通过创新占领优势地位创造新的行业壁垒，以此来提高本企业的盈利能力。而且盈利能力的提高有利于家族企业有效应对各种突发性财务风险，有利于企业发展的稳定性和持续性。相关研究表明，次贷危机时期，30%的企业致力于稳定企业的现有盈利能力；金融繁荣期，50%的企业致力于通过创新和革新扩大企业的盈利能力。因此，努力提高社会和行业的平均利润水平，降低家族企业自身生产经营管理成本是家族企业增加自身财富积累、加快企业发展速度之必需，也是提高企业盈利能力的行之有效的途径和手段。

盈利能力是作为家族企业内各个不同部门不等的生产效率和利润率的平均化趋势而存在的。所以，家族企业盈利能力与各个产业部门的个别利润率和投入各个不同部门的资本相对量密切相关。一方面，在生产要素、资本总量和人力资源一定的情况下，提高社会科学技术水平可以提高各个产业部门的个别利润率，进而提高企业盈利能力，这也是企业进行积极研发的主要动力，这与世界 500 强企业都非常注重对研发的投入相吻合；另一方面，优化产品结构，提高资本配置效率，提高产品创新，有利于企业获得新的垄断利润，进而提高企业盈利能力。

（五）加大研发投入，着力提高创新能力

研发是家族企业产品或服务的基础，创新是家族企业长远发展并保持持续竞争力的不竭动力。家族企业产品或服务的市场营销竞争力的大小取决于营销主体、载体和客体的相互协调发展能力的大小，拥有创新型、创意型且具有相互支持作用的主体、载体、客体的家族企业市场营销竞争力必然会优于那些生产条件落后、创新性不足条件下主体、载体、客体匹配发展能力不强的家族企业。家族企业产品结构的优化和高级化、稀缺性资源的节约和有效利用等都无不强烈依赖科技发展和人才支撑。科学技术是家族企业最具能动性的生产要素，它的不断革新极大地促进着家族企业生产效率的提高和成本的降低，进而

促进家族企业利润空间的扩大和拓展。然而科学技术的发展首先需要家族企业各经营管理层的极大重视和大力配合，并注重对企业研发的资金支持和人力支持。家族企业作为企业科技研发投入的主体，需要从家族企业长远发展的战略角度出发，合理确定科技研发中应用研究和试验发展研究的投入比例，在以应用研究为主体投入的基础上适当提高基础研究的投入比重，推动家族企业科技实力整体性和实质性的提高。而科技研发成果的商业化和产业化，不仅会巩固家族企业当前的竞争优势，而且能够为家族企业开拓新的盈利空间和利润增长点，进一步促进家族企业经营管理质量和盈利能力的提高，同时有利于增强家族企业的整体性抗风险能力。

总而言之，家族企业经营管理质量、公司治理和薪酬体系、风险管控机制、盈利能力、科研能力和创新能力是一个相互协调、相互促进的统一系统。研发能力和创新能力是基础，经营管理质量是手段，公司治理和薪酬体系是体制和人才保障，风险管控是预防性措施，盈利能力是结果。经营管理质量、公司治理和薪酬体系、风险管控机制、科研能力和创新能力有利于家族企业盈利能力的提高，家族企业盈利能力的提高又有利于经营管理质量、公司治理和薪酬体系、风险管控机制、科研能力和创新能力的提高。这几个方面要素之间的相互配合性的良性循环共同促进着家族企业竞争力的持续性的保持和提高。

第六章

宁波家族企业发展环境

一、家族企业环境概述及相关理论

邓肯（Duncan，1972）认为环境是企业所需要直接考虑的物理和社会因素的综合；卡尼翁（Cagnon，1990）提出，环境是可控和不可控的现实各种因素的集合；席酉民（2001）提出，企业环境分为内部环境和外部环境。内部环境主要讨论企业内部的氛围、企业组织制度和政策形成的感受系统，而外部环境主要是企业发展必须依赖和无法回避其影响的企业外部系统。赵锡斌（2010）认为，企业环境是一些相互依存、相互制约、不断变化的各种因素组成的一个系统，影响企业组织决策、经营行为和经营绩效的现实各因素的集合。

研究企业与环境的关系，为企业正确、全面地认识和把握环境，进行科学的决策，提供了理论依据，具有重要的理论意义和应用价值。同时，对政府更好地为企业创造环境供给，更有效地促进企业的发展，也具有重要的参考价值。国内外关于企业与环境关系的研究成果较为丰富，其中具有代表性的理论和观点主要包括：

（一）安索夫的战略规划理论

安索夫《公司战略》一书开创了战略规划的先河。1975 年，安索夫的《战略规划到战略管理》一书的出版标志着现代战略管理理论体系的形成。该书将战略管理明确解释为,"企业高层管理者为保证企业的持续生存和发展,通过对企业外部环境与内部条件的分析,对企业全部经营活动所进行的根本性和长远性的规划与指导"。

(二) 本尼斯的组织发展理论

沃伦·本尼斯,美国当代著名组织理论研究者之一,对于组织理论中关于组织发展新方向和传统官僚制的灭亡提出了创新性设想。该理论认为,组织必须完成两项互相关联的任务才能存在下去,一个是协调组织成员的活动和维持内部系统的运转,另一个是适应外部环境。第一项任务要求组织由某种复杂的社会过程使其成员适应组织的目标,而组织也适应成员的个人目标,这一过程被称为"互相适应""内适应"或"协调"。第二项任务要求组织与周围环境进行交流和交换,称之为"外适应"或"适应。"

(三) 权变理论学派

权变理论认为,在企业管理中要根据企业所处的内外条件随机应变,没有什么一成不变、普遍适用的"最好的"管理理论和方法。该学派是从系统观点来考察问题的,该理论核心就是通过组织的各子系统内部和各子系统之间的相互联系,以及组织和它所处的环境之间的联系,来确定各种变数的关系类型和结构类型。它强调在管理中要根据所处的内外部条件随机应变,要把环境对管理的作用具体化。权变管理理论的核心内容是环境变量与管理变量之间的函数关系,即权变关系。该理论指出,环境可分为外部环境和内部环境。外部环境又可以分为两种:一种是由社会、技术、经济和政治、法律等所组成;另一种是由供应者、顾客、竞争者、雇员、股东等所组成。

(四) 彼得·圣吉的学习型组织理论

20世纪80年代以来,随着信息革命、知识经济时代进程的加快,企业面临着前所未有的竞争环境的变化,传统的组织模式和管理理念已经越来越不适应环境,其突出表现就是许多在历史上曾名噪一时的大公司纷纷退出历史舞台。因此,研究企业组织如何适应新的知识经济环境,增强自身的竞争能力,延长组织寿命,成为世界企业界和理论界关注的焦点。在这样的大背景下,以美国麻省理工学院教授彼得·圣吉为代表的西方学者,提出了以"五项修炼"为基础的学习型组织理念。

学习型组织理论认为,在新的经济背景下,企业要持续发展,必须增强企业的整体能力,提高整体素质,并且企业应能够设法使各阶层人员全心投入并有能力不断学习的组织——学习型组织。企业环境研究日益注重环境对企业发展的影响,并逐步出现将企业环境内生化的趋势。因此,加强企业发展环境研究,增强企业对环境的适应和控制,并改善和优化企业环境,是企业得以健康运行和发展的重要条件。

(五) 迈克尔·波特的竞争战略理论

波特对于竞争战略理论做出了非常重要的贡献,他的杰出思想是分析产业环境的结构化方法——"五种竞争力量",以及在《竞争战略》一书中明确地提出了三种通用战略。波特认为,在与五种竞争力量的抗争中,蕴含着三类成功型战略思想,并且这些战略类型的目标是使企业的经营在产业竞争中高人一筹。贯彻任何一种战略,通常都需要全力以赴,并且要有一个支持这一战略的组织安排。如果企业的基本目标不止一个,则这些方面的资源将被分散。波特的竞争战略研究开创了企业经营战略的崭新领域,对全球企业发展和管理理论研究的进步,都做出了重要的贡献。

(六) 系统理论学派

在企业管理中,系统理论学派是指将企业作为一个有机整体,把各项管理业务看成相互联系的网络的一种管理学派。该学派重视对组织结构和模式的分析,应用系统理论的范畴、原理,全面分析和研究企业和其他组织的管理活动和管理过程,并建立起系统模型以便于分析。这一理论是弗里蒙特·卡斯特、罗森茨韦克和约翰逊等美国管理学家在一般系统论的基础上建立起来的。该理论的主要观点是企业是由人、物资、机器和其他资源在一定的目标下组成的一体化系统,它的成长和发展同时受到这些组成要素的影响,在这些要素的相互关系中,人是主体,其他要素则是被动的。管理人员需力求保持各部分之间的动态平衡、相对稳定、一定的连续性,以便适应情况的变化,达到预期目标。

同时，企业还是社会这个大系统中的一个子系统，企业预定目标的实现，不仅取决于内部条件，还取决于企业外部条件，如资源、市场、社会技术水平、法律制度等，它只有在与外部条件相互影响中才能达到动态的平衡。

所以，企业经营的本质便是达到其自身经营目标、外部环境以及企业内部环境三者之间的动态平衡。外部环境是企业难以掌控的，企业的外部环境主要是指企业发展所必须依赖的和无法回避其影响的企业外部系统（席酉民，2001），外部环境包括上述提及的政治因素、经济因素、政策法律因素、社会文化因素、道德因素和其他不确定性因素等，而这些因素之间彼此又相互影响、相互作用，对于家族企业的共同作用就使得家族企业发展环境呈现出一个系统，并具有复杂性、动态性和不确定性的特征。

作为复杂开放系统中的企业组织，要得以生存与发展，较大程度上取决于家族企业与外部环境的适应性，因此需要分析家族企业所处的外部环境，以此做出企业的相关决策，积极应对外部环境的不确定性和多变性成为家族企业的重要课题。家族企业作为我国特殊的企业组织形式，其经营决策受到外部环境因素的影响，总体来讲主要有政治环境、经济环境、政策法律环境、道德文化环境等。

二、家族企业发展的政治环境

政治环境对家族企业的发展起到了决定性的作用。中国政治环境复杂多变，对私营家族经济产生了时而促进时而阻碍的重大影响。在中国，自从公元前1046年西周取代商朝以来，"重农轻商"的社会风气开始存在。随着明朝中叶的资本主义萌芽，"轻商""贱商"的观念有了一定的转变，经商得到了社会的鼓励（周健自，1997），只是清朝后期的政治腐败阻碍了中国资本主义萌芽的进一步发展。19世纪60年代出现了依托进口国外先进机器设备，从事近代工业生产的民族资本主义与民族资产阶级。由于晚清产生的民族资产阶级对西方资本主义国家天生依赖性、国运不济、对西学的渴求，以及海外殖民地对劳动力的需求，19世纪末20世纪初以后移民他国的中国人逐渐增多，主要包括相对富有的民族资本家、知识青年、没落贵族及纯粹劳动力。在中国的新民主主义革命期间及其胜利前后，也有不少民族资本家从中国大陆移居港澳台、东南亚国家、西欧及北美。民族资本家等在海外创办的企业构成了如今海外华人企业的前身，其中大多数是家族企业。

辛亥革命以后，北洋军阀政府颁布若干法律和法令，促进了私营工商业的发展。后来，自然经济进一步解体，客观上为中国私营经济的发展创造了条件，中国出现了一个新的民间兴办工业的浪潮。第一次世界大战期间及战后初期，当时政府忙于政权建设而无暇顾及其他，民营经济在缝隙中得到了进一步发展。但后来外国侵略者打开了中国的大门，发达国家资本和商品向中国涌来，使得中国民间私营经济的发展衰退下去。

新中国成立后，留在大陆的民族资本家大多接受了社会主义改造，其中许多家族企业或其他类型私营企业成为全民所有制或集体所有制企业。受"极左"思潮和"文革"的冲击，资本家与私营企业成为容易引起社会偏见甚至受到攻击的对象，西周以来的"轻商""贱商"再次重演。经过反复的社会动荡，能延续至1978年改革开放的家族企业已微乎其微，主要都是些小规模的夫妻店或普通的小买卖。可以说，中国家族企业的重新兴起是20世纪70年代末80年代初的事，因为国家到那时才真正认识到商品经济的意义。

改革开放以后，由于放手发展私营经济，使其逐渐发展壮大为国民经济的一支重要生力军、一个新的经济增长点。20世纪70年代末，家庭联产承包责任制的确立，农民拥有了生产经营自主权，农民的生产积极性得到了极大提高，其结果是出现了资金剩余和大量农村剩余劳动力，这两种因素促成了雇佣劳动关系的产生。雇佣劳动关系的产生标志着小商品生产向资本主义性质的生产方式转变。同一时期，由于大量下乡知青的回城，再加上农村劳动力的严重过剩，而国有企业安排就业又有一定的限制，从而产生了严重的就业压力，促使国家政策对私营经济逐渐放开。

1988年4月12日，第七届全国人大第一次会议通过宪法修正案，进一步肯定了私营经济的合法地位、合法权益及合法发展。宪法规定，"国家允许私营经济在法律规定的范围内存在和发展，私营经济是社会主义公有制经济的补充，国家保护私营经济的合法权利和利益，对其实行引导、监督和管理"。在原有的计划经济条件下，国有企业是主要经济成分，是稳定经济、创造就业机会的一种工具。然而，如果按照市场经济的要求，资源不是由国家直接配置，而是按市场机制进行资源配置，因而在由计划经济转向市场经济的过程中，国有经济也就失去了原有的目的和意义，面临着效率低下的挑战，因而必须对国有企业进行改革、重组。然而，在国有企业改革、重组过程中，中国经济出现了真空状态，需要有效率的企业形式来填补空白，这种情况也促使国家对私营经济的进一步开放。

1992年邓小平南方谈话提出了"三个有利于"的标准，确定了社会主义市场经济目标，有关"姓资""姓社"的问题得到了明确的解决。1997年的中共十五大又以宪法的形式进一步肯定了私营经济的合法地位，中国共产党十五大报告明确提出："民营经济是公有制的重要组成部分"，从根本上为以家族企业为主的民营经济发展排除了体制障碍，个体私营经济有了一个宽松的发展环境。2002年中共十六大更是肯定了私营经济的作用，明确了对私营经济的态度。"必须毫不动摇地鼓励、支持和引导非公有制发展。个体和私营经济等各种形式的非公有制经济是社会主义市场经济的重要组成部分，对调动社会各方面的积极性、加快生产力发展具有重要作用"。2007年，温家宝总理在政府工作报告中指出"鼓励非公有制经济参与国有企业改革，进入公用事业、基础设施、金融服务及社会事业等领域"。

虽然十五大明确了非公有制经济的地位，但是在一些政府职能部门、领导和具体执行政策者那里，传统计划经济时期形成的思想认识和陈旧观念，则没有彻底消除。一方面，旧的框框依然罩在非公有制经济头上，对发展非公有制经济存在偏见和错误认识，对个体和私营的政策仍有很多歧视，如税收、土地批租、工商管理、人员出境、进出口经营权等方面还存在着不公平待遇，有的私营企业合法权益得不到保护。非公有制企业的从业范围受到很大限制，在金融、石油、汽车业原国家垄断行业逐步向国外资本开放的同时，一批实力强、信誉好、素质高的私营企业却不能涉足。另一方面，社会对个私经济仍有不少偏见，片面认为个私企业都是唯利是图、偷税漏税的，把违法违章生产经营与个私经济画等号，或将公有制企业在竞争中的失利归咎于个私经济的存在，因而在感情上不信任、不接受个私企业，总是有意无意地限制它，甚至排斥它。同时，政府部门转变职能还不到位，管理体制不顺。目前对个私企业的管理部门众多，涉及工商、税务、物价、技术监督、公安、消防、城建、卫生、环保、街道等十几个行政和经济监督机构，多头管理，政出多门，由于部门之间缺乏协调，各行其责，导致政策难落实，甚至互相抵触，使得个体私营业主无所适从。

纵观北美地区，中国家族企业之所以大量集聚，主要是与北美市场经济发达，法制健全，公平竞争的理念深入人心有关。与西欧16世纪末以来的重商主义、自由贸易主义等古典政治经济学思想一脉相承，北美社会鼓励自由企业度、奖励创新、关注如何促进国民财富的积累，而鄙视垄断、关联交易与不公平竞争。中国人首度移民北美主要从事开掘金矿、修建铁路的苦力活，社会地位低下；且受种族歧视，与当时的黑奴无异。影响美国华人政治、经济地位至深的《排华法案》直到1943年才被废除，对移民北美的第一代中国人来说，最初的淘金梦并没有实现。他们的后裔从祖辈承接的家族企业因而是有限的。

"二战"以后第三次技术革命在美国兴起，以计算机技术应用为主要特征的科技进步给社会环境、经济环境带来了深刻的变革。由于上述原因，华人及其家族企业在思维、观念、行动上应当来说是跟不上时代发展需要的。墨守成规的华人家族企业的经营方式，在生产工艺、生产技术、服务质量发生巨大飞跃，市场竞争压力加大的情况下变得不合时宜。而且，在法律、市场面前人人平等的条件下，缺乏政策、关系等非经济因素的扶持使华人家族企业生存更是艰难。虽然20世纪中叶左右移民北美的新一代华人创建高新技术企业，但由于行业特有的风险性，破产者居多。

在西欧，华人家族企业的境况也相似。虽然英国、法国等没有针对华人设立极端的歧视性法律，但由于民族之间语言、文化、宗教信仰、生活习俗的巨大差异，以及西欧各国属于非移民国家，华人更难融入欧洲社会。受此局限，虽然市场竞争没有那么激烈，西欧的华人家族企业仍然与北美的类似，一般分布在中国人聚居区例如唐人街，主要经营餐饮、旅游、日用杂货等对专业知识、核心技能要求少的行业，企业竞争优势乃至存活率都不高。

相对而言，东南亚地区的华人家族企业显得比较成功。首先，19世纪末20世纪初，华人移民到东南亚地区，如马来亚、印度尼西亚、新加坡、菲律宾等，大多是英国、荷兰、美国的殖民地，与当时中国的国情相近。其次，华人自唐朝以来在当地就有经商活动，明朝三宝太监郑和7次下西洋，扩大了华人的影响。宗教信仰的相似、与当地居民通婚、共同反抗殖民统治等都使华人与所在国家的融合程度要远高于北美和西欧。除了菲律宾，20世纪初的华人移民不存在一开始就受当地社会排斥的遭遇。凭着特有的民族特性——努力、坚韧、变通、抱团，华人逐渐奠定了在当地的商业实力，并出现了一些至今仍十分显赫的华人家族企业。只不过，富裕后的华人要完全不受当地政府、民众的嫉妒、敌视、迫害也是做不到的。华人虽然建立了广泛的外部关系网络，但由于社会缺乏完善的法律保障体系，在任何不利的政府更替、经济动荡的情况下，都容易顷刻间土崩瓦解。

进入21世纪，中国家族企业所处的外部环境有了本质上的改善，特别是中国国力日渐强大，积极参与国际事务及修好与各国的外交关系，如1991年中国加入亚太经合组织，1997年与东盟十国组建自由贸易区，2001年12月成为世界贸易组织的正式成员，2002年11月又与东南亚国家联盟（东盟）签订了《中国—东盟全面经济合作框架协议》，2007年加入国际反洗钱组织，目前中国已同20多个国家签订了国际产能合作协议等等；都有助于提高海外华人及其家族企业在定居国的社会地位。目前，国际格局加速重构，秩序之争趋烈。中国外交开创新局，全球治理地位彰显。国际社会对中国的重视和关注不断增加，国际政治、经济、安全等各领域诸多问题的解决也更加离不开中国的参与。中国在国际上更加积极主动地发挥建设性作用，提供更多公共产品，中国越来越接近世界舞台中心。中国对国际关系和全球经济的积极影响将进一步显现。

　　展望全球，亚太地区特别是东亚是全球局势中的光明带，也是全球经济增长的中心。对比中东、北非的动荡，欧洲面临的各种难题，亚太地区的经济增长对于全球而言显得更加珍贵。2016年，尽管由于美国的因素，南海地区的复杂形势可能还会有一些曲折和变化，但从总体上看，这个地区的紧张有可能随着中日关系的改善进一步降温，东亚地区的合作势头会逐步增强。2016年9月，二十国集团的峰会在中国杭州举行，习近平主席将2016年峰会的主题确定为"构建创新、活力、联动、包容的世界经济"，这对增长乏力的全球经济带来正面的影响。特别是随着"一带一路"、亚投行和丝路基金作用的发挥，全球经济需求不足的现象会得到了一定的改善。全球经济需求增加，就会增加全球经济增长的动力。苏琦、李新春（2004）认为，虽然知识经济条件下的激烈的市场竞争反过来也会给家族企业的生存造成巨大压力，类似三株集团、巨人集团、爱多集团等昙花一现的家族企业也不在少数，但总的来说，中国家族企业遇到了百年未见的发展良机。

三、家族企业发展的经济环境

　　孙希有（2003）认为，经济环境中的诸多因素，对家族企业发展速度和发展空间有影响，或者对家族企业经营成本和盈利水平有影响，并且影响企业绩效。从经济可持续发展角度而言，宏观经济环境所影响的家族企业的这些问题对家族企业发展的影响是长期的，资源和环境的约束是长久的。从国际上看，目前世界经济深度调整、复苏乏力，国际贸易增长低迷，金融和大宗商品市场波动不定，地缘政治风险上升，外部环境的不确定因素增加，对我国发展的影响不可低估。从国内看，长期积累的矛盾和风险进一步显现，经济增速换挡、结构调整阵痛、新旧动能转换相互交织，经济下行压力较大。2015年，世界经济增速为6年来最低，国际贸易增速更低，大宗商品价格深度下跌，国际金融市场震荡加剧，对我国经济造成直接冲击和影响。在国内深层次矛盾凸显、经济下行压力加大的情况下，在我国经济总量超过60万亿元的高基数上，经济工作遇到两难甚至多难问题。

据2016年政府工作报告显示，为应对持续加大的经济下行压力，我们着力稳增长调结构防风险。积极的财政政策注重加力增效，扩大结构性减税范围，实行普遍性降费。稳健的货币政策注重松紧适度，多次降息降准，改革存贷比管理，创新货币政策工具，加大对实体经济支持力度。扩大有效投资，设立专项基金，加强水利、城镇棚户区和农村的危房改造、中西部铁路和公路等薄弱环节建设。实施重点领域消费促进工程，城乡居民旅游、网购、信息消费等快速增长。

总体上，我国经济运行保持在合理区间，国内生产总值达到67.7万亿元，增长6.9%，在世界主要经济体中位居前列。粮食产量实现"十二连增"，居民消费价格涨幅保持较低水平，特别是就业形势总体稳定，城镇新增就业1 312万人，超过全年预期目标，成为经济运行的一大亮点。我国结构调整取得积极进展，服务业在国内生产总值中的比重上升到50.5%，首次占据"半壁江山"。消费对经济增长的贡献率达到66.4%。高技术产业和装备制造业增速快于一般工业。单位国内生产总值能耗下降5.6%。并且，创新驱动发展战略持续推进，互联网与各行业加速融合，新型产业快速增长。大众创业、万众创新蓬勃发展，全年新登记注册企业增长21.6%，平均每天新增1.2万户，正在推动经济社会发生深刻变革。全国居民人均可支配收入实际增长7.4%，快于经济增速。去年末居民储蓄存款余额增长8.5%，新增4万多亿元。扶贫攻坚力度加大，解决了6 434万农村年人口饮水安全问题，农村贫困人口减少了1 442万人。

从国际上看，世界经济仍处在国际金融危机后的深度调整期，各国都在大力推进结构性改革，为未来的经济增长积蓄动能，世界经济在短期内仍难以摆脱低速增长状态。主要经济体走势将进一步分化，自去年以来，发达经济体总体回升向好，而新兴经济体增速继续回落。虽然金融危机后三大经济体都采用大规模的财政货币刺激政策支持经济复苏，但欧元区和日本的结构性改革进展滞缓,而美国同时还实施重振制造业战略和出口倍增计划,通过结构调整进一步巩固了经济复苏势头。从新兴经济体内部看,受石油等大宗商品价格大幅回落和地缘政治动荡等因素影响,俄罗斯和巴西出现经济衰退,同时还面临资本外流、货币大幅贬值、通胀上升的压力,其他对资源出口依赖程度较高的新兴经济体也普遍面临不同程度的困难。亚洲新兴经济体虽然总体情况相对较好,但由于结构调整进展缓慢导致内生增长动力不足,而外需疲弱又使得传统的出口拉动型经济增长模式难以为继,经济增速普遍持续放缓。

所以,受全球贸易萎缩等因素影响,去年我国进出口总额出现下降,预期增长目标未能实现。投资增长乏力,一些行业产能过剩严重,部分企业生产经营困难,地区和行业走势分化,财政收支矛盾突出,金融等领域存在风险隐患。从经济环境角度看,我国家族企业所面临的影响环境主要从以下几个方面展开阐述:

(一) 要素市场环境

企业成长的过程实际上就是与各种资本相融合的过程,随着家族企业规模的不断扩大,家族资源的有限性,特别是管理资源方面的局限性愈来愈成为企业发展的桎梏。有关问卷表明,有90%以上的企业主认为家族制用人已经阻碍了企业的发展;有57%的企业主不赞成一定要用自己的子女来掌管企业的经营。也就是说,大部分企业主开始意识到引进家族外职业经理人的必要性,也开始从社会上招聘一些职业经理人进入企业管理层。中国自出现职业经理人到现在也不过十几年时间,除了一些成熟的外企和为数极少的民营企业外,大多数公司管理层的职业化程度都不高。中国目前的职业经理人大多来自三个部分:原来的国有和集体企业干部;自身转变为职业经理人的私营企业主;"三资"企业中的中高层管理人员。由于我国的职业教育刚刚起步,大多数企业内部缺少管理人员的培育制度,我国职业经理人市场的供给是不足的。再加上家族企业发展迅速,对经理人的需求大增,造成了我国经理人市场需求大于供应的局面。

并且信任问题是家族企业普遍存在的一个问题。企业主对职业经理人心存疑虑、授权有限影响着职业经理人对长期激励的信心和对自身发展的预期。部分企业主诚信不足,在财务上欺诈,以及在日常经营中鼓励和纵容经理人对社会和顾客的不诚实行为,导致了经理人对企业主失去信任,这也一定程度上造成了职业经理人的诚信恶化。除了家族企业内部治理机制不完善，我国关于职业经理人的立法也十分缺乏，已有法律的可操作性又不高，导致了企业主雇佣职业经理人的风险增大。一个不完善、不健全的职业经理人市场必将影响中国家族企业的可持续发展。

我国尚未对职业经理人在法律中以明确定义，因此也没有专门针对职业经理人进行规范和激励的法律、法规。目前我国的《公司法》等法律制度对职业经理人的监督与制约主要体现在任职资格限制、权力机构监督、监事会监督和对外任职限制等方面，对职业经理人的权利、义务及其行为准则规定较为粗放，不利于实际监督和执行。对职业经理人因职业道德等问题给企业造成的风险与损失，并没有进行相应的立法规范。例如，《公司法》虽然规定了经理人"对公司负有忠实义务和勤勉义务"，但这种规定过于简单，在法律上不具有可执行性。对"忠实义务"没有详尽的细则来说明，很难引导社会和企业建立约束职业经理人的制度和文化。

另外，对职业经理人的政策支持力度有待加强。虽然目前各地各部门出台了一系列有关吸引、培养人才的政策，在融资、税收、经费、奖金、补贴、生活等方面实施了倾斜，但是这些政策主要集中在对技术类人才的激励和培训上，而对企业经营管理类人才的政策则相对较少。某些地区即使出台了一些政策，力度仍然比较小，经费投入少，覆盖面窄，不能满足我国职业经理人快速发展的需要。

目前，我国职业经理人的市场机制仍然滞后于我国经济社会的发展。首先，职业经理人的市场评价体制不完善，企业的竞争力水平并不一定真实反映职业经理人经营管理能力和职业素质。其次，职业经理人个人信用体系不健全，职业经理人的信用体系包括个人信用和职业信用。当前，个人信用体系相对完善，但对于职业经理人来说，很重要的一部分信息是职业信用，即从事企业职业活动的信用信息。目前我们还没有建立全国范围的这类信用信息数据库，没有建立起一套完整而科学的经理人信用调查和考评体系，职业经理人经营管理活动得不到科学合理的评估。最后，职业经理人资格认证机制不健全。我国目前有关职业经理人评价的机构公信度较低，社会上的职业经理人评价机构大多是以盈利为目的，同时也存在缺少适合中国职业经理人的测评模型。缺少专业和权威的职业经理人资格认证评审机制，企业很难准确评估职业经理人的能力，这在一定程度上削弱了市场对职业经理人的配置力度。

因此，我国还没有成熟的职业经理人市场和科学的评价体系，职业经理人队伍良莠不齐，败德行为时有发生，难以对职业经理人进行有效的约束。比如，家族企业聘用的职业经理人，有的侵吞企业财产，有的泄露商业机密，有的带走知识产权，等等。所以，政府需要建立完善的职业经理人市场和科学的评价体系，使职业经理人的信息透明化，增大职业经理人的败德行为成本，鞭策其自律，以保护资深人力资本的价值，做到自我约束。同时，建立科学的职业经理人评价体系，以降低家族企业对职业经理人的鉴别成本和挑选职业经理人的搜寻成本，从而减少家族企业制度演进的交易费用。

除了职业经理人要素市场，资本市场环境我国家族企业也面临着重重障碍。家族企业的原始资本投资，多来源于家族内部。家族内部的各成员根据"有钱出钱，有力出力"的原则，在企业初始阶段内分配相应的股份。在企业创建运营初期，流动资金的持有量及后续资金的投入量都是很难保证的。随着企业的规模越来越大，家族企业开始向外部资本市场寻求成长资金。金融体系贷款是私营家族企业融资的另一主要渠道。但同时，以国有银行为代表的大型商业银行在按照现代企业制度进行改革、逐步完善法人治理结构以后，商业银行基本收回了基层支行的贷款审批权，减少了对中小企业的扶持。当前，主要以民营企业特别是中小民营企业为服务对象的中小金融机构，在资产的规模和质量、管理的水平和能力上都远远不能适应民营企业发展的资金需求，这种情况事实上造成了民营企业融资的"真空地带"。在国家统计局对浙江民营企业的一次专项调查中，有45.7%的企业认为制约民营企业健康发展的最主要障碍是融资困难，有66.4%的企业认为获得金融机构的贷款很不容易。可以说，我国目前的金融体系及民营经济信用体制还不完善，相对于众多中小型企业来讲，金融信贷并没有成为他们经营发展的"及时雨"。中国资本市场体系中适应私营家族企业融资需要的资本市场还没有建立，家族企业融资困难必将制约企业的进一步发展。

融资困难是长期困扰家族企业发展的一大难题。随着家族企业规模的不断扩大，内源融资已经难以为继，债务融资的渠道也很狭窄，国有商业银行的服务对象主要集中在国有企业，家族企业很难通过银行信贷筹措到足够的资金。通过资本市场进行股权融资，尽管国家允许家族企业上市融资，但只有极少数的家族企业才有机会。政府应该强化融资监控，加强对融资制度和监控体系的建设，而不应限制融资对象，拓宽家族企业的融资空间，有助于家族企业的资本社会化（易元红，2008）。

（二）市场准入环境

在改革开放初期，私营家族企业被允许进入的领域主要是传统体制无力进行资源再配置的领域，如当时农村大量剩余劳动力的转移、城镇就业人口剧增，以及社会服务短缺等计划经济无法解决的问题，一定程度依靠私营经济来解决。随着经济的发展，非公有制经济的社会地位已经从"必要的补充"转为"重要组成部分"，对私营家族企业的市场准入政策也有了一定程度的放宽，包括过去不能进入的基础设施和公用事业等垄断性行业，如今非公有制经济都可以进入。但是与国有企业和集体企业相比仍然处于劣势，而且与"三资"企业相比也处于劣势。据国务院体改办对广东东莞的调查，1999年该市80个经营领域中，外资经济已经进入62个，而允许个体、私营家族企业投资经营的领域只有41个。另外，税收要素使用及其价格等方面的歧视，增加了私营家族企业的进入成本。例如，税收方面，私营家族企业除了征收企业所得税外，税后利润不论是作为红利分配，还适用于扩大再生产，均要缴纳个人所得税。

2016政府工作报告指出，我国将更好地激发非公有制经济活力。大幅放宽电力、电信、交通、石油、天然气、市政公用等领域市场准入，消除各种隐性壁垒，鼓励民营企业扩大投资、参与国有企业改革。在项目核准、融资服务、财税政策、土地使用等方面一视同仁。依法平等保护各种所有制经济产权，严肃查处侵犯非公有制企业及非公有制经济人士合法权益的行为，营造公平、公正、透明、稳定的法制环境，促进各类企业各展其长、共同发展。

（三）信用环境

中国家族企业是在十分不明确的政策环境下发展起来的，在长期国有经济占主导地位的体制下，家族企业一直在压抑中艰难前行，整个社会的诚信环境和信用制度的建设影响着家族企业的可持续发展。政府和社会工作部门对私营家族企业的诚信度抱有怀疑和担心，在政策制定上存在一定的歧视，在实际工作中对私营企业存在偏见，产品出口、资格审批等各种标准比国有企业和集体企业都更加严厉，甚至带有惩罚性质。金融机构对家族企业的诚信偏见，造成家族企业融资难度大，阻碍了民营经济的发展。

在社会对私营企业存在诚信偏见的同时，部分私营企业主自身也存在信用问题。对家族外员工特别是经理人的不信任，企业出现问题时，出现责任缺失时，这些企业主自身的信用问题都在一定程度上导致了外界社会对其的态度。社会信用建设是改善民营中小企业外部融资环境的前提，目前中国还缺少完善的企业信用评价体系和企业信用调查体系。

所以，家族企业的发展与整个市场经济制度息息相关，我国在由计划经济向市场经济转化的过程中，市场经济制度还不健全，如经理人市场缺失、资本市场不成熟、社会中介机构处于停滞状态，这都在一定程度上阻碍了家族企业的发展。产业进入壁垒高，某些行政性垄断依然存在，尤其表现在"审批"上，政府部门与国有企业形成一定的利益关系，因而从维护国有经济利益出发，对家族企业在投资行业和投资比例等方面加以限制。在经营许可证的审批上，对技术条件、人员资格、注册资金等方面也设置了过高的"门槛"。此外，融资渠道狭窄，以及人才与技术的"瓶颈"影响着家族企业的发展。在外部市场制度不完善、缺乏对企业经理人员有效监督的情况下，代理成本必然大为增加。我国家族企业在企业制度变革过程中，由于面对的是不成熟的经理市场和资本市场、技术市场，这就必然加大了家族企业变革的代理成本。多数家族企业由于自身条件的限制，很难吸引到优秀的管理和技术人才。

当前我国发展正处于一个关键时期，必须培育壮大新动能，加快发展新经济。要推动新技术、新产业、新业态加快成长，以体制机制创新促进分享经济发展，建设共享平台，作大高技术产业、现代服务业等新兴产业集群，打造动力强劲的新引擎。运用信息网络等现代技术，推动生产、管理和营销模式变革，重塑产业链、供应链、价值链，改造传统动能，使经济换焕新的生机与活力。

2016年稳定和完善宏观经济政策，保持经济运行在合理区间。继续实施积极的财政政策和文件的货币政策，创新宏观调控方式，统筹运用财政、货币政策和产业、投资、价格等政策工具，采取结构性改革尤其是供给侧结构性改革举措，为经济发展营造良好环境。并且，为进一步减轻企业负担，采取了减税降费措施，2016年我国采取了三项举措：一是全面实施"营改增"，将所有企业新增不动产所含增值税纳入抵扣范围，确保所有行业税负只减不增；二是取消违规设立的政府性基金，停征和归并一批政府性基金，扩大水利建设基金等免征范围；三是将18项行政事业性收费的免征范围，从小微企业扩大到所有企业和个人。同时，加快财税体制改革和灵活适度运用稳健的货币政策。统筹运用公开市场操作、利率、准备金率、再贷款等各项货币政策工具，保持流动性合理充裕，疏通传导机制，降低融资成本，加强对实体经济特别是小微企业、"三农"等支持。所以，家族企业的经济环境也将随之得到进一步改善。

四、家族企业发展的政策法律环境

目前，中小企业的发展日益受到了中国政府的关注；据中商情报网讯，截至 2015 年末在工商注册登记的中小企业已超过 2 000 万家，个体工商户超过 5 400 万户，占全国各类企业总数的 99%，其工业总产值及利税分别占全国总水平的 80% 及 65%。家族企业占中小企业中的大部分，对维持中国经济的活跃与增长，其作用不可小视。中国对非公有制经济的认可，是随着经济体制改革的不断深化而逐步形成的。先是允许存在，拾遗补阙，而后成为有益补充，进而成为共同发展，到十六大，上升为"社会主义市场经济的重要组成部分"，并在《宪法》中加以明确肯定。

党的"十六大"报告在发展经济的论述中，明确提出了在毫不动摇坚持公有制为主体之外，还要毫不动摇鼓励、支持、引导个体经济、非公有制经济共同发展。进一步明确各个市场主体平等使用生产要素，即以后产权市场、土地市场、劳动力市场和技术市场等，民营企业都可介入。同时放宽民间市场准入、放宽投融资、税收、土地使用、对外贸易的统一等问题。总之，党的态度和决心使家族企业真正享有"国民待遇"，并着力营造平等竞争的环境，实现在市场规则前面人人平等。这样，国家政策不仅从发展生产力的高度肯定了家族企业的经济地位和作用，给其带来巨大的发展空间和发展机遇，而且也减少了家族企业的商业寻租行为和交易成本。但是，这些理论上平等的政策，在实施过程中对家族企业的不平等现象仍然没有从根本上解决。

比如家族企业的市场准入问题。我国加入WTO后，政府领导不止一次表示，向外资开放的领域允许民间资本进入。但是由于缺乏一份向民间资本开放市场的"时间表"，也没有可操作的程序规定，这些承诺至今没有落实。没有"时间表"，企业家心中没底，无法筹划；没有程序规定，也就缺乏透明度，往往由领导批准个别企业进入尚未开放的领域，从而造成民营企业之间的不平等待遇。比如，融资问题。家族企业在取得商业银行贷款以及在公司股票上市和发行债券筹款方面的不平等依然存在。国有商业银行的服务对象主要集中在国有企业，对于中小民营企业而言，由于资信较差且经营具有很大的不确定性，银行对其放贷依然十分谨慎。以浙江省为例，个体私营企业从银行获得的贷款一般仅占到社会贷款总额的10%~20%，与其雄踞全省经济半壁江山的地位极不相称。另外，国家对私企上市发行股票，通过银行发行企业债券等直接融资限制过多。融资渠道不畅既增加了家族企业资金的使用成本，又增加家族企业做大做强和社会化的难度。

中国家族企业的成长是与计划经济向市场经济的转轨密不可分的。我国家族企业是在传统体制薄弱环节发展起来的。家族企业在改革开放之初只是作为"必要的"补充，被允许在一定程度上进行发展，并且主要是为弥补市场短缺和增加就业。家族企业在政策取向上的"补充"定位，决定了其生存发展的初始环境基本是在传统体制的边缘。因此，家族企业作为市场主体，从一开始，就面临着一个不公平的体制环境。即使经过20多年私营家族企业成长与体制变革的互动过程，传统体制的影响力逐步减弱，但国有经济控制大部分社会资源配置的局面没有改变之前，私营家族企业还不可能从根本上享有平等竞争的地位。

我国对家族企业实行"鼓励、支持、引导"的方针。此方针提出好几年了，但是未见有实质性的行动。各级国民经济和社会发展计划、产业发展计划和科技发展计划等很少涉及民营经济，没有把民营经济当做整个国民经济的重要的不可分割的组成部分对待，统计上缺乏有关非公有制经济分类的必要数据。并且从各地的实践来看，各地在市场准入、土地使用、信贷、进出口方面，根据本地区的实际情况，制定了鼓励措施，但是有些条文能够不适应现在家族企业的发展，亟待修改。

2016年政府工作报告指出，我国将在充分释放全社会创业创新潜能方面，着力实施创新驱动发展战略，促进科技与经济深度融合，提高实体经济的整体素质和竞争力。强化企业创新主体地位，完善高新技术企业、科技企业孵化器等税收优惠政策；发挥大众创业、万众创新和"互联网＋"集众智汇众力的乘数效应，打造众创、众包、众扶、众筹平台，构建大中小企业、高校、科研机构、创客多方协同的新型创业创新体制。加强知识产权保护和运用，依法严厉打击侵犯知识产权和制假售假行为；深化科技管理体制改革，充分激发企业家精神，调动全社会创业创新积极性，实施支持科技成果转移转化的政策措施，完善股权期权税收优惠政策和分红奖励办法，鼓励科研人员创业创新。我国将全面深化改革，坚持和完善基本经济制度，建立现代产权制度，基本建成法治政府，使市场在资源配置中起决定性作用和更好发挥政府作用，加快形成引领经济发展新常态的体制机制和发展方式。

随着个体私营经济的发展壮大，经济地位和法律保障也随之提升与加强。在立法方面，2003年实施的《中华人民共和国中小企业促进法》，以及2004年通过的《中华人民共和国宪法修正案》有关"公民的合法的私有财产不受侵犯""国家鼓励、支持和引导非公有制经济的发展"的规定，进一步明确了个体私营经济的法律地位，强化了对非公有制经济私有产权的保护，个体私营经济由"补充"从属地位提升到"重要组成部分"的主流地位，法律明确了个体私营企业的私有财产权利，消除了个体私营企业主的发展顾虑，为家族企业的发展提供了最根本的法律保障和制度平台，彰显了中国在新的实际从制度上加强对包括家族企业在内的个体、私营经济合法权利和利益保障的决心。

市场经济是法治经济，其法律框架主要由三个方面的法律构成：一是规范市场主体的法律，如公司法、商业银行法等；二是规范市场基本关系的法律，如合同法、信托法等；三是规范市场竞争秩序的法律，如反垄断法、反不正当竞争法、反倾销法等。这三个方面的立法工作，这几年都在不断地努力推进，但法制建设有一个过程。首先，宪法的完善，十六大以后，国家通过了新的宪法修正案，正式以宪法的形式确立了"非公有制经济师我国社会主义市场经济的重要组成部分"的法律地位。其次，是《合同法》。新出台的《合同法》从总则的一般规定、合同的订立、合同的效力、合同的履行、合同的变更和转让、合同的修正到违约等方面都做了科学、细致的规范，有效地引导、规范了市场交易活动的进行。

2016年全国两会的新闻发布会上，大会发言人傅莹就《民法总则》接受采访，民法典对一个国家来讲，是民事领域的根本大法，核心是要私权力，让公民在法律的框架内自己解决好问题。傅莹透露，新中国成立以来，我国前前后后四次启动编撰民法典工作。第一次是1954年，最近一次是2002年，几起几落，都是因为条件限制没有实现。但是我们国家在民事法律制度的建设方面一直没有停步，这些年制定了合同法、物权法、侵权责任法等，还有很多单项的民事法律。另外，民法通则到今年已经实行了30年，积累了丰富的经验。在十八届四中全会决定中明确提出要加强市场法律制度建设，编撰民法典，显示了我们党要全面推进依法治国的魄力和决心。接下来，我国从做法上分两步走，第一步是制定《民法总则》，第二步是全面整合民事法律。《民法总则》自2017年10月1日起施行。

在完善法制的过程中，法律第一要有系统性，要配套；第二要有科学性，有一些问题要经过测算；第三要有公平性，政府部门要求有什么样的权利，就要承担相应的责任，政府部门要求法律的相对人承担什么样的义务，那么同样地要明确给他什么样的权利，权力和责任的对称，权利和义务的对称是保障法律公平性非常重要的原则；第四要有渐进性，因为我国正处在改革的过程中，很多法律不可能像国外的法律那样相对稳定几十年，差不多过几年就要修改一次，以适应形势的发展，例如公司法、商业银行法、证券法等目前都已经有不适应形势之处了。此外，还要立一些重要的法律。例如，物权法就是涉及非公有制经济人士最关心的私有财产保护问题的法律。物权法立法完成之后，将会在保护私人财产方面起到重要的作用。

中国家族企业处于法制不健全的时期，市场秩序不规范，企业主法制意识比较淡，许多家族企业仍处于"人治"的阶段。虽然个体私营经济的法律地位已经写入《宪法》，但目前法律、法规还不完善，存在一定的法律盲区，没有一个全国统一的、与世界接轨的法律体系来制约私营经济的发展，在私营企业产权、用地、社会保障等方面还存在很多漏洞。相比而言，美国家族企业之所以发展迅速影响巨大，很大程度上得益于其良好的法制环境、私有财产收到宪法的明确保护，完备的法律体系为家族企业增加了丰富的信用资源简化了交易程序，节约了大量的交易成本，提高了管理效率。

有关研究表明，一个国家企业规模大小，与这个国家的法律制度，特别是产权制度密切相关，产权保护越是有效的国家里，企业规模就越会走上良性发展。我国对于产权的法律规定还不够具体，是企业产权纠纷案件增多的一个原因。个体私营企业的土地使用问题至今没有得到妥善解决，享受不到国有企业、集体企业、外资企业所享受的同等待遇，《土地法》也只有乡镇企业用地调理，个体私营企业申请用地无法可依，制约了私营企业扩大再生产。目前我国个体私营企业劳资关系紧张，一方面是由于企业主和管理者不严格执行《劳动法》等有关规定，另一方面也反映了我国相关法律制度的不到位，制约了个体私营经济的发展。

中国属于逐步完善中的法治社会，大众法律意识还不是很强。中国面临的一个非常现实的状况就是企业之间、企业与客户之间缺乏商业道德、商业规则和商业秩序，完善的市场经济秩序还没有完全建立起来。从某种程度上讲，家族式管理变成了一个自卫措施。这在资本市场和公司治理结构上表现得尤为明显。即使上市标准、监管规则与美国一样，执行的后果也会因文化、传统、习惯的差异而大相径庭。中国市场环境的改变是一个渐变过程，家族企业所面临大环境的改变尚需时日。

为此，我国将深化金融体制改革，加快改革完善现代金融监管体制，提高金融服务实体经济效率，实现金融风险监管全覆盖。深化利率市场化改革。继续完善人民币汇率市场化形成机制，保持人民币汇率在合理均衡水平上基本稳定。深化国有商业银行和开发性、政策性金融机构改革，发展民营银行，启动投贷联动试点。推进股票、债券市场改革和法制化建设，促进多层次资本市场健康发展，提高直接融资比重。规范发展互联网金融，大力发展普惠金融和绿色金融。并且，加强供给侧结构性改革，增强持续增长动力。围绕解决重点领域的突出矛盾和问题，加快破除体制机制障碍，以供给侧结构性改革提高供给体系的质量和效率，进一步激发市场活力和社会创造力。推动简政放权、放管结合、优化服务改革向纵深发展。修改和废止有碍发展的行政法规和规范性文件。推进综合行政执法改革，实施企业信用信息统一归集、依法公示、联合惩戒、社会监督。大力推行"互联网+政务服务"，实现部门间数据共享，方便居民和企业办事。另外，政府工作报告还提出坚持依法履职，把政府活动全面纳入法制轨道。各级政府及其工作人员严格遵守宪法和法律，自觉运用法治思维和法治方式推动工作，法定职责必须为，法无授权不可为。健全并严格执行工作责任制，确保各项政策和任务不折不扣落实到实处。

五、家族企业发展的道德文化环境

中国家族企业的生存发展与道德环境也存在着不可割裂的关系。在中国这样的新兴市场经济国家，在进入"小康"阶段后，社会蕴含的商业气氛越来越浓重，财富、权力或兼而有之成为许多中国人的奋斗宗旨；企业则普遍将利润、规模、建立关系网以及市场占有率作为经营战略。总体上，不论是个人的奋斗目标还是企业的经营战略，伦理道德、社会责任往往被忽视或置于次要的地位，因此道德环境有待改善。

中国的平均消费力水平低、劳动力价格低廉、市场秩序缺乏有效监督，不少企业通过侵权仿冒、打压价格达到争夺消费者、击败竞争对手、占领市场、迅速获利的目的。家族企业更是如此，相比国有大中型企业，其技术、信息拥有量、销售渠道等都处于劣势。如果从正面比拼商品质量、品种花色、售后服务，靠小本起家的绝大多数家族企业是难以竞争的。然而当个别企业通过一次博弈（进入市场，利用各种不正当竞争手段从市场中快速赚取超额利润并马上退出市场）而产生的示范作用在不健全的道德环境中，容易被更多的家族企业去模仿。一次博弈演变成了重复博弈。不正当竞争也就成为可复制的不道德行为。家族企业的这种短期行为破坏性极强，不但客观上造成了他们中的大多数永远长不大，同时也由于"劣币驱逐良币"效应，遏制了守法企业的正常经营。

我国社会经济发展模式步入新常态的背景之下，企业的企业社会责任工作正在日益显示出其重要性，越来越多人开始认识到，企业社会责任作为一项具有战略意义的工作，并非可有可无的锦上添花，而是事关企业长期生存和发展，事关企业竞争力提升的重要实践。当资本市场更加重视企业的企业社会责任表现的时候，企业最高管理层对待企业社会责任的态度也会随之改变，企业的企业社会责任工作会因此而获得重大的助力。从客观现实来看，中国企业社会责任建设也取得了一定的进步。尽管中国企业社会责任的整体水平还比较低，但社会责任意识已经有所提高，企业履行社会责任的实践发展较快，出现了一批重视社会责任的知名企业。但是，大量的中小企业实力弱小，生命周期短，无力或无意承担社会责任；非政府组织欠发达，履行社会责任的组织力量、渠道体系、社会氛围都不健全；企业内部没有形成良好的履责主体，市场上还没有形成激励履责企业的完善机制；缺少系统的规划和组织。

中国道德环境的改善归根结底要依靠教育，以及需要政府加强对社会道德舆论的引导。同时，中国家族企业也应该主动学习西方发达国家企业竞争的一些有益做法，比如德国企业不成文的藐视价格竞争，重视质量竞争的竞争规则，重视自己的细分化市场。所以德国企业不管在德国本地还是在中国，都是在细分了的市场上与其他对手展开竞争，而很少为争夺彼此的消费者群体相互竞争，这也是为什么德国企业包括家族企业很少破产的原因之一。同时，德国企业重视与政府、行业协会、商会合作制定产品的行业与国家标准，使本土市场上基本没有假货的立足之地，促进了竞争有序的企业治理结构，提升了企业的社会责任感。

中国传统的儒家文化是我国家族企业的根基和土壤，中国人的家庭观念根深蒂固，在一定程度上决定了家族企业的成长命运。中国是一个家文化传统最为悠久和深厚的国度，台湾著名学者李亦园认为中国文化是"家的文化"；杨国枢认为，"家族不但成为中国人之社会生活、经济生活及文化生活的核心，甚至也成为政治生活的主导因素"。汪丁丁指出"从那个最深厚的文化层次中流传下来,至今仍是中国人行为核心的,是家的概念"。在中国社会转型状态中,计划经济体制规则渐渐失效,健全的市场经济规则还在逐步的建立之中。因此,家庭与家族规则自然就成为在夹缝中发展起来的私营企业创建和发展的支撑构件。杰纳曾深刻地指出,20世纪的中国历史固然伤痕累累,唯一比其他机制更强韧、更蓬勃的就是父系制度的中国家庭,因为家庭一向是中国人对抗外在险恶政治环境的避风港。从学理背景看,家文化体现了中国传统文化的突出特征,几千年家文化传统的社会心理积淀对企业的组织与经营行为、对家族企业的生命周期都产生着重大影响。

特别是中国家族企业兴起于经济体制剧烈变革、市场游戏规则不断变更的背景之下,为了赢得市场竞争优势,不得不经常性地突破已有的政策限制,或采取各种变通做法。而为了使这种政策博弈行为不致引起政府管制的关注,最可信赖的人就是家庭成员,从而淡化了对非家庭成员的认可度。在创业之初,企业需要一定的资本作为发展的基础,而非家庭成员一般是不愿意借钱给他们的。此时,家庭成员之间的信任和血缘关系便成为建立这一基础的决定性因素。同时,为了节省资本消耗,降低成本,家庭成员是企业最好的雇员,可以不计报酬地为企业全心全意服务。所以,这种以家庭为本位的传统文化,对家族企业的起步和初步发展是积极有效的。但是随着企业规模的不断壮大,非家族员工越来越多时,这种以血缘、亲情等文化因素为纽带的沟通方式,不仅会阻碍企业各项管理制度的建立和实施,而且亲情、人情、乡土伦理很容易与市场经济的利益最大化原则发生冲突,因此必须加以正确引导,让家族成员间特有的信任关系和相对很低的沟通成本继续成为企业取得竞争优势的一个有力源泉。

我国家族中常常采用的是"道德激励",推崇"孔融让梨"的品格。中国传统文化重视"谦让",而在"长子"地位较高的环境中,"谦让"的结果常常是"长子——获得更多的权利,更多的机会"。这既不是公平的,更不是有效的,因为"长子"并不一定比其他子女能力强。所以,中国家族企业往往采用道德激励,而道德激励往往是一种软约束,达不到效率激励的效果。效率激励是一种硬措施,美国家族企业中的激励模式往往采取以公平竞争为基础、以效率最大为目标。在用人问题上,无论是族外人还是族内人,都适用"能者上庸者下"的原则。这种优胜劣汰的机制是市场竞争条件下一种有效的激励机制。

家族式企业治理模式与文化和历史传统有极大的关系。在美国，家文化的观念十分淡薄，即使企业的股权控制在家族成员手中，但企业主仍然会更理性地权衡收益和成本，只要外界人才的引入能产生更大的生产力、较低的成本和较高的利润，企业主就会倾向于把企业的管理权交给外来的经理人员，甚至可以毫不留情地将家族成员清除出企业的领导层。因此，美国的企业中合伙制企业的比例远高于其他国家，尽管其主体仍然是家族治理的企业。中国的家族企业在整体上是以家族式的治理为主的，合伙制企业很少见。不仅如此，与中国同属于一个文化圈的东亚和东南亚的许多国家和地区，也都是以家族式治理私营企业居多，尤其是华人创办的私营企业，其家族治理的特征更为明显。

中国家文化之所以重要，因为它不只是给家庭或家族提供一套规则，而是把它泛化到社会经济生活的方方面面。任何家族以外的社群、机构，包括企业或国家都可视为"家"的扩大。因此，泛家族主义是中国文化的一大突出特征。中国台湾著名学者杨国枢曾经对泛家族主义做了长期的极有意义的探讨，具体言之，中国人的泛家族化历程主要表现为三个层次：（1）将家族的结构形态与运作原则，概化到家族以外的团体或组织；亦即，比照家族的结构形式来组织非家族团体，并依据家族的社会逻辑（如长幼有序）来运作。（2）将家族中的伦理关系或角色关系，概化到家族以外的团体或组织；亦即，将非家族性团体内的成员予以家人化，成员间的关系比照家族内的情形而加以人伦化。（3）将家族生活中所学得的处世为人的概念、态度及行为，概化到家族以外的团体或组织；亦即，在非家族性团体或组织内，将家族生活的经验与行为，不加修改或稍加修改予以采用。此外，杨国枢又进一步深化了他的研究，认为中国人是经由刺激类化的途径将家族的组织特征、人际特征及行为特征推广到家族以外的团体。

中国家文化积累之深厚，对人心理与行为的影响之大是其他民族的家文化所难以比拟的。尽管家文化也处在动态变化之中，现代市场经济的规则也处在融合之中，但其深层的核心结构仍有顽强的生命力。当代华人社会与华人企业并非完全受中国传统家文化和泛家族主义的支配，近代儒家伦理在核心价值观方面的重大变化，对华人经济的发展产生了重大影响。华人社会正处在传统家文化与现代工商社会文化的互动、融合、重构的变迁过程之中。具体而言，文化环境主要通过以下几个方面影响着家族企业的生存和发展：

(一) 家族本位主义的影响

中国传统的儒家文化造就了强烈的"家族本位"主义,从家族成员与家族外成员的角度来看,家族本位则是"同居共财",体现在家族企业中就是家族成员有参与企业治理的意愿和分配企业所得的要求。家庭是社会生产的基本单位,"家文化"使家庭或家族在血缘、亲缘的基础之上形成了强烈的内部凝聚力和信任关系,成为包含生产、消费、教育、情感的小社会。为了家族利益成员可以牺牲自己的利益,企业遇到困难的时候,成员可以同心同力一起面对,所以家族企业的"抗倒闭能力"一般都比较强。但同时,强烈的"家族本位"主义也成为家族企业的一个弊端。在目前的中国家族企业当中,大多数家族资产和企业资产不分,虽然这能带动家族成员的积极性,但是也容易带来一些财务混乱的难题。特别是当企业出现危机时,企业主可能首先想到要维护自身和家属的私利而捐款外逃,弃企业的存续于不顾,这不仅对企业和企业主的信誉产生影响,同时也容易损害企业中员工的利益,造成他们工作的积极性不高。

(二) 等差人际关系的影响

家族内部在处理家族事务时,由于家族本位主义的存在,必然会形成等差的人际关系。费孝通(1947)就提出等差关系的形象比喻,"它实际上是以己为中心,像石子一般投入水中,和别人所联系成的社会关系,像水的波纹一般,一圈圈推出去,愈推愈远,也愈推愈薄"。通过血缘、亲缘和地缘为纽带建立起来的家族关系,企业主依靠关系远近的不同对其的信任度和重用度也不同。现实中家族企业体现最明显的是,首先将关系最近的配偶安排在财务、人事等至关重要的职位上,其次安排有血缘关系的亲属在生产、销售的职位上,最后将亲缘和地缘关系的亲友安排在后勤等一些不太重要的职位上,什么关系都没有的"圈外人"想要获得重用的可能性是很小的。家族成员在企业中的位置不是依据才干,而是通过这种"等差"来确定,重要职务上的人可能并不具备相应的才能,家族中可能存在的人才因为亲缘关系较远被埋没,家族外的人才不太可能在家族企业中充分发挥才能。"等差"的人际关系处理方法,造成人力资源相当匮乏,一方面家族本身排斥外界人的加入;另一方面外界的人才也感觉在家族企业中处处受到限制，无用武之地，也不愿意在家族企业中卖力。

（三）继家思想的影响

中国传统文化中还存在着"继家"的思想，不仅继家业，还要继名誉。血脉相继，家业不断兴旺，是以家族为单位的社会长期追求的目标。按照传统，中国人一般采用诸子平分的原则，家产呈细胞分裂式分割。企业主将企业经营到一定的规模，就要面临继承的问题。现实中解决的办法大多有两种：诸子都参与企业的经营，按照才能疏浅安排职位，这样的方法易出现内部争权夺势的局面，很多企业就因为内部斗争影响了企业的发展；还有一种就是平分家业，一个企业分成几份，各人经营自己的，这样避免了兄弟之间的纠纷，但家族资产积累被分裂，这成为中国家族企业持续规模发展的一大障碍。

所以，以家族为中心的儒家思想构成了中国家族企业发展的文化基础。几千年以儒家文化为代表的传统伦理特别强调家庭价值，强调家庭成员更容易建立共同的利益和目标，从而更容易进行合作。因此，传统文化中的家族关系、伦理规范、家族制度共同形成了一根强有力的纽带，将企业与家族紧紧地结合在了一起。但我国传统文化在强调"家"这一观念的同时，却弱化了"家"与外界的联系，社会成员间的信任和合作观念淡薄，这反映在家族企业在经营中排斥其他组织的介入，并由此增加了企业制度变革的难度。

由于任何管理理论和管理系统都是根植于既定文化之上的，民族文化环境和管理系统必须与此相适应。特定的社会文化影响了社会中人们的行为，而且影响了管理理论与管理方式成功地从一种文化转入另一种文化的可能性。在不同的文化环境中，管理思想和模式尤其是涉及人的管理思想和模式，是不能简单照搬、套用的。如果不考虑不同文化背景所产生的管理理论的适用性，就不会使我们的管理水平得到提高，反而会使我们丢掉自己的优秀文化传统及相适应的管理方式，那就适得其反了。

六、家族企业发展的内部环境

我国家族企业伴随着市场化的改革而迅速发展，成为我国国民经济中的一支重要的主力军，纵观我国家族企业，他们在发展初期活力十足，但是绝大部分发展到一定规模之后，就很难保持可持续发展，甚至有的企业会破产然后销声匿迹。这些固然有外部环境的原因，但却不能回避中国家族企业自身体质和管理方面存在的问题。

家族企业内部环境因素是其实现内部控制的基础，主要受家族企业传统因素的影响较大，某些因素的可控性也较强，但家族企业特殊的产权结构所形成的家长式管理风格，逐渐演化为高度集权式的管理模式；以及受我国传统"家文化"影响形成的基于血缘和亲缘的价值标准和信任纽带，家族企业的内部环境因素的分析也呈现出复杂性。赵锡斌（2010）指出企业发展的内部环境主要是企业组织决策、经营行为和经营绩效的企业内部现实各因素的集合。如企业内部的管理水平、组织结构、制度安排、技术与人力资源状况、产品与服务状况、企业文化等。马小援（2010）指出企业内部环境主要包括企业的组织结构、生产与技术结构、财务及控制、人力资源、市场营销、研究与开发和企业文化。我国家族企业的内部环境因素总结来讲主要包括企业人力环境、企业机制和体制环境、企业资金环境和企业文化环境等。

（一）企业人力环境

1. 企业家素质影响家族企业的可持续发展

企业家在企业运作中作为特殊的人力资本，以自己的创造力、洞察力和统帅力对稀缺资源进行分配。家族企业家除此权利以外，还具有企业的所有权，在控制和分配稀缺资源时拥有更多的主动性，因此家族企业家的素质对企业的发展具有举足轻重的作用。也就是说，家族企业要想可持续发展，提高家族企业家的自身素质和经营能力是基础。

中国家族企业家的形成同中国改革是密切相关的。按照其产生时间可以把企业家形成过程分成三个阶段：第一阶段大约从20世纪70年代末到20世纪90年代初，70年代中国生产力水平低下，物质短缺，虽然在政策上对非公有制经济制定了种种限制，但是一些农村中的"能人"和返城知青仍然能够以"小商小贩"的角色在夹缝中生存。随着人们对非公有制经济认识的提高，政策对其限制也有了较大松动，一些集体企业经过改制变成了家族企业，同时也造就了一批该阶段的企业家。第二阶段是20世纪90年代中后期，政府机构进行改革，鼓励政府机关、国有企业职工"下海"创业，政策的支持和利益的吸引，使一批懂技术、有经验的人员在非公有制经济方面大有作为。第三阶段是2000年以后，高学历人才成为家族企业家的一部分，这些大学毕业生、硕士、博士，以及有海外教育背景的人才，对行业技术和管理模式都有相当程度的了解，是一批知识型的创业大军。

从发展过程来看，中国家族企业家的知识水平在不断提高，但是从企业分布来看，中国家族企业大多数存在于中小城市、乡镇和农村，这些企业大都规模较小，企业家大都因为贫穷而白手起家，接受过高等教育的人数相当少，在企业发展观念和管理思维模式方面严重缺失，影响了企业的可持续发展。

首先，家族企业家是追求利益最大化的重要体现，这种自利行为是经济人的假设，在一定程度上决定了企业家能够对面临的一切机会和目标，以及实现目标的手段进行优化选择。随着企业的发展，企业家的利益观念也应该发展，如果仍然片面追求利益，会导致行为短期化、近视化，不利于家族企业的长远发展。目前，中国家族企业成为解决就业压力的重要渠道，一些家族企业家为追求高利润，随意延长工作时间、克扣工人工资、不为其缴纳社会保障保险等行为，使家族企业里的劳资关系较为紧张。更有甚者，一些企业家为了追求眼前利益不择手段，缺乏职业操守，违背诚信经营的原则，采取偷税漏税、生产销售假冒伪劣商品、不正当竞争等手段，严重影响了企业的形象和发展。在企业的创业阶段，管理层的扁平化可以使企业内部信息传递畅通，有利于企业对市场变化做出及时反映。在企业成长阶段，专业知识、管理技能、实干加巧干越发变得重要；因循守旧、缺乏创新、不具备精益求精的企业家精神都会使"创业容易守业难"变成现实。这也正是李斯特所述的两个家族中的一个没落的根本原因。

其次，中国家族企业的股权相对集中是一个重要的特点，企业家拥有控股权，凡事一人说了算，缺乏内、外有效的监控和制约，再加上自身管理水平低下必然容易导致决策错误。一些家族企业家仍然未能摆脱"官本位"的封建价值观，在企业管理上套用行政管理的办法，自然影响了家族企业的竞争力和可持续发展。"家长制"的管理方式，也造成了权利刚性，不仅内部的人才难以发挥才干，而且外部的人才也难以进入到企业中去。"家长制"管理方式，在家族企业发展初期有一定的优势，但是随着家族企业的发展，特别是目前面临着激烈的市场竞争，这种管理方式容易形成独裁和集权化，企业缺乏科学有效的管理机制，必然会造成企业的衰败。

此外，目前中国家族企业家素质问题令人担忧，这在很大程度上影响着家族企业的发展。据全国工商联在21个城市进行的一次抽样调查显示，有70%左右的民营企业主竟然不懂财务报表，有90%以上的民营企业主不懂英语和计算机，大多数民营企业主甚至不读书、不看报纸，更别提钻研管理理论和实践进行知识更新了。美国福特公司创始人亨利·福特不能按照外部环境的变化适时改变单品种大批量生产的经营策略，这种偏执最终导致福特汽车在市场上的垄断地位逐渐被通用汽车所替代，这不能不说企业家自身素质的缺陷是影响家族企业发展的重要因素。

2. 家族内部矛盾影响着家族企业的发展

中国传统的"家文化"，是家族成员间保持着紧密的凝聚力，在中国有相当一部分家族企业是由兄弟或父子共同创立起来的，不仅如此，在发展中更不断地吸引有血缘关系的成员加入以壮大力量。但是再坚固的血缘关系在利益面前也容易松动，特别是在创业初期出资人产权不清，导致发展过程中家族成员的不合，甚至有些时候还严重到对簿公堂的地步。家族成员的内部矛盾，是一种严重内耗，分散了企业决策层的精力，给企业的发展带来了动荡。例如，2001年7月，年逾花甲的年广久承受不住父子之间的争斗，无奈之下把自己一手培育起来的"傻子瓜子"和肖像使用权以100万元的价格转让给儿子，自己又办起了芜湖广久瓜子公司，开始二次创业；2002年9月，浙江省东阳市龙威实业有限公司也由于一场空前的夫妻反目、父子争斗的战争导致年产值已达7000万元的企业陷入瘫痪。家族成员对家族企业的影响是显著的，奥申等（2003）估计，每一家族企业减少4%的家族紧张度会带来0.04%或400美元年收入的增加。

家族成员关系融洽有利于家族企业的健康发展；家族企业的关系紧张则会压抑家族和企业的成长。基于家族成员因为受教育、思维、行为方式的不同实际上是不同质的，苏琦和李新春（2004）指出代理理论关于家族企业所有权人与管理层利益一致的命题在经验现实中不可能一般化。查米和富仑坎普（1997）与舒尔茨（2003）叙述了即使是最核心的家族成员关系，比如直系亲属中的父母与子女关系，也不能保证利益的完全一致，更不要说延伸了的家族成员关系，以及所谓的"泛家族"成员关系（如家族成员与非家族雇员的关系）。基于此，即使在家族内部，家族成员的血缘、亲戚或结拜关系也难以维系相互之间的信任；而建立在家族成员间不完全信任基础上的关系契约是不完全的。

3. 人力资源问题影响着家族企业的发展

　　人力资源问题一直都是困扰家族企业发展的内部环境问题，家族企业中无形的权利刚性限制了才干的发挥和人才的进入，人力资源的封闭性是一个很大的弊端。中国目前的教育发展还比较落后，高等教育人才稀缺，企业家自身素质不高，人力资源匮乏成为制约中国家族企业可持续发展的关键问题。不可否认家族成员管理层家族化有其合理的一面，但是企业发展到一定规模时，这种模式就难以适应企业管理的要求，无法形成有效的权利运作体系，必然会发生管理障碍。中国家族企业大多规模不大，不注重对员工的培训，在员工的录用、晋升、激励机制上没有明确的规范，有些即使有明文规章制度，但是很多时候都是老板一人说了算，员工的积极性得不到调动，自然也影响到了家族企业的发展。

　　近年来，我国职业经理人市场有了一定的发展，很多家族企业家也认识到引进外部管理力量的必要性，但是仍然很难摆脱"凡事管一下"的习惯，权利移交不能彻底，导致职业经理人束手束脚，工作难以开展。当然这种情况也与目前中国职业经理人市场不完善，职业经理人素质参差不齐的现状有关。职业经理人在家族企业中难以发展，大多怅然离去，一方面对企业发展产生动荡；另一方面一些职业经理人会带走企业的商业资源，对家族企业造成了不利影响。2002年吴士宏离开TCL，李汉生离开北大方正，路华强先后离开创维集团和高路华最终选择自己创业，等等。

　　我国家族企业在公司治理方面存在诸多问题，制约着职业经理人的健康发展。首先，公司的治理结构与运行机制有待提高。一是部分企业仍未真正建立起符合现代企业制度的公司治理结构，特别是家族企业为主的中小企业。企业股权的过分集中导致了"三权合一"的现象，形成了所有权、经营权和监督权的高度统一，相互之间起不到制约和监督的作用。二是职业经理人工作职权独立性受限。职业经理人受聘后，应该享有完整的职位权力，并在职权范围内独立地开展工作，但是目前尚有相当部分职业经理人的职权受到企业所有者和上级的干预。这一方面由于所有权与经营权的高度统一；另一方面则是职业经理人的职权不明确、授权不彻底，没有形成完善的权力制衡机制。

　　其次，职业经理人选人与用人机制有待改进。在选人机制上，从调查结果来看，我国职业经理人选聘过程中仍然存在着较大比例的上级任命。职业经理人是市场化的管理专业人才，条件成熟时在更大的范围内选聘职业经理人更有利于获得优秀人才。在用人机制上，我国家族企业普遍存在"重使用、轻开发"的现象。

最后，职业经理人评价与激励机制有待完善。调查结果表明，目前我国大多数家族企业还没有能够实现有效激励的职业经理人绩效评价体系，导致企业在确定职业经理人薪酬水平、预期贡献时依据不足。在对职业经理人的激励方面，我国企业仍然存在着激励模式单一、制度设计不合理、激励程度低等问题。典型的问题是短期激励与长期激励不平衡。调查发现，我国职业经理人的薪酬激励一般采取"工资+奖金"或"年薪制"的短期激励，其中基本工资占年度总薪酬的比例较高，职业经理人薪酬与企业长期业绩关联度小。许多企业重点奖励的是短期的经营效益，这往往会造成职业经理人为追求自身效用的最大化而置长期目标于不顾。另外，物质激励与精神激励不平衡。激励手段单一，忽视非物质激励，是许多家族企业在激励制度设计上的共性问题。

4. 传宗接代对家族企业发展的影响

家族企业区别于其他企业的一个重要特点就是继承者一般都是家庭成员，以后代继承居多。26岁的杨惠妍继承了父亲杨国强所创立的碧桂园中的70%股份，成为2007年《福布斯》发布的中国富豪榜首富。目前，中国家族企业家的平均年龄为42.9岁，绝大多数企业家的子女正在读中学或者大学，也有一部分已经在父辈企业中工作，接班是企业家面临的一个越来越重要的问题，也是影响家族企业可持续发展的重要问题，涉及接班人想不想接班和有没有能力接班。

根据国家统计局普查中心第二次全国基本单位普查资料，后代在父辈企业中工作的比例大约是一半左右，除此之外更多的是在其他单位工作，可以说，家族企业创始人的后代并非一定愿意在父辈企业中工作。其实不仅在中国，在其他国家也出现这些情况。美国的相关数据表明，家族成员在本企业内工作意愿不断下降。另外，后代的经营能力也是影响家族企业发展的一个不可小视的问题。中国家族企业家大多幼年贫困，创业之后生活条件有所改善，孩子大多送到贵族学校或者国外，这种做法往往使孩子缺少磨炼，大部分很难具有独立经营企业的能力。例如，王安计算机公司的创始人在选择继承人的时候，执意让不能胜任的儿子王列就任总经理一职，而放弃了家族外的一名有实力的经理候选人，但王列并不具备企业管理能力，无法有效带动企业的发展，王安的错误选择最后导致了王安计算机公司的破产。

（二）企业机制和体制环境

1. 产权结构方面

产权结构尤其是指出资人之间的产权界定和创始人单一化经营模式两个方面。出资人产权不清主要出现在20世纪70年代到20世纪90年代创办的"家庭作坊"式企业，这些企业在创办初期，出资人多是父子、兄弟或家族成员，在经济效益不大的时候讲究平均分配，特别是对于出资不多但贡献较大的成员也能做到同等对待。但是随着企业的发展，管理能力强的出资人得不到更多的价值凸显，管理能力差甚至未能做出贡献的出资人却仍然要求以原有比例分配利润，这必然导致出资人之间的利益矛盾。

两权合一也是家族企业的一个重要特征和优势，但同时也具有单一性和封闭性。两权合一使得企业家在考虑企业发展问题时更注重自身利益，更容易受到家族成员干预的影响，忽略企业长远发展和社会责任。决策的重任落在企业家一人的身上，使得企业面临危机时更具有风险性。

2. 组织管理方面

组织和管理上的良好保障是企业顺利发展、战略得以实施的重要因素。特别是在瞬息多变的市场竞争中，良好的内部运作机制对提高家族企业抗风险能力和适应能力是相当重要的。然而，我国目前许多家族企业的高层领导者更倾向于把精力和目光放在外部机会方面，忽视了内部组织的建设和管理的规范。

比如，家族化管理模式，在创业时期，可凭借家族成员间特有的血缘关系，以较低成本迅速集聚人才。全情投入，团结奋斗，不仅可以较快地完成原始资本的积累，而且能够在很短的时期内获得竞争优势，再就是家族整体利益的一致性使得各成员对外部环境变化具有天然的敏感性，各种信息能很快地传递到每位成员，彼此之间容易达成共识，加上家长制的权威领导，使企业决策速度最快。并且家族成员彼此间的信任及了解的程度远高于其他非家族企业的成员，可以负担较低的心理契约成本。虽然家族企业的总代理成本可能较非家族企业低，然而长期的家长制管理会使领导变得自负，慢慢地丧失了企业家的精神，就会增加了企业的决策风险，排斥了社会上更优秀的人才加盟。

比如，决策程序的科学性影响家族企业的发展。家族企业在家长式的管理模式下运行，决策权力大都集中在企业主和家族中参与高层管理的成员身上，凡事缺乏来自内外有效的监控、反馈和制约，决策的正确性和准确性不高。中国人受传统文化的影响倾向于"关起门来解决问题",这在中国家族企业中也有明显体现。企业的决策过程只在企业主和少数高层成员之间沟通,企业内部员工根本无法知晓企业的各项重大决策更没有机会参与决策的制定,这在一定程度上影响了内部信息的流通,使职工产生"外部人"的感觉,部门间信任度也比较低,影响了整个组织的工作效率。

比如,管理制度往往形同虚设影响着家族企业的发展。虽然很多中国家族企业已经建立了现代公司的组织结构,但在本质上却很难发挥现代组织结构的作用。在家族企业里,大家都是亲兄弟,以情感和面子为重,忽略了制度。即使有制度也不太规范,甚至有时家族成员使制度推行不下去,成为企业制度的破坏者。因为在感情面前,制度就只能是一纸空文。但是没有规矩无以成方圆,家族企业必须根据市场需要和企业管理要求,逐步建立较为规范的企业制度。

制度问题是一个根本性的问题,随着家族企业的发展,随着企业的逐步规范化,必须建立和完善企业的各项规章制度。在企业初创时期,可能由于主客观条件的不完善,企业无法建立各项制度,但当企业发展到一定阶段,没有一套完善的制度则很难保证企业的长期发展。制度建设是保证企业能够长期健康发展的重要条件。在这一时期,家族企业必须建立起完善的决策制度、财务制度、人事制度、监督制度、法人治理结构等。

比如,组织职能比较模糊影响着家族企业的发展。家族企业的特点决定了企业重要部门管理者必须是自己人,特别是财务方面,很多中国家族企业创始人选择由老婆管理财务的做法,甚至创始人自己既管理生产经营又管理财务人力。各部门管理者由于存在特殊的人际关系,对待权力和利益时都有自利行为,这样企业根本无法建立系统化的工作程序。组织职能模糊,人员权责不清,出了问题互相推诿扯皮,这些都是影响家族企业顺利发展的不良因素,都是与家族企业发展息息相关的内部环境建设。

3. 战略管理方面

近年来,家族企业经营者开始注重现代企业管理理论,也关注企业的长远发展问题,但是由于家族企业经营者普遍素质的低下、观念的封闭和落后以及家族企业管理自身的局限,我国家族企业普遍缺乏战略管理意识。据统计,我国90%以上的家族企业没有指定战略规划,没有较系统的行业预测及发展前景、发展方向分析,这种现象使得我国家族企业的持续发展速度没有保障,发展目标也不明确。例如,巨人集团通过计算机汉卡业务形成了强大的竞争力,但是企业缺乏科学的发展战略，后期开始多元化发展，进入自己并不熟悉的行业，使得企业出现了危机，并最终导致衰败。

（三）企业资金环境

改革开放以来，中国家族企业发展迅猛，但是对资金的管理却相对滞后，不能适应企业发展的需要。中国家族企业在财务管理中存在着财务控制能力薄弱、管理模式僵化和管理观念陈旧等方面的问题。据相关调查显示，有相当部分的家族企业主缺乏会计基础知识，甚至连财务报表都看不懂，以致企业财务管理制度过于简单，流于形式。许多家族企业的财务控制制度不健全或内容不够合理，更多的是有章不循，用以应付有关部门的检查、审计，失去了严肃性和执行力。

财务管理家族化，家企不分，一方面企业家有督促企业节约成本的意识和追求利润的积极性；但另一方面也造成了财务上的混乱和利益分配时的矛盾。家族企业的自身特点决定了企业主不会随意交出财政大权，目前中国家族企业中财务方面大都由企业主自己或亲戚担任，用人方面任人唯亲，不愿通过招聘的形式吸收高素质的财务人员。同时在家族企业工作的财务人员工作时也有所顾虑，对待一些财务重大问题"有苦说不出"，给家族企业的长远发展埋下了隐患。

融资渠道方面，家族企业融资渠道狭窄是家族企业自发展以来一直难以解决的问题，这与外部政策环境和经济发展状况有很大的关系。目前中国金融政策和体制大多向国有企业倾斜，对家族企业自身来说改变整个政治环境是不可能的。但目前我国家族企业主动寻找民间融资渠道的意识不强，仍然追求银行贷款和家族内融资，这不仅增加了融资的难度也阻碍了家族企业的可持续发展。中小家族企业以财务报表真实性为前提的信用制度尚未建立成熟，也就不具备信用贷款的基础。

融资和投资是资金流动的相对方向，家族企业发展到一定规模时就必须要做好资金的投资管理，增加资金的流动性和效益。目前，中国家族企业对于资金的投资管理意识还比较薄弱，更多地倾向于保留资金以待不时之需，这与中国目前家族企业融资困难和企业家观念陈旧的现状有关。一部分企业在项目决策和多元化发展时，仍然存在随意性和主观性的问题，巨人集团多元化发展失败就是一个典型案例。家族企业资金投资管理不善，容易影响家族企业主业的发展。

(四) 企业文化环境

中国传统文化已经渗透到社会结构的每个层面，家族企业的文化普遍以家庭伦理为道德标准，仍然停留在"尊上""忠信""服从""权威"等内容上，虽然这种家族文化在工作效率上有着很大优势，但是很难笼络所有员工形成具有共同文化特征的企业。首先，中国家族企业文化大多是创始人的文化，并没有根据企业发展情况设定具有竞争力的企业文化方向。创始人的"权威"是家族企业文化的主导力量，当企业完成接班更换管理者时，很难树立新的权威，企业凝聚力容易涣散。其次，家族企业员工在企业主的文化中"明哲保身"，说话做事看眼色，久而久之，大家不是以"对"和"错"作为判断事情价值的标准，而是以权利、关系、交情作为价值判断的标准。最后，目前有很大部分中国家族企业家还没有意识到家族企业文化的重要性，一谈到竞争就认为技术和人才是关键，不清楚企业文化才是最终意义上的家族企业核心竞争力，这对于中国家族企业的长远发展是极其不利的。

我们在发展社会主义市场经济的过程中，必然要求传统文化做出全局性系统调试，要求传统文化以自己特有的方式与市场经济的要求相兼容。作为企业的管理模式并不是纯粹的经济活动，必须要与一个社会的文化相结合，这是一个市场经济活动与传统文化有序重构的过程。企业管理在最基本的层面上是对人的管理，而人属于文化，文化是既定的，因此你在建立现代企业管理制度的时候不能不考虑文化因素，其中尤为重要的是人们的生活方式、情感方式和思维方式，这可能是几十年或者几百年社会积淀的结果。家族企业要进行文化建设，建设起具有自身特点的企业文化。家族企业要在保持企业内在凝聚力的基础上，实现企业制度的规范化，以适应在更大空间中发展所需要的控制力、开放性和资源整合要求。实践中，这些文化因素可能会在某时某地制约企业的发展，他们的力量通常比想象要大得多。

因此，家族企业的内部环境一般指家族企业的内部治理，包括一般意义上的公司治理及家族企业所特有的关系治理。与其他类型企业一样，家族企业的内部治理是否有效很大程度上决定家族企业的经营稳健性。家族企业的治理结构对于非家族企业具有一定的优势，但从企业治理的角度来看，优势本身有可能也是缺陷，比如所有权高度集中。

西方发达国家家族企业的丰富经验提供了有益的借鉴，可以在探索中国家族企业可持续发展的道路上少走弯路，但是必须认识到，即使在家文化传统相对薄弱的西方发达国家，家族企业向现代企业制度的过度尚且经历了一个漫长的过程，而在深受儒家文化影响的中国，家族企业的演变过程注定是任重而道远的。目前虽然有不少家族企业已经上市，但更多的是在中小城市、乡镇和农村处在发展初期的家族企业，需要分析具体情况选择正确的发展道路，还必须加强外部社会大环境和内部企业环境自身方面的建设，只有这样，才能使中国的家族企业又好又快地可持续发展。

第七章

宁波家族企业案例分析

在宁波籍企业家中，据2011年"3 000中国家族财富榜"数据，约有10多个宁波的家族企业跻身新富榜，如三江购物的陈念慈家族、东方日升的林海峰家族和仇华娟家族、三星电气的郑坚江家族、圣莱达的杨宁恩家族、聚光科技的姚纳新家族、先锋材料的卢先锋家族、双林股份的邬维静家族、邬永林家族及围海股份的张子和家族等都是新上榜。丁磊家族以179.54亿元的财富排名第28位，他在网易的持股比例为44.90%，虽然他将目光投向很多互联网之外的行业，其主力却也丝毫没离开互联网。而沈国军家族以79.86亿元排名第80位，其在银泰百货的持股比例为36.63%。沈国军及其银泰系是中国商业零售领域最活跃的资本大鳄，本次榜单并没有考虑计入银泰系在京投银泰和鄂武商的持股量。"这主要和宁波的家族企业的氛围有关，比如每年宁波都有关于家族企业的论坛，方太集团的茅理翔将企业顺利交班给儿子后潜心研究家族企业的管理模式。（当地）工商联等组织也有参与对家族企业的培训和管理的研究。"杨轶清分析，在对家族企业管理模式的培训以及对家族企业的信息分析等方面，宁波走在全国的前列。

宁波作为全国民营经济最发达、家族企业最集中的地区之一，凭借其体制机制的先发优势迅速发展，产生了雅戈尔、韵升、华茂、方太等一批典型的家族企业，这些企业成为宁波民营企业中的佼佼者。受中国传统文化、宁波商帮文化和家族文化的多重影响，宁波的家族企业在成长过程中形成了其特有的家族性资源。如今，宁波有82%的家族企业进入交接班阶段，有96%的企业在交接班问题上选择代际传承。家族企业的成功传承和可持续发展，不仅关乎家族和企业的命运，也关乎中国民营经济的健康发展，更关乎中国经济的未来。本章节通过文献资料查找、深入访谈和数字资源检索，对宁波本土的9个家族企业案例展开分析探究：宁波方太集团、雅戈尔集团、宁波永发集团、浙江野马电池有限公司、宁波华联电子科技有限公司、宁波易中禾生物技术有限公司、宁波夏厦齿轮有限公司、浙江爱妻电器有限责任公司、宁波东方电缆股份有限公司。

一、宁波方太集团家族企业案例分析

方太集团成功的代际传承，家族企业除了拥有优秀的家族接班人之外，家族企业继承人在与职业经理人的合作方面也非常成功。家族企业除了茅理翔担任董事长，茅忠群担任总经理之外，总经理以下的中高层干部多数是非家族职业经理人。而且该公司的职业经理人中，有十多位来自世界五百强企业，被称为职业经理人的"多国部队"，这在全国民营企业甚至大型国有企业中都是很少见的。本案例分析主要通过对家族企业的代表性企业宁波方太集团的管理模式的特点、职业经理人的任用选拔与治理机制及管理模式演变的介绍，对其管理模式职业化发展趋势和转型方向进行研究，以此为基础，总结出其管理模式职业化转型中所面临的一系列难点和问题，包括管理人才的缺乏、信息冲突、权责不匹配、用人原则、亲情关系问题、内部产权结构不清晰问题等，并提出了方太集团管理模式职业化转型的四个思路：进行组织结构和治理机制的转变，建立健全企业内部有效控制和两个原则——泛家族化原则和对非家族职业经理人一视同仁原则，以及解决问题的四个对策——优化企业产权结构、明确职业管理层权责配置、建立健全职业经理人的激励与约束机制、充分依靠全体员工。

（一）宁波方太集团的企业发展历程

宁波方太集团由茅氏家族创立于 1996 年。在方太集团创立之初，集团就制定了其发展方向，即向对生活品质要求较高的消费者提供高科技、人性化的厨房电器产品，并在创立四年之后，投资 2 000 万建立了一条年产量达到 30 万台的油烟机生产线。在此之后，宁波方太集团正式提出集成厨房业务的发展战略，并陆续进入集成厨房的其他设备领域。到目前为止，方太集团已经建立了包括吸油烟机、家用厨具、消毒碗柜、燃气热水器、嵌入式微波炉和嵌入式烤箱等五大厨房电器事业部门。在市场开发过程中，宁波方太集团立足于高科技产品定位，坚持产品的专业、高档与精品化定位，在市场上的知名度不断提升，也得到了消费者的认可。宁波方太先后获得"中国驰名商标"和"中国名牌"称号，并在行业内连续四年获得中国最具价值品牌评选第一名。根据调查，宁波方太集团的消费者满意度、品牌美誉度、顾客忠诚度等指标在行业内长期居于首位，在高端厨具市场上的占有率达到了30%以上，成为消费者心目中的厨具首选品牌。在产品研发上，宁波方太集团经过多年的发展，积累了丰富的研发经验与产品设计实例。目前宁波方太集团已经建成了国内一流的电气、燃气实验室，并且在2008年投资兴建了世界上规模最大、各种实验设施最先进的厨房电气实验室。在宁波方太集团所组建的科研队伍中，拥有超过一百多位优秀的相关领域专家。优秀的人力资源加上先进的相关设施，使方太集团的研发实力获得了空前的提升，在我国专利总局的统计数据上表明，宁波方太集团是我国集成厨房电气领域内专利申请数量最多、专业实力最强的企业。

目前宁波方太集团拥有全职各类员工6 000多人，在国内建立了辐射全国的46个分支机构，组建了超过2 000多名销售人员的市场队伍，其销售网点遍布全国，超过1 000多家，基本覆盖了全国绝大部分地区。除此之外，宁波方太集团还在家电连锁、建材销售门店、传统百货，以及专业橱柜供应商等销售渠道建立了广泛的市场网络，从而为消费者提供了随处可见的销售服务。在国际市场扩展方面，宁波方太集团以中国为中心，面向亚洲、欧洲、美洲等超过40多个国家和地区，与当地的销售渠道建立了良好的合作关系，并且会定期通过网络调查、电话调查等方式，与销售企业和消费者进行直接的沟通和交流，为保证产品的质量不断努力。在原有的品牌基础上，在世界范围内扩大品牌的影响力与知名度。通过多年的发展，宁波方太集团在消费市场上积累的品牌知名度与消费者认可水平都得到了逐步提升，其先进的研发水平与强大的销售网络为宁波方太集团的发展带来了稳定的保障，在国内的市场份额不断提升。在进入国际市场之后，宁波方太集团的表现也同样引人注目，逐步成长为具有世界影响力的高端厨房解决方案供应商。在2008年之后，宁波方太集团整体搬迁进入杭州新区宁波方太工业园区，再次迎来良好的发展契机。

（二）宁波方太集团的家族化管理模式的演变

宁波方太集团由一家小企业逐步发展壮大成为今天的国内厨房事业的领导

者。在其发展过程中，宁波方太集团的管理模式也由家长式的管理发展成家族式的管理，再继续向职业化、社会化的职业经理人管理模式过渡。这种过渡也为宁波方太集团的发展壮大贡献良多。许多家族企业在创立之初就意识到引入职业经理人的重要性，但是在实际管理过程中，受到职业经理人、企业主和社会环境等多方面多因素的影响，很多家族企业在落实职业经理人管理制度上形式重于内容，流于表面，没有真正地发挥职业经理人的管理经验和专业能力。宁波方太集团董事长茅理翔认为，在企业创立初期，发展规模不大，知名度小，难以吸引到优秀的职业经理人的加入，同时其管理活动也相对比较简单，家族人员即可以满足管理需求。但是在企业发展到一定程度之后，企业的管理活动复杂程度大大提升，原有的家族企业管理人员已经无法满足管理活动的需要，在这一发展阶段内，家族人员就需要逐步淡出企业的实际管理，大力吸引社会管理资源，引入职业经理人，使家族企业的管理由家族管理向职业化管理模式转型。

　　在宁波方太集团的管理模式的发展过程中，也经历了由家族管理向职业化管理模式过渡的过程，并且这一过程还在持续之中。在宁波方太集团创业的初始阶段，家族成员能够齐心合力，其企业的凝聚力非常强，对企业的汇报也能够做到不多计较，一心一意将企业发展好，家族成员的贡献为企业的迅速成长起到了决定性的作用。但是当宁波方太已经发展到占据较大市场规模，企业实力和管理复杂程度与创业初期已经不可同日而语，原有的管理水平就成为企业进一步做大做强的发展"瓶颈"。但是对于家族企业管理层内部而言，对其管理权限的分离无疑会出现一些小利益团体上的分歧，出于对失去部分利益的考虑，部分家族成员对于引入职业经理人存在一定的抗拒心态，对引入的经理人设置一些障碍，影响了职业化管理制度的建设。而目前的宁波方太集团是从原有基础上进行的再创业而形成的，为了保障方太集团职业化进程的顺利进行，宁波方太集团在创立初期就设置了用人上的界限，其中的一个重要原则就是尽量少带走原来集团的家族人员。在新的方太集团创立之后，只从原有的老厂带走了技术总工和财务团队的部分人员。在对家族原有管理人员的去留问题上，宁波方太也采取了人性化的措施来保障其职业经理人制度转型的顺利进行。首先对于有意愿继续为方太服务的人员，而且具有一定实际工作能力的，方太集团欢迎继续为公司工作；对于家族人员想进行创业的，宁波方太买断工龄，扶持创业；对于部分能力不足的人员，宁波方太推荐至下属企业工作；对于既有较强的工作能力，又对企业发展积极努力，且愿意为企业奉献的人员，方太给予一定股票奖励，团结到一起，共同为集团的发展壮大而努力。

（三）宁波方太集团职业经理人的选拔任用机制

宁波方太集团在职业经理人的选拔和引入上，已经形成了一套符合自身发展要求的方式和标准。其选拔标准主要包括以下几条：第一，要对企业忠诚，对工作岗位负责，具有高度的敬业精神与良好的职业道德；第二，要具备专业胜任能力，能够很好地履行岗位职责；第三，要拥有较好的沟通协调能力，完成管理工作；第四，拥有所在岗位的管理经验，要求必须具备 3 年至 5 年的工作经验；第五，愿意为方太集团工作 5 年以上。从选拔标准上看可以发现，方太集团对于职业经理人对企业的忠诚度最为看重，这也是与其家族管理模式分不开的。在引入方式上，宁波方太集团数次在《中国经营报》《经济日报》具有较大影响力的财经管理类报纸上刊登大幅招聘信息，对外部经营管理人才抛出橄榄枝。除此之外，宁波方太集团也通过招聘网站、猎头等方式来寻找合适的职业经理人。在引进流程上，人力资源部门、相关直接领导、总经理等会分别与之免谈交流，然后形成综合意见。重要的岗位还需要经过董事会的面试和批准。经过多轮次、多层面的充分沟通之后，尽量缩小企业家与外部经理人之间的信息不对称程度，然后才能正式引入方太集团。

方太集团虽然是家族管理企业，但是企业高层对于外部人才的引进十分重视。同时在其发展过程中，家族色彩的逐步淡化也为人才引进提供了良好的空间。从整体上看，方太集团对外界人才的引入可以分为三个阶段：第一阶段是从 1995~1997 年。这段时间是方太集团的创业初期，这一阶段内，由于企业规模小实力弱，名气不显，方太集团没有引入外部职业经理人，而是通过校园招聘的方式引进了一批大学生，通过管理人员帮传带的方式自主培养。目前这一批人员已经成为方太集团的核心管理人员。对这一部分人员而言，既是外部引入，也是自主培养。区别在于他们不是企业家族成员。第二阶段是 1998~2001 年。这一段时间内，方太集团发展速度很快，不论是企业管理、产品制造还是市场营销方面，都需要大力跟进。这也对方太集团的知识储备提出了很高的要求。但是内部人才无法满足企业快速发展对人才的需求。这一段时间内，方太集团瞄准外资和国有企业，大力引进人才。仅仅 2000 年一年的时间，就从外部引入了 16 位技术人员，12 位副部长以上的高级管理人员。这些外部引入人才符合方太集团的人才引进标准，能够胜任岗位职责要求，并且认同方太集团的企业文化。目前这一部分人员已经完全融入方太集团的管理层中,成为集团发展的重要管理力量。第三阶段是2002年至今,宁波方太集团进入了引进人才的高峰期。这一阶段,宁波方太集团持续高速发展,企业的知名度、经营业绩与技术规模实力都得到了前所未有的提升,开始成为行业龙头并发挥巨大的影响力,同时也在其他行业和社会各界中树立了优秀品牌的形象。为了进一步巩固在行业中的领导地位,将企业做得更大更强,宁波方太集团花费巨资引进了大量外部人才,尤其是引进了大批已具备相当丰富经验的职业经理人,他们多数来自于三星、西门子、可口可乐、宝洁等优秀的外资企业,如表7-1所示,也有一些来自于科龙、美尔雅等国内知名企业的优秀员工。这些优秀的职业经理人给宁波方太集团带来了新的管理风格,注入了新的活力,在宁波方太集团发挥了重要的作用。

表7-1　　　　　　　宁波方太集团置业经理人引入情况

职位	来自企业
制造总监	三星公司
人力资源总监	美能达公司
集成厨房事业部总经理	宝洁公司
产品供应链部副部长	美时家具公司
企管部部长	富士施乐公司
销售总监	可口可乐公司
品质部长	特灵空调公司
燃气部长	日本能率公司
服务物流部长	西门子公司
采购部长	伊莱克斯公司

在职业经理人引进之后,如何让他们尽快与企业原有管理人员磨合,尽早发挥其专业能力与工作经验的效力,是方太集团重点考虑的问题。很多家族企业尽管引入了很多人才,却在其使用问题上出现了失误,导致外部职业经理人进来之后水土不服,无法适应企业管理文化与要求。分析其失败原因,很多都在于企业家对外部经理人缺乏足够的沟通,难以建立真正的信任关系,从而导致合作的种种不畅,以至于合作失败。有鉴于此,方太集团在人才的使用上创

造了具有方太特色的八大方法：一是胸怀宽广，知人善任；二是创造氛围，多方沟通；三是充分信任，大胆授权；四是扬长避短，不过苛求；五是多做肯定，表扬发展；六是留意不足，私下解决；七是强化培训，创建文化；八是监督考核，优胜劣汰。从这几个方面来看，方太集团对于引进外部人才有充分的认识。

首先，方太集团对于外部人才对公司发展的促进作用有清醒的了解，对职业经理人引进之后的使用问题，方太集团表现出了明显的开放程度。充分尊重职业经理人，并对其充分授权，发挥其工作主动性与创造力。很多家族企业在引入人才以后却没有给予重用，对于关键岗位仍然是持有保留态度。使职业经理人在履行职责过程中遇到不少障碍，打消了经理人员的工作积极性。但是在方太集团，无论是大股东还是总经理，对于外部人才的态度都非常鲜明，将他们当作工作上的好伙伴，事业发展的好助手。彼此之间在人格上处于平等地位。方太集团对于引进人才都会大胆授权，给予充分的工作自主性，为他们实现工作与人生价值提供舞台。

其次，方太集团对外部职业经理人的管理上以人为本，承认其不足，不过分苛求。很多家族企业对于职业经理人往往存有不切实际的期望，认为职业经理人的引入可以完全替代自己的工作。但是实际上，职业经理人固然会给企业的管理带来新的活力与思路，但是同时也有可能出现失误，造成损失。认识到这一点，方太集团对于职业经理人总是报着宽容态度，允许犯错，并及时纠正，改善其不足的地方。

再次，方太集团对于职业经理人的生活十分关心，无论是基层管理人员，还是中高层人员，方太集团对员工的关心与关爱都是无微不至的。方太集团不仅用事业留人，也用感情来留人。不论是在个人的相处上，还是在生活的照顾上，方太集团都花费了大量精力与资金，来为经理人创造良好的工作与生活环境。

最后，方太集团在对职业经理人的激励与约束上有一套综合管理办法。创始人茅理翔认为，一张一弛，文武之道。对于管理人员，仅仅有激励还不足以完成企业目标，还需要有配套的约束制度。方太集团将企业的约束制度分为内外两个方面的激励。内在激励包括薪酬激励等与个人财富相关的激励，而外部激励包括培训激励、文化激励等与个人职业发展有关的激励。通过对同行业的薪酬水平进行对比，方太集团制定了高于平均水平的薪酬制度，并进行设计，使它与管理人员的考评相符合。对于股权激励等新型激励方式，方太集团的表现非常谨慎，这可能是与其家族企业对于所有权的高度敏感相关。目前整个方太集团中只有不到 4% 的股权被分配给高级管理人员，预期未来会增加到 10%。实际上，随着证券市场的发展与企业自身管理水平的提高，方太集团也有可能会采取股票期权的方式来对经理人进行激励。在经理人的绩效考评上，宁波方太集团将职业经理人划分为三个考核级别，分别是 A、B、C 级。对于 A 级，则是需要提拔奖励，而 C 级别则有可能被淘汰。在对经理人的制度约束上，宁波方太集团主要从董事会监督、监事会监督、企业制度的约束和企业目标管理等方面进行约束，坚持以目标管理为中心，力求通过对目标的追求来改善企业的管理水平与管理效果。

（四）宁波方太集团职业经理人的治理机制

对于家族管理企业而言，引入外部经理人意味着管理权力的让渡，使家族成员与职业经理人共同分担企业管理责任。目前，方太集团已经引入了部分职业经理人，但是从其所有权的分配上看，目前方太集团的所有权仍然高度控制在创始人家族中，经营权则向职业经理人高度开放。在企业所有权方面，目前方太集团掌握了整个集团的 96% 的股权，有不到 4% 的股权被让渡给职业经理人。根据方太集团的发展规划，其对职业经理人的股权转让将会逐步上升到 10% 以内。由此可见，对于家族企业的方太集团而言，转让股权给职业经理人是一项艰难的选择，出于对家族财产的高度敏感，可以预计方太集团在未来相当长一段时间内也不会改变这一做法。方太集团认为，相对于其他激励方式，股权激励在职业经理人退出企业时的成本过高，而且目前我国的金融法律环境还不够成熟完善，职业经理人市场也没有真正建立，股权激励不宜过度展开，除了股权激励之外，还有多种激励方式可以选择。因此，目前方太集团的所有权还处于创始人家族控制之中。在方太集团的经营权让渡方面，目前方太集团家族成员的态度十分明确，即在现阶段的发展环境下，方太集团将继续大力引进外部人才，充分吸收社会管理人才，促进企业快速发展。除了茅理翔仍然担任董事长之外，其余中高层管理人员将逐步由社会职业管理人员进行替换。不仅茅氏家族成员不允许进入中高层，在集团的发展过程中，创始人的女儿、妻子等至亲都逐渐退出了管理层。这种开放的态度，为职业经理人的工作开展提供了良好的空间。

对于宁波方太集团而言，和职业经理人建立互信需要一段较长的时间。在经过层层选拔与考核之后，引入集团的职业经理人与企业之间所建立的初始互信在于其专业能力的评估。在方太集团的引入人才选拔标准中，对岗位胜任能力的评估、对于是否具有相关的工作经验正是方太集团对人才专业素养的考虑；而在对外部人才对企业的忠诚度、是否愿意工作5年以上则是考虑其对企业的认同与职业道德素养。而这两项考虑因素中，对企业忠诚度的要求更为重要，这表明方太集团在选拔职业经理人时，注重个人品职业道德更甚于专业能力。尽管这样会出现一定程度的不足，但是胜在稳妥，不会由于机会主义造成风险。比如方太集团在进行厨房事业部经理人员选拔时，其最终人选在专业能力上并非最为出色，但是其优秀的敬业精神、对企业文化的充分认同使他获得了这一机会。

在与职业经理人进行合作以推进企业发展的过程中，企业与经理人之间的互相信任主要通过关系运作来进行。一方面，宁波方太集团提供种种渠道支持经理人提升自身职业能力，为他们创造发展空间，赢得他们的信赖；另一方面，也采取种种措施，来对经理人的管理行为进行强化。在这一过程中，加深双方了解。比如方太集团非常注重与经理人员之间的沟通交流，每周都一定时间用于沟通。通过这种交流，方太集团与经理人之间逐步加强互相的信任。除了这些因素之外，方太集团对于制度信任的建设也非常重视，通过签订合同，建立制度，引入方太集团的经理人会签订工作契约，按照公司的规章制度以及相应的法律规范，明确彼此的权责范围。不仅如此，方太集团还有一项具有特色的个性协议制度。在与职业经理人的相互合作过程中，方太集团会签订一些具有个人特色的协议，例如为了保证绩效管理的有效落实，每年年初，方太集团都会与各个相关部门的负责人签订绩效协议，要求其在规定时间范围内达到一定成果；如为了保证培训的效果，真正提高员工素质，方太集团会选择与员工签订培训合同，并对培训效果进行考核。这些规章制度，从制度上对方太集团的经理人员和普通员工进行了规范。这种操作方式既对经理人员有效开展工作提供了方便，又为企业界定了明确的游戏规则。使企业与员工双方都能通过制度来规范自身的行为，达到双赢的效果。

（五）宁波方太集团家族企业管理模式转型的现状

1. 宁波方太集团家族企业管理模式转型中所面临的问题

（1）信息冲突问题。对于许多家族企业而言，过多披露企业内部消息可能会引起经营风险,家族企业的股东与经理人之间存在一定程度的信息不对称现象。尤其是对于部分家族企业而言,一旦某些内部信息披露,可能会引起相关政府监管部门的介入,并造成经营上的损失。因此当家族企业股东对引入的职业经理人缺乏充分绝对的信任时,他们更倾向于选择对信息进行保密,以降低企业风险。但是对于家族企业的职业经理人而言,其管理职责很大程度上是根据企业的相关信息做出决策判断,充分掌握企业的真实运营情况对于其履行管理职责至关重要,否则就难以完成企业的经营目标。对于家族企业在信息传播过程中出现的这种现象,实际上是家族企业的所有者将企业内部信息划分为不同保密等级,并且按照对管理人员的亲疏程度、信任程度来对之进行分类,然后将信息有选择地进行传达。显然,受到更多信任的人员将会对企业的经营情况有更深入的了解,只有在完全确认某信息不会为企业带来风险时,才会被传达给职业经理人员。尤其是对企业发展及其重要的财务、营销等方面的信息,家族企业的拥有者更是慎之又慎。

方太集团尽管在引入职业经理人之后建立了相关的考评与激励机制,但是对于企业的实际所有者而言,外部职业经理人所获得的信任程度仍然不足以支撑其进行大的管理创新与变革。从心理学意义上看,对职业经理人的信任是一个个体对另外一个个体从语言、行为准则及处事人品等方面的预期和信念,这种信任需要经过长时间的磨合才能建立起来。对于家族企业而言,其家族成员之间的相互了解与信任关系早已建立,但是对于职业经理人来说,这是一道天然的鸿沟。一方面,经理人不确定自己是否已经获取了足够的信任;另一方面,企业所有者也对经理人是否值得完全信任持有保留态度。因为给彼此来建立信任的时间并不是很多,所以在方太集团目前的管理权力分配中,职业经理人的引入并没有从彻底上改变其家族管理色彩。

不仅如此,在信息传播的载体上,家族企业的很多重要信息往往不设置文本记录,而是通过口头传播来进行。出于对风险的担心,家族企业的所有者对信息的掌控程度在很大程度上限制了职业经理人收集、分析、加工信息的工作,这些工作的受阻,对于职业经理人良好地履行职业责任起到了很大的障碍。对于职业经理人员而言,任何决策的判定都需要有充分的信息来进行支持,否者就会产生偏差,严重时还会对企业的经营造成难以估量的损失。因此,这种冲突程度也为家族企业向经营权与所有权相分离的职业经理人治理为主的现代管理模式转型形成了巨大的障碍。这也有多方面的现实原因,对于方太集团,首先在其引入职业经理人之后,尽管建立了相关的考评与激励机制,但是对于企业的实际所有者而言，外部职业经理人所获得的信任程度仍然不足以支撑其进行大的管理创新与变革，相互之间的信任需要经过较长时间的磨合与调整才能实现。但是在实际工作中，职业经理人与企业主之间的协议时间有限，其相互之间的信任关系也有限，而且往往只有通过经营管理的业绩提升才能促进其相互之间的信任程度提升。缺乏企业主足够的信任，职业经理人在履行职责上也会受到牵制，而这种牵制进一步影响到其工作表现。其次，从外部环境上看，目前我国全社会的信任体系尚未建立，企业的诚信氛围较弱，对家族企业主而言，这意味着巨大的信任风险；从传统的文化上看，家族企业所有者本能地对于自身家族成员拥有更高的信任程度。内外两个方面的原因导致了家族企业和职业经理人之间产生了信息冲突。对于宁波方太集团这种典型的家族化管理模式下运行的企业，信息冲突问题当然也是不可避免地存在着的。

(2) 权责不匹配问题。对于家族企业而言，其管理模式向职业经理人治理转变的实质就是企业内部权力的重新分配与资本的交换。企业出让部分管理权力，来换取职业经理人管理好企业的人力资本和动力。对于企业管理者而言，赋予职业经理人多大的权力，往往取决于其应该承担的责任与职能。从理论上看，权力与责任的对等也是管理的基本原则之一。如果家族企业对股权保持绝对封闭和绝对控制则无法激发员工的内在工作积极性。根据方太集团的相关管理制度规定，以及与职业经理人的合同约定，目前方太集团从外部延聘总经理等高级管理人员，来对集团公司的整体运营全面负责。对于总经理等高级管理人员而言，其工作目标是完成企业的既定年度经营目标，制定企业的战略管理规划并向前推进。其所拥有的管理权力包括：公司中层以下的管理人员的任命和免去权力，30万元以下的资金审批与使用权力，对公司的经营管理方式与制度的调整权力。当然这只是对高级管理人员在人事任免、财务审批，以及经营管理上权力的简单描述，在实际工作中职业管理人员的权责更为复杂、详细。

受到家族企业发展阶段的限制，目前方太集团的管理人员中，主要的部门负责人员多数来源于家族，职业经理人的权限在一定程度上被削弱，甚至存在一定程度的多头管理现象。对于部分管理行为，原本只需总经理进行审批便可以执行，但是在实际工作中却需要家族成员向企业所有者汇报并得到批准，才能彻底执行。对于职业经理人而言，这种现象的存在对其管理威信形成了不利影响，使得企业在经营过程中难以建立真正的职业经理人管理体系。另外，处于思维的惯性，对于家族企业所有者而言，对企业的实际管理权很难真正放开，因此在实际管理过程中，职业经理人的实际权限受到了很大的制约，但是其责任仍然未变，导致权力与责任不对称。

从根本上看，家族企业的管理权之所以不能真正地转移给职业经理人，主要还是根源于对经理人的信任问题。即使制定管理规范，授予职业经理人一定的权利，但是在实际管理的时候仍然不可避免地采用以亲治疏的方式来加强对职业经理人的职责履行情况进行监督。内部无法完全信任职业经理人，外部法律约束等方面又严重不足，家族企业的所有者只能采取有限授权的方式来进行操作。方太集团采用私人信任与制度信任相结合的方式虽然起到了很好的效果，但是作为一个家族企业来讲，其固有的性质也使得其不可避免地存在不完全信任的情况，从而导致职业经理人无法完全获得与其所尽责任相等的权力，不利于顺利实现职业化转型。

（3）用人原则问题。对于任何一个企业而言，人力资源是其核心竞争力的重要组成部分之一。人力资源管理的目标在于激发员工的工作积极性，来达成企业的发展目标。因此，需要对企业的人员进行任免、奖惩以激发员工。但是对于家族企业而言，其人员的任用与罢免与其他企业存在不同。首先对于方太集团而言，其发展由小变大，由内向外。在最初的发展阶段，方太集团企业规模较小，管理过程也不是很复杂，处于创业阶段时对于外界的优秀经理人员没有太大的吸引力，自身的人员供给也能满足企业管理的要求，而且从其信任程度上，也可以满足企业所有者对这方面的要求。但是随着企业规模的逐步扩大，市场的扩展，企业的管理难度越来越大，原有的家族式管理无论是从人员规模还是人力素质上看，都逐渐满足不了企业的管理需求。这时企业无法完全依赖家族人员进行管理，企业所有者在进行管理人员的任免时，不能再依据其在家族中的亲疏程度来进行区分，而是依据其专业胜任能力来进行提升或者罢免。在家族人员无法满足企业管理需求时，企业必须从外部引进管理人才，这也是方太集团正在实施的人力策略之一，由于长期依赖的用人习惯，这一策略并不能在短时间内就得以扭转。比如在关键的部门上，其领导通常是家族成员。尽管从其胜任能力上看，家族人员无法满足岗位需要，但是无论是从保证企业家族成员心态稳定的角度上看，还是从信任程度的角度看，这种"任人唯亲"的用人原则不会马上改变。在引入新的人员时，企业会尽量希望由熟人接受，或者当地人，等等。这种用人的倾向性使得与职业经理人所要求的岗位规划和人员素质要求形成偏差。职业经理人在提出方案并执行的过程中，可能会受到管理团队素质不足的制约。对于家族企业而言，对用人的忠诚度和专业能力的分歧总是存在，这种冲突对企业的管理效果也产生了不利影响。实事求是地说，在目前诚信氛围不足、约束制度不足的情况下，家族企业的管理也无法完全依赖于外部的职业经理人。

（4）亲情关系问题。对于方太集团而言，在创立和发展的起步时期，企业知名度小，实力薄弱，既难以吸引到外部人员的加入，自身也没有这方面的意愿与需求。而且在发展过程中，必须依赖家族成员的共同努力和资金资本来促进企业的发展，在管理模式上也多半采用家长式的亲情管理，用亲情与权威来建立管理威信。对于家族企业而言，由于家族成员在文化系统、个人认知和价值观念上多有相似，在彼此熟悉和互信程度上更是早已建立，因此在管理上也非常便捷，管理执行力较高。但是随着企业规模的逐渐扩大，家族企业管理层内部也会逐步出现小的利益团体，这会对家族企业的管理效率不利。

在职业经理人被引进家族企业管理过程中之后，对于家族企业而言，用制度化的管理方式来取代亲情化的管理方式是发展的必然。制度化管理方式要求家族企业成员服从企业管理制度，保证在制度面前家族成员与外部引入经理人员之间地位平等。但是在实际管理过程中，制度在约束企业的家族成员出身的管理人员往往存在不足，对家族成员的约束没有真正落到实处。这样导致企业的管理制度逐步流于形式，在实际管理中其作用的仍然是原有的亲情因素。亲情管理在处理家族企业管理中出现的问题时存在天然的缺陷，对不同管理人员的偏颇对待必然造成企业管理人员向心力的分化与削弱，而这又会产生更多的问题。最后在家族企业内部形成一套内外有别、亲属有别的管理网络，对制度化的管理方式形成了根本的破坏。

方太集团在推行制度化管理方式的过程中，制定了一套详细的、完整的管理规章制度，并且经过了家族管理层和职业经理人的共同审核。但是在实际执行的过程中，制度的作用往往有限，家族成员之间亲情关系的管理效力往往高于制度约束。很显然，制度在对家族成员进行约束时作用有限，对家族成员的区别对待造成了家族企业在推行职业化管理模式时举步维艰。

（5）内部产权纠纷。我国绝大多数家族企业都是私营企业，相对于国有企业，私营企业在产权上一向被认为是比较清晰的。但是这只是相对于家族以外而言。对于家族成员内部，其产权在企业创业初始经营时很少进行界定，当企业发展到一定程度时，就为家族成员之间的产权之争形成隐患，离散了家族成员之间的凝聚力，甚至出现成员之间互相倾轧现象，这一点在继承人问题上表现得尤为明显。一旦家族企业出现内部纷争，对产权的争夺往往导致管理水平与效率的急剧下降，为企业的正常发展带来了严重的不利影响。家族企业往往在既是生产者，也是经营者，又是所有者，这种产权十分封闭，在方太集团家庭成员内部，出于对自身小利益的考虑，也有不少成员对于引入外部职业管理者持保留意见，对于引入外部投资者更是看法消极。这种封闭的产权结构导致方太集团在引入外部经理人和外部投资者时举步维艰，如履薄冰，因为一旦家庭成员之间出现严重的分歧，对于整个家族而言无疑是重大的打击。在利益多元化、资本与人才流动速度空前加快的现代经济条件下，固守家族企业的管理模式对企业的长远发展而言，无疑是埋下了隐患。一方面，外界资本的难以进入导致市场对其生产与经营活动难以监督；另一方面，股权结构的单一导致其风险抵抗能力也较弱。在家族企业创业阶段，尽管风险高，但是其资金需求较小，家族成员对企业的投资也能够满足其经营发展的需要，但是当企业发展到较大规模时，其内生的增长受到企业资本的限制，企业必然需要从外部引入资本，为了保证股权的集中，家庭企业可能会采用风险较高的手段进行融资。除此之外，单一的股权结构在面临较大的市场动荡或者危机时，其自救能力有限，进一步降低了家族企业抵抗风险的能力。

2. 宁波方太集团家族企业管理模式职业化转型的思路和原则

（1）宁波方太集团管理模式职业化转型的思路。有效解决目前宁波方太集团管理模式职业化转型过程中存在的信息冲突问题、权责不匹配问题、用人原则问题、亲情关系问题以及内部产权结构不清晰问题，将促进家族控制与职业经理人管理的有效融合，发挥职业化管理的协调功能，形成管理层机制"持久性、权力和持续成长的源泉"（钱德勒），促进企业可持续成长机制的形成，同时在保留高层人员的任免权、财务政策和资源分配等权力的前提下，集团董事长则可获得大于风险成本的职业化管理收益，包括从公司日常运营的琐事中摆脱出来，将更多的精力用于战略发展和决策上，提高企业集团内部的协调运作效率，而职业经理人员也可实现人身的价值升值。

首先，方太集团要实现从家族化管理向职业化管理转型，必须进行组织结构和治理机制的转变。建立健全的股东大会、董事会、监事会和管理层的组织架构。对于缺乏企业经营管理知识且能力一般的创业者，应该给予作为股东的权力，包括选择管理者、获取投资收益、监督权和特别重大经营决策的集体决定权鼓励其退出企业的经营管理层，而将经营管理权委托给受聘的那些有能力和有足够经营管理知识的职业经理人，并且明确划分企业所有者、董事会、监事会以及经营管理者的职责、权限、激励与约束机制，从而实现所有权与经营权的分离。

其次，根据方太集团家族化管理模式向职业化管理模式转变的需要设立相应的组织管理机构，建立健全企业内部组织结构，明确公司各执行层面员工的职责权限，并设计出更加合理的职业经理人的绩效管理与考核制度和更加高效的激励机制同时建立有效的内部人才竞争机制。在此基础上，构建一个相对稳定且又能不断更新的管理团队。

再次，方太集团在推行职业化管理转型时，董事长事先要制订具体的计划步骤，循序渐进，切忌盲目推行。在这其中，尤其重要的是要事先谋划好怎样处理自己与职业经理人、职业经理人与家族成员以及职业经理人与创业元老等各利益主体之间的关系，并且制定相应的章程，使新人旧人都能遵守，有效磨合后取得相互的忠诚和信任。公司在引进经理人的同时，要尽可能地给予其合适的成长空间，并且在条件具备时，将其收益转换成企业股份，内部化经理人，使之同企业的成长形成更紧密的联系，确保公司的稳定发展。

最后，方太集团董事长要通过制度保证企业的授权、分权与有效控制；同时在引入职业经理人的同时家族企业所有者即与经理人产生了信息不对称的问题，因此方太集团需要建立有效的制度规则和治理机制来约束职业经理人，尽可能避免逆向选择问题和道德风险问题。

（2）宁波方太集团管理模式职业化转型的原则。

一是泛家族化原则。具体来说是在家族企业中以业主为核心，家庭近亲占据、监督财务、采购、销售等关键职位，家族成员分布在生产、技术、管理的各个环节。对于非家族成员，则用"家族化"的方法，把他们变为"准家庭""家族式"的成员。对于邻居、乡党、近亲的同学、同事、朋友，逐步植入家庭内部长幼、兄弟之间的"孝梯"观念，把他们视为家人，以便他们也能信守互助、互惠和信任的家庭价值观，通过把公共关系变为私人关系，利用传统文化来促进企业的利益。这一原则是中国私营家族企业整合企业内部人力资源，特别是管理资源的一种特殊的重要手段，即把非家族成员予以"泛家族化"。用泛家族化的规则吸纳和整合企业的外部人力资本，特别是管理资源，将特殊主义的用人规则与普遍主义的用人规则结合起来，将亲情、信任和能力融合起来，是华人家族企业组织行为的一大重要特色。方太集团可以借鉴这一原则将职业经理人泛家族化，达到家族企业与经理人的利益一致。

二是对非家族职业经理人一视同仁。相当多的私营家族企业在吸纳、整合管理资源时采用"以亲制疏"的规则，把"家里人或自己人"安排在关键岗位，"外人"安排在一般岗位；或在同一部门既安排"自己家人"，也安排

"外人",相互之间形成制约关系,这种规则整合管理资源的成效甚低。方太集团在这方面虽然采取了很多的措施也做了很大的让步,把中高层管理下放给职业经理人,但其真正实施的效果依然受到了很多的限制,很多情况下是"任人唯亲",因此公司在用人上必然要向着注重人才的素质、技术、受教育水平等各种普遍主义的标准发展,向社会招聘人才,一视同仁,将亲情、忠诚和才能三者结合起来。

(六)宁波方太集团家族企业管理模式转型的对策

1. 优化企业的产权结构

方太集团要完成家族企业的管理模式社会化、职业化转型,对其产权结构进行优化是一个必经之路。产权多元化对家族企业来说,不仅扩大了资金来源渠道,增强了抗击风险的能力,也为其治理结构的改变奠定了基础。由于存在多个投资主体,因此其在管理过程中,必然会出现经营权与所有权一定程度的分离。终究导致股东、董事会和管理层之间相互制约,最终实现能够相互平衡的内部治理结构。在这种情况下,公司的制度化管理才能真正建立,职业化管理模式的推行也才能顺利进行。只有建立制度化的职业管理模式,才能有效地吸引外部资本和智力资源的进入,才能更好地促进方太集团的发展,从而为家族企业主带来更大的收益。在这个方面,有几个大概的产权多元化的实现结构,包括进行产权清晰到自然人的"内涵"型改造和引进新的战略投资者的"外延"型改造,方太集团可以从这两方面仔细研究并制定一套完整的优化产权结构的制度和配套措施。

产权清晰到自然人的"内涵"型改造,方太集团可以尝试通过以下几种方式对企业总资本进行产权界定分割,使单一产权变为多元化产权。第一种,将员工贡献折股或由员工出资入股;第二种,建立员工虚股转换制度;第三种,以股票或股票期权支付职工的部分分配或奖励。引进新的战略投资者的"外延"型改造,方太集团可以在原油单一的资本结构基础上,采用股份制,引进新股东,使资本结构从而产权结构由一元化变为二元或多元化。与此同时,方太集团应该注重培养和完善自己的信誉机制,在吸收外来个人资本的同时,设法吸引其他企业、银行,以及基金法人等经济组织参股,实现优势、资源和需求的互补。

2. 明确职业管理层权责配置

首先要在方太集团内部建立权责分明的岗位分工体系。对于家族企业而言，各岗位之间权责不对等是长期困扰家族企业的问题。尽管引入了职业经理人，但是在实际管理过程中，其职权的有效行使也有可能受到损害。只有在建立了产权结构的多元化，实现了经营权与所有权的分离，才能对岗位职责和权力进行重新分配和定位。对每个岗位所需要履行的职责、对岗位人员素质的要求、赋予岗位的权力及应当承担的责任都会得以明确。其次要在方太集团内部建立明确的授权体系。企业在发展之初不需要授权，因为经营权与所有权的高度集中可以让企业主方便地行使各项权力。但是在职业管理模式建立之后，就有必要建立授权体系。在建立完善了行政控制制度之后，授权才能真正发挥作用。这也是在进行职业化管理模式转型中所需要采取的措施之一。再者要在方太集团建立内部人才竞争机制。为了避免引入的职业经理因妨碍原来管理梯队中有些人的职务晋升而造成的成长受阻，方太集团要尽可能在公司内部形成人才竞赛格局和竞争晋升格局，使其按规则竞争，从内部提拔人才。

3. 建立健全职业经理人的激励机制与约束机制

在方太集团的职业化管理模式转型过程中，建立健全对于职业经理人的约束机制与激励措施必不可少，可以从以下几个方面加以考虑。

首先是激励制度的建立。由于家族企业的产权边界清晰，因此在激励方式的选择上也有多重选择。一方面，方太集团可以建立 EVA 导向的物质激励制度。通过将方太集团公司绩效与职业经理人的经营表现相结合，最后体现到其个人薪酬待遇上，使经理人与企业的目标一致，最终带来企业和经理人财富的共同增长。另一方面，也可以进行情感激励，为经理人提供发挥才智的舞台。根据马斯洛的需求层次理论，人的最高需求在于实现自身价值，对于职业经理人而言，其个人价值的最好体现莫过于所经营管理企业的良好表现，企业的市场表现为其个人的职业生涯做背书。因此，方太集团可以对经理人在工作上的充分信任与授权、生活上的充分关心与帮助、个人情感交流上的充分尊重，满足经理人的高层次需求，激励他们更好地为企业服务。

其次是约束制度的建立。赏罚并重，恩威齐施，才能令出如山，所向披靡。要做到这一点，可以从制度约束与契约约束两个方面进行。对于职业经理人而言，方太集团的制度章程是必须要遵守的工作准则。但是在目前很多家族管理企业中，公司章程较少涉及对经理人员的约束，方太集团也是如此，这就导致职业经理人在管理过程中的随意性较大，对于其决策失误承担的成本较小。因此，方太集团可以考虑在规章制度的设置上加入相关内容，不断完善公司章程，对企业内的各种利益主体包括职业经理人都要做出责任、权利和义务的规范性的规定。

在契约约束上，这方面已经较为成熟，但是也存在一定的缺陷，尤其是当经理人契约期满离开企业时，对原来企业的商业机密等方面的保护，尽管在合同中有所约定，但是并不一定具有可行性。在这方面的约束方太集团应该加以重视。

4. 全心全意依靠全体员工

对于任何一个企业而言，员工是其发展的关键。对方太集团等家族企业的管理转型来说，全心全意地依靠全体员工意味着其管理思维上的转变。这种转变要求方太集团做到以下几点：首先是按照人尽其才的原则来对员工岗位进行设置，使每个岗位能够有合适的人员来负责；其次是要充分与员工沟通交流，将管理模式的变革对公司的影响、对方太集团员工个人的影响进行传达，使员工理解、支持公司的管理模式转型，并吸取员工的有效建议；最后是丰富员工的激励手段。对于家族企业来说，员工是财富创造的源泉，没有员工的支持与付出，企业的管理模式转型只能落在空出。改变管理模式首先要改变管理思维，不再将员工看作纯粹的经济人，而是将他们看成企业合作伙伴，对员工心怀感激之心。对于整个方太集团而言，占据组织成员大多数的普通员工往往来自各个地方，既处于管理层级的较低层，但同时又是公司财富的主要创造者。家族成员中部分人在企业地位和所创造的价值上并不相匹配，但是却比普通员工享有更多的权利。这种不公平的差别对待对于员工的平衡心理有较大影响，也弱化了其工作积极性。而且处于传统文化观念，家族以外的普通员工很难进入企业的核心管理层，无论从其职位高低、薪酬待遇等方面，都与家族成员之间存在一定的差距，这就从根本上对普通员工的积极性造成了负面影响。因此，方太集团应该采用更为丰富的激励措施，例如适当出让一部分的股权，允许职工持股，以有效地增进员工的归属感与认同感，激发员工的工作积极性，促进方太集团管理模式职业化转型的成功进行。

二、雅戈尔集团家族企业案例分析

（一）雅戈尔集团的企业发展历程

雅戈尔集团股份有限公司的前身为宁波青春发展公司，公司于 1979 年以两万元知青安置费起家，在后来的集团董事长李如成的带领下一路高歌猛进，于 1998 年在上交所成功上市。公司于 1994 年跨入中国服装工业 8 强，并取得进出口业务自营权，于 1997 年进入国家前 1 000 家大中型工业企业序列。1997 年 4 月，"雅戈尔"商标被国家工商行政管理局评定为"中国驰名商标"。1995～2004 年年底，公司累计实现销售收入逾百亿元，税后利润逾 20 亿元。经过多年的不懈努力，公司已经成为我国规模最大，装备先进的衬衫、西服生产基地之一，拥有对市场变化反应灵敏、快速的营销网络和高素质的营销队伍，不仅保持和扩大了已有的竞争优势，并具备了在国内市场与国外著名同行企业竞争的实力。2005 年，雅戈尔集团的综合实力位列全国大企业集团 500 强第 80 位，并于 2001～2004 年连续 4 年稳居中国服装行业销售和利润总额双百强排行榜首位。公司目前的实际控制人为雅戈尔集团的创始人李如成先生。

雅戈尔在实际经营过程中走出了一条"立足专业化、稳健多元化""多元并进、专业化发展"的成功之路。雅戈尔在 2001 年以前是从事专业化经营的，主营业务只有服装一项，并且 1999～2001 年，服装业务的平均利润率为 48%。雅戈尔在 2002 年进入房地产行业，其后 3 年的房地产平均利润率达到 37%。除此之外，雅戈尔进军房地产行业是个"逐步进入，稳健为上"的过程。从 2002 年起的 3 年中，雅戈尔房地产主营业务收入分别为 5.3 亿元、6.1 亿元、15.9 亿元，主营业务利润分别为 1.8 亿元、2.5 亿元、5.5 亿元，而且房地产业在主营业务收入和利润中的比重也是逐步从 20% 左右上升到 40% 左右。并且，雅戈尔始终未放弃其专业化经营所坚持的服装行业，也就是说，其在发展过程中始终保持了企业的"核心竞争力"。雅戈尔的服装行业在主营业务总收入和利润中的比重一直占据了主导的位置，而且服装行业的利润率基本维持在 40% 的水平以上，显示了企业生存发展牢固的根基。

雅戈尔对房地产业的开拓有其自身特点：首先，雅戈尔进军房地产业并非事出偶然。早在 1992 年，经营房地产业的宁波雅戈尔置业有限公司就已成立，但其后几年由于国家的宏观调控，公司的房地产开发暂停了，不过当时公司已有大量的土地储备。1999 年，雅戈尔集团开始重新启动房地产业务，至今已经开发了多处楼盘，一跃成为宁波房地产业的龙头。即便如此，公司在 2003 年年末的土地储备仍有 1 000 亩左右，2004 年开发 500 亩，2004 年年末仍有 500 亩。由此可见，房地产业是公司早就攒在手中的潜力行业，一旦时机成熟，就成为公司实实在在的利润增长点。因此，公司进入房地产业不是拍脑袋拍出来的神来之笔。其次，雅戈尔在新进入的房地产业中也是稳健的，不仅仅表现在房地产业逐步有计划的扩大上，也表现其在会计政策的稳健性。地产类上市公司通常将尚未开发的土地作为存货核算，一般在开发前不作任何处理，而雅戈尔的做法与众不同：购入的土地使用权在尚未投入开发前，作为无形资产核算，并按其有效年限平均摊销；将土地投入商品房开发时，将土地使用权的账面摊余价值全部转入开发成本。由此可见，雅戈尔在新辟房地产新增行业时，采取了充当控股股东自行开发的方式，牢牢掌控着"核心资源"的土地使用权，而做债权人的投资方式在目前我国法律保护尚不健全的背景下，做债权人无疑会承担巨大的、来自代理人的道德风险，而初生的民营企业自身抵御风险的能力又相对较弱，所以在现有国情下，无疑民营企业选择控股投资方式是一种更为稳健的多元化做法。

雅戈尔于 1999 年投资 3.2 亿元参股了中信证券股份有限公司，控股 9.61%，成为其第二大股东，并在中信证券中派驻董事，在以后的各年中取得了中信证券稳定、持续的分红。参股证券公司的做法不仅稳健，而且也有利于公司的长足发展。雅戈尔从证券市场募集资金 3 次，共约 21.4 亿元。从募集资金的投资情况中，我们至少可以得出以下几点结论：第一，雅戈尔几乎将所有的募集资金都用于服装行业的经营当中，没有将募集资金用于公司的第二大产业——房地产业，公司的房地产业所依靠的全部为公司的自有资金，因此公司服装业核心竞争力的形成产生了强大的资金支持能力，也使得公司运营更趋于稳健，因为即使房地产业经营失败也不会对公司的主营业务产生实质性影响。第二，募集资金的主要投资方向有 3 个：生产、销售与技术支持，占到募集资金总额的 74%。用于销售的资金占到约 34%，为雅戈尔品牌的推广、品牌效应的形成奠定了基础；用于技术支持的资金占到约 22%，约 4.7 亿元，这样算来，雅戈尔每年用于服装技术改进、设计、研发的费用约为 7 000 万元，这对于一个传统的服装类行业来说是一个相当大的数额。第三，用于企业扩张的资金占 7.5%，约为 1.6 亿元，这符合稳健的企业扩张原则。第四，约 90% 的募集资金按照公司所承诺的投资项目进行了投资。实际上，剩余的未按承诺投资项目进行投资的 2.7 亿元资金中，仍约有 1.7 亿元投入了服装业的经营活动，另有约 9 000 万元存入了银行以备进行后续投资。

（二）雅戈尔集团家族企业的核心竞争力——品牌

雅戈尔这个名称已为大众消费者所接受，这就是"品牌"。所谓品牌，是一个名称、术语、标记、符号或图案设计或是它们的不同组合，用以识别某个或某群销售者的产品或服务，使之与竞争对手的产品和服务相区别。在市场经济高速发展的今天，品牌已经超越纯经济的范畴，成为企业竞争力、增值力、后续力大小的体现。李震（2003）认为，品牌之所以是一个企业永恒的竞争力，并成为很多企业长期不懈的追求，其具体原因是：第一，品牌是企业竞争力的综合表现。当我们说某种产品有竞争力时，通常都是指某种"品牌"的产品有竞争力，品牌直接代表了特定产品的质量、性能和信誉的综合特征。第二，品牌是品质、文化的象征。品牌之所以能够经受市场考验，关键在于最优、最稳定、最可靠的质量。从广义来讲，这种质量既包括原材料质量、生产技术、工艺质量、外观及包装质量，也包括功能质量和服务质量。第三，品牌的知名度、美誉度和市场占有率使企业持续发展。品牌是企业经过长期追求、不断创新和改进的艰辛劳动，是从市场中脱颖而出、为广大消费者所认可的，会给产品带来极大的市场占有率。第四，品牌是企业的巨大的无形资产。企业的无形资产是企业靠潜心经营、精心管理、长期积累的结果。品牌无形资产的形成，是企业员工所投入的高质量劳动和高智力投入的结果。因此，品牌是企业核心竞争力的重要体现，也是衡量企业能否持续发展和经济效益大小的重要指标，其知名程度反映了企业所占的市场份额。雅戈尔为创建自己的品牌，在保持自己的品牌优势中投入了大量的资金，而且资金投入在生产、销售、技术支持、扩张等一系列部门或子公司。在销售人员的安排上，雅戈尔的销售人员每年均占到企业员工总人数的14%以上，雅戈尔的技术人员占企业员工总人数平均为4.4%。因此，在产业运作上，无论从资金支持还是从人员配备上来说，雅戈尔均表现优异。雅戈尔衬衫和西服的综合市场占有率历年均超过10%，且名列同行业第一，所获荣誉也不胜枚举。因此，雅戈尔的品牌优势保证了其核心竞争力的实现。

（三）"泛家族化"雅戈尔家族企业管理模式的选择

从表7-2中，我们明显可以看出雅戈尔在董事会成员中对外界高级管理人才的吸收程度。公司中的家族成员只有李如成和李如刚（兄弟）两人，其余均为家族外成员。从资料上看，除董事长李如成外的9名董事中，有7名是以职业经理人的身份进入公司董事会的，比例近80%，而且职位安排因人制宜，各行业均由具有丰富行业经验的人才作为主管人员。另外，蒋群、楼添成、张飞猛等已在公司工作多年，可能已被企业"泛家族化"了。雅戈尔家族企业的泛化过程不仅采用了广纳贤良的方式，企业还通过赋予高管人员股权，将这种泛家族的形式确立下来。雅戈尔 2004 年 11 月 17 日发布公告，公司 3 位股东分别与宁波青春投资控股有限公司签订协议，将共计 149 761 279 股公司法人股（占公司总股本的 13.93%）转让给青春控股。由于青春控股的实际控制人是蒋群等（还包括雅戈尔的高管张飞猛、石亦群、楼添成、许奇刚等人）464 名上市公司和控股子公司的管理层，本次持股变动将使上市公司管理层间接持有上市公司股权。本次股权转让完成后，青春投资控股有限公司成为雅戈尔第三大股东。通过曲线管理层收购（MBO）后，雅戈尔的股权结构如图 7-1 所示，雅戈尔高管人员任职及经历表如表 7-2 所示。

表 7-2　　　　　　　　雅戈尔高管人员任职及经历表

姓名	现在任职情况	学习与工作经历	主要负责行业
李如成	董事长	宁波市服装协会会长，连续两届担任中国服装协会副理事长，荣获"浙江省跨世纪十大杰出改革家"等，历任宁波青春服装发展公司总经理，宁波雅戈尔制衣有限公司董事长兼总经理，雅戈尔股份公司董事长等	服装业
李如刚	副董事长，兼任宁波雅戈尔服饰有限公司董事长	经济师	服装业
蒋群	总经理	清华大学学士，曾任澳门南光国际贸易有限公司董事、副总经理，宁波雅戈尔制衣有限公司董事、副总经理，以及雅戈尔置业有限公司股权转让前法定代表人	房地产
徐磊	董事，兼任雅戈尔日中纺织印染有限公司执行董事长	美国范登堡大学 MBA 学位，广东省优秀归国青年，中国色织协会副会长。历任广东溢达公司总经理、中国香港溢达集团执行董事	纺织业
楼添成	董事，兼任雅戈尔服饰有限公司总经理	大专，助力经济师、政工师，历任宁波市五交化公司副总经理、宁波外轮供应公司总经理、宁波商城有限公司副总经理、宁波长发商厦总经理	服装业

续表

姓名	现在任职情况	学习与工作经历	主要负责行业
石亦群	董事，兼任雅戈尔钱湖投资有限公司总经理	工商管理硕士、会计师，历任宁波市财税局专管员、副局长，泰国正大国际公司总裁助理、上海代表处首席代表，宁波银亿集团公司副总经理	房地产
张飞猛	董事、常务副总经理，兼任宁波市鄞州英华服饰有限公司董事长	大专、会计师，历任集仕港财税所财税专管员，宁波市鄞县财税局税政科副科长，稽查科科长，涉外科科长，鄞县国税局涉外税科科长	服装业
周巨乐	董事，兼任中基宁波对外贸易股份有限公司总经理	大学学历，经济师，历任宁波市二轻局科长，宁波市工艺美术公司副总经理，宁波市技术贸易公司副总经理	服装业
李国宏	董事	大学学历，助理工程师，历任鄞县交通勘测设计处副主任，鄞县交通局工程科副科长，局长助理，副局长，宁波市鄞州区石矸镇资产经营投资公司董事长	不详
许奇刚	董事，兼任重庆雅戈尔服饰有限公司总经理	大专学历	服装业

作者根据公开披露信息整理。

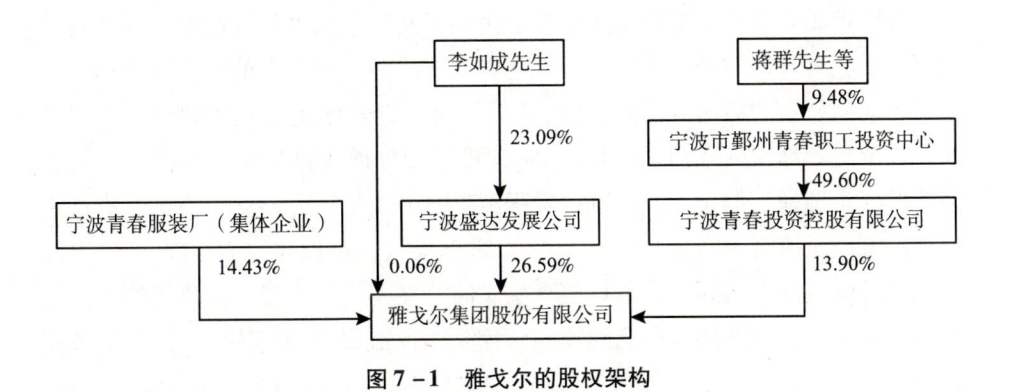

图 7-1 雅戈尔的股权架构

图 7-1 的雅戈尔股权架构说明，公司在 MBO 后，形成大公司、小股东、内部人实现管理控制的局面。雅戈尔上市之初，35 岁的蒋群职务是公司董事、总经理。在对雅戈尔所有权的诉求中，以职业经理人身份出现的蒋自然无法与那些追随李如成创下江山的兄弟相比，截至 2003 年年底，作为雅戈尔副董事

长兼总经理的蒋群，还未持有雅戈尔的任何股份。此时，李如成已经53岁，蒋群也年满不惑，时光不仅催人老，更会带来权力的交接问题。雅戈尔对蒋群等的股权安排，与其说是平衡新老管理层利益，不如说是隐含着为将来权力交接未雨绸缪的意思（吕爱兵、姚文祥，2004）。至此，雅戈尔的泛家族化过程告一段落，雅戈尔通过赋予高管人员股权的方式确立了企业泛家族化的发展模式。

（四）雅戈尔集团家族企业案例小结

第一，泛家族化是我国民营企业在治理结构上值得探究的发展道路。通过泛家族化，将社会优秀人才纳入企业的管理体系，体现了现代企业的发展需要。首先，决策民主化，这主要体现在注重公司治理结构中"两会"（即股东大会和董事会）的作用。在董事会中，可以广纳贤才，分工协作；同时董事会的重要决议必须交由股东大会审批，真正落实股东和管理层共同治理的方式。其次，民营大股东股份稀释。民营企业大股东必须通过将个人的股份适当让渡给经营管理层的其他人员，这样才能使高层管理者之间在共同利益的基础上形成稳固的战略同盟。最后，泛家族化指明了民营家族企业代际传承的方向。从雅戈尔集团股权结构和经营模式上，我们大致可以推断其未来的治理结构，如果其实际控制人李如成退位，很可能仍由其子女继位董事长的职务，即便其子女兴趣不在经营，对企业的发展也无伤大雅，因为企业优秀的经营团队仍旧是公司忠实而坚强的后盾。因此，"家长式"与"泛家族化"是民营经济不同发展阶段上的管理模式选择的产物，"家长式"管理模式仍是众多民营经济起步创业的现实选择，但企业发展到一定程度走向多元化、大型化后，出于应对相伴随的管理风险就孕育出"泛家族化"管理模式，可以说"泛家族化"管理模式是民营经济发展到一定阶段更高层次的管理模式。但就一家公司的具体管理模式来说，很难严格界定为纯粹的"家长式"或是"泛家族化"，其管理模式可能既表现出"家长式"管理模式的部分特征，也可能有"泛家族化'管理模式的倾向，只不过哪种管理模式特征更为显著罢了，所以企业具体管理模式更似一条以"家长式"与"泛家族化"为具体表现形式的"光滑的曲线"，而不是一个"分段函数"或是"极点"，而"泛家族化"管理模式演进的最终结果则可能是类似于现行西方发达民营经济下的基金会运作。

第二，我国民营企业在多元化道路上，要坚持主业，实现稳步多元化。企业的主营业务是公司赖以生存发展的基础，保持主营业务收入和利润率不仅为公司的长远发展提供了良好的基准点，也为公司抵御变化莫测的市场环境和风险提供了一个稳固的支撑点。在进行多元化时，不仅要把握市场机会，更要做好充分准备，做到有的放矢，稳步前进。雅戈尔"立足专业化、稳健多元化""多元并进、专业化发展"的发展战略对我国民营经济具有重要的借鉴意义。

第三，坚持产业运作，不能将希望寄托于在资本市场上大捞一笔。中国经济刚刚起步，市场潜力巨大，立足产业运作，大有可为。雅戈尔重视产业投资，注重品牌塑造，成功地在众多知名服装品牌中博得一席之地，保持了公司的核心竞争力，为公司的持续发展提供了保证。我国做得比较好的民营企业多是从实业发展起家，相比资本运作而言，产业运作更符合我国民营企业的特点。我国民营经济的发展尚处于初级阶段，因此坚持产业运作也是保持民营经济整体竞争力的关键所在。

三、宁波永发集团家族企业案例分析

永发集团（宁波）是中国保险箱的龙头企业，"永发"品牌是中国行业标志性品牌。1988年，胡小良怀着一份家庭的责任感（为了还清5 000元借款）辞职办厂，在自己的家乡宁波北仑小门村创办白峰坚固机械饭焊厂（永发集团的前身），经过20多年努力，发展为目前中国最大的保险箱生产基地和创汇基地之一。永发集团因为承担企业社会责任而广为人知，而深受称道起源于"CCTV2006年度三农人物"的评选。胡小良总经理作为当地工业企业带头人、新农村建设先进人物被推选为"CCTV2006年度三农人物"候选人，并顺利进入50强。当时的理由是："胡小良作为北仑区小门村党总支副书记，致富不忘乡亲，带领村民共同富裕，18年来一直力所能及地帮扶小门村建设。今天小门村一半的人口都在永发就业，人均年收入达2万元，解决了农村剩余劳动力的就业问题，带动了村民的共同富裕。企业从村办企业转制后村级原始资金（土地等）一直未脱股，而是作为村投资款，享受企业利润的分成。至去年年底，小门村在永发集团的投资回报额累计达1 000多万元，极大地增强了小门村集体经济实力。"其他典型事件还有：2007年，永发集团针对新农村建设向小门村捐赠100万元，和小门村共同设立永发新农村文明基金，支持小门村乡风文明建设。2008年，永发集团出资100万元设立"永发和谐基金"，主要用于企业帮贫扶困，处理员工纠纷等，构建和谐劳动关系。2004年，子公司宁波永发进出口有限公司成立时，在公司章程中明确规定，每年将公司经营的"税后可分配利润的5%作为慈善基金捐献给北仑慈善总会"，作为宁波永发进出口有限公司慈善助学基金。

永发集团对利益相关者履行的社会责任类型如表7-3所示，从中我们也可以得到一些有用的结论。在众多的利益相关者中，小门村和员工是两个最为密切的群体，它们面临的社会责任比较多且复杂。结合上面的分析，可以看出企业与利益相关者的关系是存在一定的等级差异，可能会呈现出同心圆的模式。另外，经济责任、法律责任承担会较大一些，在时间上也呈现出四项责任的顺序，基本符合卡罗尔论断：它们是有轻重缓急的，而且权重不一样。慈善责任行为出现在2006年后，基本符合权势对等假设。同时也与永发企业文化建设的时间点相匹配，说明创建以"为社会创造更大价值"为宗旨的人品文化，对慈善责任或自愿的责任有很明显的影响。表7-4分析永发集团对利益相关者采取的回应措施，从表中分析及前文讨论可以看出，永发对利益相关者或相应的问题采取的回应方式是比较主动的，基本上属于A和P。而且还很有创造力，如利用税后可用利润5%设立助学基金；顺应社会发展趋势，如新农村建设基金、和谐基金等都是与政府所提倡的主要观念相匹配的。一方面因为胡小良还是村里的党总支副书记，受到相关的教育比较多；另一方面也隐藏着一个重要的假设，政府是非常重要的利益相关者，这个是与中国的现实相协调的。

讨论企业为什么要承担社会责任，为什么要在不会受到法律制裁或道德谴责的情况下承担社会责任的理论有：利他动机论和利己动机论。对永发社会责任动力的分析，继续坚持使用利益相关者的思路。永发社会责任行为都带有利他的因素，此处将利他分为自觉、受压及战略选择。如前所述，永发比较好地将承担社会责任与其战略结合在一起。"有些人认为，永发这样做，只是出于一种感恩的心态。"胡小良说，这种感恩的背后，还有一种对民营企业健康发展的深层次思索。作为小门村走出来的中国最大的保险箱生产企业，永发在创业初期，经历了不少挫折，很多人伸出援手，在最困难的时候给予帮助。因此，回报社会、帮助更多的人就是这种感恩的升华。但是，在感恩的背后，履行社会责任其实是民营企业传承草根创业的神话，打造具有国际竞争力的优势品牌、保证基业长青的必备素质，也是企业不断走向成熟的一种表现。在经济全球化背景下，企业履行社会责任还有利于减少国际贸易摩擦，加快与国际标准接轨。企业社会责任并非只是评价企业道德下的标准，也是进入国际市场实实在在的"门槛"。由企业社会责任形成的市场"门槛",其实只有履行社会责任,才能不在国际贸易中处于被动地位,甚至因为反复的验厂影响企业正常的运作。根据以上分析,我们可以得出如下结论:永发集团履行社会责任呈现出一定的次序性,由经济责任、法律责任逐渐到道德责任和慈善责任。永发集团对各利益相关者履行社会责任,呈现出一定的差异性,先近后远。永发集团履行社会责任的方式逐渐由被动转向主动,具有一定的战略意图。永发集团履行社会责任的动力呈现出从内外部压力共同影响向内部动力为主的趋势。永发集团履行社会责任受到胡小良个人的极大影响。

表7-3　　　　　　　　利益相关者/责任矩阵分析

	经济责任	法律责任	道德责任	慈善责任
小门村－所有者	经济回报	经济回报	经济回报	
小门村－社区			社区建设	新农村建设基金
消费者/合作伙伴		召回柴油桶、使用新标准		
员工	就业机会	劳动合同		和谐基金
政府		纳税		
环境		ISO14000认证		
其他社会群体				慈善、助学

表7-4　　　　　　　　利益相关者管理分析

	反应R	防守D	适应A	预防P
小门村－所有者			投资回报	
小门村－社区			社区建设	新农村基金
消费者/合作伙伴			召回柴油桶	采用新标准
员工				和谐基金
政府			纳税	
环境				ISO14000认证
产业				行业标准
其他社会群体			捐款	慈善基金

永发履行社会责任受到多种因素的影响，面临多种内外部压力的推动，如由于出口增多受到社会责任的压力、各级政府的压力及内部驱利的动力等。但在胡小良反复强调的感恩中，我们可以假设中国传统文化影响是很重要的一个动力源泉。一个是修身、齐家、平天下的传统抱负，一个是知恩图报的传统思想。儒商本质上是非常重视社会责任的，儒家文化也是家族企业长期存在的一个解释，家族企业与社会责任两者似乎可以在儒家文化上找到交集。我们可以假设，儒家文化是中国家族企业（企业家）承担责任的重要原因。从胡小良的自述中的创业动力变化可以看到这样一个脉络：从1978年"能够吃包年糕干"的追求与梦想，到1988年为了"家庭责任还清借款5 000元钱"的理想，到2003年确定"企业五年发展规划"，首次将员工共富纳入企业发展目标。在新的历史时刻，永发人又确立了未来20年更大的梦想——"做世界保险箱行业的领航者"。2006年将企业文化确定为"为社会创造更大价值"的企业宗旨。永发企业社会责任感的确立和发展，正好用余安邦的"华人社会成就动机理论"来解释。余安邦（1990）将成就动机区分为个我取向式与社会取向式两种，他认为华人的成就动机是一种社会取向成就动机，而不是麦克里兰强调的个我取向成就动机。前者着重于家之成就的追求，视家的成功为个人的荣耀，而且其终极的人生目标是"扬名声，显父母；光于前、裕于后"，属家道维系主义。

如果前面假设成立，我们可以提出另一个假设：从家族责任到社会责任是家族企业主二次创业的主要动力。家族企业发展到一定阶段，老板个人财富的急剧增加，容易使追求个人与家族财富的老板丧失创业的动力，而出现企业的自我锁定。这也是前几年许多浙商身陷"赌博门"的主要原因。当财富有了相当积累后，原始的背水一搏的创业激情就会消减。此时能够继续创业，其中一个动力是责任的拓展，从对个人责任、家族责任拓展到承担社会责任（民族责任、消费者、员工等）。在中国，还有一个很重要的责任就是民族责任。

四、浙江野马电池有限公司家族企业案例分析

浙江野马电池有限公司，作为国内知名电池生产企业，其代际传承活动非常引人注目。该公司在代际传承过程中对原有业务进行了技术上的演进，这不但增强了公司的竞争力和可持续发展能力，而且为公司顺利实现代际传承奠定

了基础，公司也因此成为民营企业代际传承的榜样和典范。野马所在的行业是电子制造业，而电子制造业属于技术密集型产业，其发展状况在一定程度上反映出一个国家或地区的经济及技术发展水平。欧盟的绿色贸易壁垒、中国电池出口退税制度取消、原材料价格上涨、国外出现企业垄断高端市场等问题制约着中国电池行业发展，导致产品更新换代不及时，生产自动化、机械化程度不高等。当前，中国已经成为全球最大的电池生产国和最大的电池消耗国，随着电子制造产业技术进步与纵向专业化分工的深化，这类行业的做大做强代表着中国制造业未来的发展方向。

野马电池成立于1992年，现有员工1 200余名，是专业生产和销售各种规格型号的无汞锌锰干电池、无汞碱锰电池、无汞扣式锂锰电池的股份制民营企业，是中国电池工业协会常务理事单位。产品有68%远销欧盟、北美、日本及中国香港地区，并在国内20多个大中城市建立了销售分公司和办事处，是目前我国规模最大的碱性电池企业之一。公司现有各种生产线26条，其中有两条是从加拿大海霸公司进口的具有国际先进水平的无汞碱锰电池生产线。公司年生产能力15亿只，先后通过了ISO9001质量体系认证、ISO14000环境管理体系认证。曾获省级三优企业、诚信单位、高新技术企业和市级模范集体、先进职工之家、民企文化建设先进单位等一系列荣誉称号。作为一家以技术创新为发展主线的公司，野马成立了从事新产品研究开发的江东原电池工程技术中心，每年从销售收入中抽取5%以上的资金用于新产品的研发。其中，R6P型电池经国家轻工业电池质量监督检测中心抽检，质量多次名列国内第一；CR锂电池被评为宁波市新产品。

野马电池的代际传承在宁波属于传承的"第一代"，传承时间较早，传承过程顺利，继承人已经完全接手和管理企业的运营，企业业务稳步发展，企业在技术、规模和市场方面也取得了突破性的进展，传承效果良好。野马电池的创始人为余元康，继承人为余谷峰，二人为父子关系。余元康从慈城技工学校毕业后攻读电子专科，之后到国有单位宁波电池厂上班，他的兴趣爱好和专业就是做电池。余元康技术出身，工作比较务实，企业规模逐渐扩大。2006年，余元康年满60岁，他决定退休享受生活，彻底退出野马公司。公司的管理权、经营权全部交给儿子余谷峰，传承过程非常自然。余谷峰毕业之后，自谋职业，做过营业员、销售员等，经历社会就业的艰辛。30岁开始，余谷峰进入野马电池工作，从头做起，从最基层的车间做起，6年的车间工作让他对电池生产的来龙去脉有了全面的了解，对产品、技术工艺管理也有了较深刻的了解。余谷峰在非常了解设备的情况之后接管野马，之后扩大生产，在此期间带领野马电池自主研制生产设备。引进一条生产线设备需要 3 000 万元，野马电池购买了 2 条生产线之后，自己设计了 5 条，这 5 条生产线设备对野马电池的升级起到了决定性的作用。产品性能稳定，生产成本下降，竞争力大大提高，企业发展后劲强力。此外，余谷峰接手野马电池之后，一直专注于电池产业，没有在公司的业务上进行多元化的扩张，比如进入房地产领域、进行金融投资等，而是一直在电池领域钻研，进行产业升级，使企业在品牌、技术方面获得了长足的发展，企业知名度显著提高。作为野马电池的核心业务电池，子辈和父辈在经营过程中都没有发生变化，都是专注于电池产业的持续升级。家族企业的传统产业，父辈经营的核心业务，通过继承者在传承过程中的一系列变革举措得以延续和发展，从而使家族企业规模更大、技术级别更高、市场份额更大、现代化水平更高。所以，野马电池的家族企业传承成功以技术创新为载体，以产业情感和传承责任培养为核心，基于家族信任和特定家族文化开展了成功的持续传承。

最终，野马电池企业效益明显提高，家族更加和谐，企业员工更加满意。余谷峰正式接手野马之后，在经营上采取了新的决策，决策覆盖了技术创新、人才投入和管理、市场营销领域。通过六条经营决策的贯彻实施，企业的总资产从 2007 年的 29 993 万元递增到 2011 年的 57 414 万元，增长了 91.42%；年销售额从 40 676 万元递增到 79 063 万元，增长了 94.37%；年总产量从 73 830 万只递增到 156 510 万只，增长了约 1.12 倍。在品牌、知名度方面，2007 年，野马电池产品获国家免检产品称号；2008 年，企业获评宁波市"两创"示范企业、浙江省知名商号、浙江省重点出口名牌和宁波市工程技术中心；2009 年，荣获国家高新技术企业称号、中国电池行业 AAA 信用等级企业称号；2010 年，获浙江省工程技术中心称号；2011 年，野马商标荣获浙江省著名商标和浙江省重点出口名牌称号，企业荣获宁波市治安安全单位称号、中国出口信用保险公司 AA 级大客户称号。在技术研发方面，获国家发明专利 3 项，国家实用新型专利 13 项；2012 年，被中国出入境检验检疫协会评为中国质量诚信企业，通过国家级高新技术企业复评；2013 年，被宁波市人民政府评为 2012 年度外贸创新优势企业；2014 年，通过浙江省知名商号复评，并被评为镇海区出口十强企业。在设备技改方面，再次对碳性电池的生产设备进行了全面技改，并以涂胶封口代替传统的沥青封口，填补了国内空白，达到了环保无公害的可喜效果。同时，野马电池组建了设备研制专题小组，成功研制了 3 条性能不低于进口全自动碱锰电池的生产线。在优化企业管理方面，5S 现场管理更加巩固和完善，绩效考核、标准化管理、班组建设，以及中层管理团队建设等方面也取得了一定的成效。

从余家"餐桌上的持续传承"这一传统来看，家族非常和谐。余谷峰的弟弟承担着野马电池对外销售的所有业务，兄弟二人配合非常默契，责权明晰，在家族企业中比较少见。创始人能够在 60 岁准时退休，可见对其继承者的充分信任。创始人的彻底退休，使得接班的过程更为顺利。此外，野马电池为员工提供了花园式的工作环境，车间和办公环境舒适、安全、洁净，而员工的精神状态积极向上，具有主人翁意识。野马电池加强管理团队建设，通过有计划的岗位培训、管理制度修订和组织结构调整等方式，使管理团队实现年轻化、知识化，并以出成果、出项目、出人才为培养目标。公司人力资源部 2013 年开展的员工工作满意度调查显示，有 89% 的员工对目前企业的状态表示满意，公司人员流动保持平稳。

对于野马电池的创业者而言，家族环境是其成功不可或缺的因素。家族团结、和睦、明确的分工，家族成员间顺畅的沟通等坚定了继承者传承父业的信心。父子两代在家庭晚餐时自然、深入地沟通，在传承意愿、经营理念和价值观等方面达成共识，耳濡目染中继承者逐渐产生了传承责任感。在这种责任感的引领下，继承者从企业基层做起，刻苦学习，完成了经验型专业知识的传承；加之继承者的个人禀赋和家族社会网络资源的共享与拓展，领导风格、经营理念等方面产生了广泛的协同效应，在创始人年满 60 岁退休之际，传承人顺利接班，并成为宁波家族企业第一代代际传承的典范之一。

五、宁波华联电子科技有限公司家族企业案例分析

慈溪民营经济发达，家族企业集中，位于宁波慈溪市庵东镇的宁波华联电子科技有限公司（以下简称"华联电子"），创始于 1990 年，注册资本 600 万元。华联电子企业占地 5 万平方米，现有员工 1 200 余人，其中高、中级工程技术人员 120 余人，专业生产高新技术产品 LED 数码管显示器、荧光显示屏和马达驱动电位器。华联电子始终坚定不移地贯彻实施 ISO9000 认证标准，于 2000 年 10 月通过了 ISO9002 质量管理体系认证，于 2003 年 5 月通过了 ISO9001：2000 质量管理体系认证，并通过了美国通用电气 GE、捷普 JC，以

及新加坡安华高科技 AT 等国际知名大公司的第二方质量管理体系的审核，保障了产品品质。在企业迅猛发展的进程中，华联一直致力于塑造对产品负责、对环境负责、对社会负责的现代企业形象，在产品的选择、设计开发和生产工艺等方面全面推行环保要求，积极采用环保设备，并长期开展节能降耗管理，建设花园式厂区，确保厂区绿化面积达 60% 以上，同时积极参与社会环保活动。2004 年 6 月，华联电子正式启动和推行 ISO14001 环境管理体系认证，被宁波市政府评为宁波市环保模范（绿色）工厂、宁波市和谐企业创建先进单位。2007 年，华联电子被浙江省科技厅评为高新技术企业，被宁波市政府评为慈溪市文化明珠企业、劳动关系和谐企业。一个家族、三家企业、相关产业，华联电子正在逐步进行高端定位，整合客户资源，加强团队建设和研发投入。

作为一家主营 LED 数码管显示器、荧光显示屏 VFD 和马达驱动电位器的电子信息技术产品生产企业，宁波华联电子科技有限公司是宁波慈溪市庵东镇电子信息技术产业中集研发、生产、销售为一体的高新技术代表企业。电子信息产业具有规模大、技术更新快、渗透性强等特征，已经成为各地经济增长的重要驱动力，也是我国经济中的重要战略性产业之一。目前，电子信息产业因其创新能力和广阔的市场前景，在经济全球化的趋势下，逐渐成为世界经济舞台中的主角，各个国家都充分利用自身的优势，采取不同的发展模式，增强本国电子信息产业的国际竞争力。在中国，电子信息产业是一项新兴的高科技产业，被称为朝阳产业，产业前景非常广阔。

2003 年，为充分发挥公司开发能力强、研制周期短、交货速度快的优势，华联电子引进国际先进的 LED 生产线，走上了研发 LED 数码显示屏的道路。在业务发展方面，华联以前大部分做内销，随着 LED 数码显示屏的研发，外贸业务有了很大的起色，特别是 2004 年下半年与通用电气公司及三星有了初步的合作后，企业走到了转型期。所以，华联电子要想实现进入国际大公司、融入全球产品供应链的新目标，必须充实一批国际化管理人才，把新思想融入公司成长中去。儿媳冯炜炜毕业于复旦大学，后去英国留学，学习过国外高端科技知识，正值回国创业好时机。当时应永军只有 50 岁，正是事业上升期，但为了企业更快地实现转型升级，创造更辉煌的业绩，华联电子董事长应永军决定把事业交给儿媳冯炜炜。并且，应永军采取"扶上马再送一程"，用了三年的过渡期，把儿媳培养成为合格的接班人，顺利完成两代人的交接班。

从 2005 年接任常务副总到 2007 年全面接管公司，成为华联电子总经理，冯炜炜也经历了一段从跃跃欲试到忐忑迷茫，再到无奈退缩，最后重整旗鼓的蜕变期。冯炜炜在学习中不断成长，在企业体制管理上，将华联电子原来庞大繁杂的平面管理结构改革成块状管理结构；在人员管理上，注重制度化与人性化相结合，因地制宜落实各项措施，极大地增强了企业员工的凝聚力与向心力；在产品管理上，重点放在不断提高产品品质上，以完善华联电子产品开发设计队伍、增强技术含量为突破口，不断研发出一批又一批品质上乘、制作技术精湛的产品，供应越来越庞大的市场；在企业文化建设上，提出"干就要干好，一次把事情办成"的华联电子精神、"目标要不断更新，不可安于小成"的华联电子之魂，让企业家精神深入每个员工心中。

在创始人应永军（公公）及接班人冯炜炜（儿媳）的引领下，华联电子产品不断创新，应园（儿子）2006年回国后创建了宁波东隆光电科技有限公司（以下简称"东隆光电"），专业研发、生产、销售汽车HID氙气灯，发展相关产业。东隆光电从国外引进成套的HID生产设备和技术，与国内外多家氙气灯技术研发、生产企业密切合作，以先进的技术及优良的品质，跻身高科技汽配行业。东隆光电秉承"以人为本"的原则和"专业造就品质"的经营理念，十分注重人才的引进以及培养，目前已经拥有了一支管理、技术过硬的人才队伍。此外，东隆光电在创建之初就引进国际先进的ISO/TS16949质量管理体系，目前正在推进之中。东隆光电的销售网络分布于华南、华北、华东等地区，日本、韩国、南北美洲、中亚、东南亚和中东及欧盟等国家的地区的市场也在进一步开拓，其产品得到了经销商与消费者的一致好评。

2009年，冯炜炜创办了宁波协源光电科技有限公司（以下简称"协源光电"），主要经营LED照明、LED电视机背光模组，成为新企业的执行董事。冯炜炜将现代经营管理理念一点点地渗透到企业中，协源光电得到了较好的发展。经过几年的努力，华联电子旗下的LED数码管显示器、荧光显示屏和马达驱动电位器已经在业内树立了良好的口碑，企业提高产品质量、提高客户层次的经营策略已见成效。

宁波华联电子科技有限公司成立之初致力于音响马达驱动电位器的制造，现已是国内VFD、LED、HID氙气灯等高科技电子产品生产的"领头羊"，旗下拥有宁波协源光电科技有限公司、宁波东隆光电科技有限公司两家高科技企业。其主营的LED数码电子管具有耗电量少、寿命长、反应速度快、体积小，以及无污染等特点，成为电子信息产品领域的新一代主体军，在节能减排上发挥了重要作用，并且在国际上受到极大的关注。目前，华联产品的销售网络遍布全球，在对外贸易方面，公司产品远销到日本、韩国、美国、德国等 30 多个国家，分布于亚洲、北美洲、南美洲和欧洲。在国内销售上，华联整体布局，在沿海大城市和各级城市设立办事处，以满足客户日益增长的需求。2013 年，华联电子的年产值已稳超 1.3 亿元，加上协源光电及东隆光电，3 家企业年产值超 2 亿元。2014 年刚入夏，华联电子的产值已达 1.3 亿元，协源光电及东隆光电两家企业形势见好。

宁波慈溪是全国知名的非公有制经济大市，非公有制经济占全市工业经济总量的 99% 以上。全市平均每五户家庭就有一家经商办企业，培育起 6 万多家民营工商企业。进入 21 世纪，改革开放后的第一代私营企业主们已多半到了退休年龄，民营企业家二代交接班已进入关键时期。而目前宁波民营经济后备队伍大致由两部分组成：一是规模以上民营企业的接班人，他们大多拥有大学学历，很多甚至有出国留学的经历，接触过现金的经营管理理念、管理方式，因而具备较深厚的知识基础和广阔的事业，从而有可能在事业上超越父辈；二是新兴行业、高科技行业等科技型、成长比较快的民营企业负责人，年龄在 40 岁以下，大学以上文化，政治素质高，经营管理能力强，有一定的理论素养，社会形象好，有较大发展潜力。而目前这些非常复杂而又特殊的社会群体——"民企二代"，其成长现状不容乐观，多名"创一代"表示，从孩子一生下来，就有考虑今后让其接班。多数"二代"在选择专业时，无论是父母要求还是个人选择，都考虑了未来接管企业的因素，大部分人选择了经济管理和商科类的专业。"二代"虽然受过良好的教育，甚至不少有海外留学的经验，但他们在接班道路上不仅会因经营理念不同而时常发生冲突、碰撞，还会因少数"二代"的负面影响而遭受到社会非议，面对与父辈完全不同的挑战，这些"二代"感觉压力大、风险大、责任大。即使在这样的特定时期，在这样的恶劣环境下，还是会有一部分优秀的精英"二代"善于学习、敢于创新，有强烈的使命感、责任感。

华联电子董事长应永军的儿媳、上海复旦大学工商管理专业高才生——"80 后"冯炜炜从英国留学回来后，接受创始人的邀请，进入企业高层逐步接班，直至 2007 年顺利完成家族企业的传承，并创造了很好的业绩，算是宁波家族企业传承中儿媳接班的成功典范。自 2005 年冯炜炜正式进入企业后，华联电子得到了较好的发展，经过 3 年的审核、开发、洽谈等努力，华联电子正式与韩国三星总部、美国通用电气等建立了长期合作关系。冯炜炜的表现得到了公公应永军的欣赏，2007 年，应永军把总经理的位置交给了年轻的冯炜炜。

当上总经理后，冯炜炜明确地确立了未来发展的目标，她借助全球500强企业供应资格审核的机会，顺利地完成了华联电子管理体系的重建，把原来庞大繁杂的平面管理结构，改革成块状管理结构，冯炜炜主要管理几大部门负责人，从而大大提高了管理效率。冯炜炜深知，企业的现代化管理需要公司全员的配合，为了让员工与时俱进，更新思路，公司每年投入大量人力、物力对员工进行培训，选拔优秀人才；与此同时，将管理重点放在产品品质上，以完善产品开发设计队伍、增强技术含量为突破口，不断研发品质上乘、技术精湛的产品供应市场，使得华联电子VFD和LED显示屏名列全国行业前三甲，在全世界的客户与同行中树立了良好的口碑，成功配套通用、三星，国内海信、奥克斯等国际著名品牌客户。目前，华联电子、协源光电、东隆光电未来发展目标明确，三家企业必须定位高端，积极整合客户资源、加强团队建设和研发投入，发挥整体力量，做出新的突破。

华联电子的案例中，应永军和儿媳冯炜炜的性格存在很多的相似性。从应永军早期创业经历中所表现出来的敢于挑战和冒险，与员工同甘共苦，以及企业中流传的一系列创业故事可以看出，他是一个性格开朗、豁达、重情重义、非常有领导魅力的企业家，因此在他身边集聚了很多忠诚度很高的人才，积累了丰富的社会网络关系资源，产生了一定的社会影响力和号召力；冯炜炜在求学期间就有着出色的社会活动能力，一直都是学生会干部，能言善辩，性格开朗乐观，非常有人缘。接收家族企业后，她顺利接手了应永军的社会职务，包括当地侨联、商会的职务，而且还是当地海创会的发起人、创二代的负责人。由此可见，社会网络资源在两个人格特质相契合的一代创始人和二代接班人之间顺利交接。此外，冯炜炜和应园青梅竹马，姻亲关系稳固，加之其管理学专业背景，公婆有意识地让她及早参与到家族企业的管理中心，在接班后更是设定了三年的辅助期，让她能够专心于她擅长的管理和海外市场拓展，并将他们的经营理念、社会网络关系、为人处世方式等进一步传给她，"扶上马再送一程"的做法等，使冯炜炜在接班前期倍感轻松，也为家族产业的顺利传承奠定了扎实的基础。

由于接班时华联电子企业的状态非常稳定，家族成员给予了充分的信任和支持，所以继承者结合当时国际市场拓展的需求，凭借管理学专业知识和海外留学经历，着手进行更深层次的改革，如向高科技产业转型升级、企业管理体制的变革、技术的革新、国际市场的拓展等。此外，应园的自主创业，使家族产业向纵深发展，通过初步整合，实现了家族产业的战略联盟。因此，华联电子实现了以管理变革、产业转型和整合为主的演进发展。非血缘关系的家族企业演进式代际传承的成功有赖于稳固的姻亲关系,信任、和谐的家族文化,性格特质的契合以及创始人的保驾护航等。在这些前提下,家族性资源在传承人和继承人之间实现了有效的传递,社会性资源、经营理念、企业家精神才能传承。华联电子的家族企业传承以社会性资源为主导的家族性资源的有效传递是成功传承的基础,以姻亲关系为主导的传承计划是成功传承的保障,以管理变革为载体的家族企业演进式发展是成功传承的路径。

六、宁波易中禾生物技术有限公司家族企业案例分析

宁波易中禾生物技术有限公司(以下简称"易中禾")成立于2012年7月,是新芝生物科技股份有限公司(上市公司,以下简称"新芝生物")的全资子公司,坐落在宁波东钱湖畔。易中禾是一家以珍惜名贵药材的组培、栽培、研发,以及生产、销售为核心竞争力的科技型高新企业,以铁皮石斛、金线莲为主要品种,集科学研究、生产实践、健康服务、保健养生为一体,以专业化、规模化、国际化为发展道路。易中禾拥有铁皮石斛生产业务,包括试管苗生产、GCP栽培、枫斗制作、深加工等生产科研体系,此外公司还进一步开发了铁皮石斛鲜品、枫斗、花茶、铁皮酒等系列产品。易中禾注册资金500万,董事长周芳(母),总经理肖艺(女),拥有由海外博士、浙江大学教授等组成的资深专家技术团队30余人,对铁皮石斛的研究已有20多年历史。此外,易中禾创新了组培技术,根据不同中药材的种植要求,进行分等级种植经营(阳光温室大棚种植、仿生态种植、野外套种等);先后开设了8家易中禾铁皮石斛品牌形象店,其中宁波1家、杭州5家、安徽1家、香港1家。

易中禾是以名贵中药材种苗繁育和生物药业开发为宗旨,以铁皮石斛、金线莲为主要品种,集科学研究、生产实践、健康服务、保健养生为一体的健康养生产业。目前,健康养生产业是我国极少数几个具有自主知识产权的产业之一,在我国国民经济和现阶段社会发展中具有很强的发展优势和广阔的市场前景。随着国民生活水平的提高,人们对健康的需求变得越来越迫切,对重要养生产品的需求也越来越强烈。健康养生产业将从以往的第三、第四产业上升为全球第一大产业。作为新兴的朝阳产业,健康养生产业出于快速上升时期,市场拓展空间很大。易中禾作为宁波新芝生物科技股份有限公司投资控股的子公

司，其发起人周芳一直专注于生命科学研究。从 20 多年前研究细胞免疫、分子生物学开始，新芝一直是国家科技部、卫生部重大专项承担单位。易中禾的组建，是周芳对生命科学理想的坚持，是肖艺对父母生命科学研究事业的落地和延伸，让生命科学产业有了新的曙光，因而是典型的战略性新兴企业。

为将易中禾打造成为全国乃至世界有一定业界影响力的公司，让易中禾品牌走向世界，肖艺坚持用技术保证品质、用口碑树立品牌。因此，自生产基地建设以来，公司聘请了以浙江大学为核心的高效技术团队，以及常年种植铁皮石斛的农业专家，研究铁皮石斛、金线莲等名贵中草药的不同种植技术及成品加工工艺。目前，公司的产品通过了国家有机认证，铁皮石斛种苗高效繁殖方法获得国家发明专利，先进的生产工艺获得国家实用新型专利，铁皮石斛多糖有效成分达到国标的 2.4 倍。2012 年被宁波市政府列为铁皮石斛精品园项目，获评农业龙头企业，在 2013 年全国创业创新比赛中，易中禾脱颖而出，医疗健康组全国总决赛第八，被评为 2013 年度十大"红牛创业榜样"。因此，易中天贯彻以科学技术为指导的发展理念，是典型的具有高技术含量的养生保健企业。

周芳作为企业的一代创业者，基于自己的专业和良好的合作团队成功创办了新芝，经过 20 多年的坚持不懈和努力经营，带领整个团队将新芝由十几个人组成的科研所发展成资产超过 7 000 万的新三板上市公司。作为传统的中国家庭，周芳、肖长锦一直希望能够将企业传给唯一的女儿肖艺。肖艺在完成伦敦大学学业后，接受父母的邀请回国发展，结合自己的国际视野及对外交流能力，首先选择在成熟的进出口公司锻炼外贸业务能力。随着实践能力的增强，肖艺对父母的事业也有了一定的了解，逐渐有了接班家族企业的想法，2009 年年底，肖艺进入新芝，专门负责企业的外贸业务、英文网站平台建设及企业推广宣传工作。周芳为了让女儿有更充分的发展空间，肖艺也希望借助自己的专长发展一份没有太多历史包袱的、全新的事业，于是母女二人选择了创建新业务，组建易中禾。周芳希望通过易中禾的筹备、组建、发展及经营，让肖艺全面理解经营企业、管理企业所需要的能力及心态。易中禾在母女二人的稳扎稳打下，不断发展。与此同时，家族企业的传承也在计划中朝着目标一步步地前行、一步步地推进。随着肖艺的经营理念日渐成熟，周芳于 2014 年将易中禾的法定代表人转给肖艺，初步完成了家族企业的传承。可以说，易中禾是家族企业传承的新的业务载体，这种基于业务形态变化的传承方式，是家族企业的转移传承，是一种比较典型的家族企业传承模式。

由于社会环境的变化，大部分家族企业二代继承人有着良好的教育背景，并且有海外学习和生活经历。基于这种成长背景，这些继承人对于企业的发展及管理有着不同的理念，他们也希望通过自己所掌握的与国际接轨的理论、知识和理念去开创自己的一番事业。而家族企业的一代创业者，大多出生于20世纪五六十年代，在改革开放带来的机遇中开创了现在的事业，在创业过程中不断摸索经验。基于两代人不同的成长环境和知识背景，创建新业务成为家族企业传承的一种新的方式。在转移传承中，一代创业者能够利用社会网络资源促进业务转移，同时也可以用自己的经验帮助和指导继承人。与此同时，在新的业务环境下，继承人无须面临家族企业长期以来积累的问题和包袱，可以按照自己的想法和理念去规划与管理新业务。作为总负责人，从项目筹建到公司组建再到公司发展，肖艺全面锻炼了各个方面的能力。经过几年的磨砺，肖艺的成长有目共睹，具备了接班家族企业的能力，初步实现了家族企业的传承。

首先，易中禾公司稳定发展，规模逐渐扩大。肖艺是易中禾项目的实际负责人，2010年杭州天目山铁皮石斛生产基地首先建成，2012年7月易中禾正式成立。到目前为止，易中禾共有4家生产基地、7家铁皮石斛直营店、1家加盟连锁店。易中禾人以"让健康人更健康，让亚健康变健康"为理念，弘扬铁皮石斛的养生文化，让更多的人真正认识铁皮石斛。易中禾组织结构完善，运营文件、商业模式灵活，技术领先，家族企业的传承非常成功。并且，肖艺进入家族企业之后，凭借自己的业务能力和对国际市场的了解，很快帮新芝搭建起了各类电子商务平台及英文网站，同时将外贸业务做得风生水起。在易中禾项目确定后，肖艺全面负责项目抽检、公司组建、推广宣传及业务经营。肖艺充分利用阿里巴巴、诚信通等平台推广展示易中禾，还独自一人带着易中禾的多项产品远赴国外参加不同的展会，同时也在国内各地有影响力的博览会、展会上对企业产品及品牌形象进行宣传推广。在肖艺的努力下，易中禾进入了北京、上海、广州等一线城市，当地政府及广大消费者也认识了易中禾。经过几年的锻炼和成长，肖艺能够独当一面并带领企业走向下一个辉煌，赢得了父母和整个企业团队的认可。

易中禾的案例，周芳、肖长锦一直希望女儿能够接管家族企业，也努力让女儿接受接班家族企业的事实。但是，他们并没有将这种想法强加给女儿。深受儒家文化影响的周芳，在女儿成长过程中一直相信女儿并鼓励女儿独立自主，磨炼其意志、培养其能力。第一，他尊重女儿独立创业的意愿，提出与女儿共同创业开辟新业务，在新业务开拓中母女二人互相学习、分工合作，共同创业，共同进步。母女创业理念的认同不仅使家族企业后继有人，顺利实现传承，也使继承人实现了自主创业的理想。第二，家庭关系和家族成员的沟通在中国的家族企业经营中发挥着重要作用，是家族企业传承成功的润滑剂。易中禾的传承过程中，周芳、肖长锦及肖艺之间互相理解、相互信任，基于这种家庭氛围，两代人沟通顺畅，能够更好地理解和信任对方。周芳对理想的坚持在潜移默化中感染了女儿，因此肖艺对父母的理想和坚持的事业也有了自己的理解，并将其发展为自己的事业目标和方向。也正是基于沟通，母女采用了业务转移的方式逐渐过渡，进行企业传承。家庭信任在易中禾的传承中有着典型的呈现。周芳和肖艺两代人不同的成长背景、知识背景和学习背景，使他们看待问题、解决问题的方式有着显著的不同。正是基于信任，周芳在易中禾的创建过程中始终甘当绿叶，愿意接受女儿的理念和方法去发展新事业，同时在女儿需要帮助的时候及时给予指导和帮助。因此，在沟通和信任的条件下，肖艺在新业务的拓展中能力快速提升，得到母亲的认可并将法人职责转给他，基本完成传承。第三，家族和谐、共谋发展，家庭会议沟通是解决公司重大问题的特殊方式。在处理公司发展的重大问题时，家庭会议往往会邀请肖艺的外公、外婆及好友等不同层面的人参加。所以会议成员首先要对生命科学有一定的了解，其次是在公司没有股份的人，不存在任何利益关系，再次是知识背景及工作背景要多元化，这三点可以保障家庭会议成员的提议相对客观和全面，能够对周芳、肖艺做决策提供一定的参考。家庭会议也成为家族成员沟通交流的特殊平台，形成了良好的家族氛围，促进了家族成员间的相互理解和信任。

  从易中禾的案例可知，企业家精神最大的特征在于创新和合作，分别代表了企业家的愿景及态度。新芝创始人没有让女儿直接继承新芝，而是选择了新的业务易中禾作为母女共同创业的实业，从生命仪器的研发跨越到高端中草药的种植、推广及深加工。同时，通过共同创业，母女之间互相磨合，培养了默契，相互理解和支持。易中禾虽然还在发展期，但正在积极进行组培技术创新，相信通过努力，易中禾将拥有纵深拓展业务的能力，实现转型升级。综上所述，创始人及继承人的共同努力、合作，整个家族成员的信任，和谐的家族文化，人格特质的契合，必定能使家族企业迎来再发展。在易中禾的家族企业转移传承中，以企业家精神为主导的家族性资源的有效传递是成功传承的基础，以共同创业为导向的培养方式是成功传承的保障，以创新、合作为载体的家族企业转移式发展是成功传承的路径。

七、宁波夏厦齿轮有限公司家族企业案例分析

　　宁波夏厦齿轮有限公司（以下简称"夏厦齿轮"）创立于 1993 年，在公司创立人夏建敏的辛勤耕耘下，从 20 世纪 90 年代初的一个五金加工厂发展成为国内小模数齿轮的最大制造基地之一，集设计、检测、加工制造诸能力于一体。公司率先引进小模数齿轮高速干切设备和技术，并进行技术创新，开发了国内首创的小模数锥蜗杆、环面蜗杆减速器，现拥有电动工具产品系列、蜗轮蜗杆、滚刀、汽车配件产品及各类减速机。公司已获得多项专利技术，被评为宁波市科技型企业。公司坐落于宁波市镇海区骆驼机电工业园，位于宁波杭甬公路骆驼街道路段，交通十分便利。公司厂区面积 43 000 平方米，建筑面积 36 000 平方米，另有建筑面积 24 000 平方米的办公楼和厂房正在建设中。现有员工 800 余人，其中管理及工程技术人员多达 128 人。夏厦齿轮所涉及的齿轮产业近年来快速发展，产业规模不断扩大，产品门类更加齐全，行业骨干企业初步具备了新产品开发能力，为振兴装备制造业做出了重要贡献。特别是近几年在汽车、风电、高铁和基础设施等快速发展的拉动下，全行业呈快速发展之势，"十一五"时期末我国齿轮市场总需求超过 1 400 亿元。目前，我国齿轮市场规模已位居全球第三位，经过 20 多年的发展，齿轮行业民营企业异军突起。民营企业的数量对就业的贡献、资产总额，盈利能力和创新活力等都超过了国有、外资及合资企业，其市场地位和行业作用越来越重要，且发展潜力巨大。我国齿轮行业三大市场（车辆齿轮、通用工业齿轮、专用工业齿轮）中，车辆齿轮占齿轮市场总额的 62%，汽车齿轮又占车辆齿轮的 62%，即汽车齿轮占整个齿轮市场近 40% 的比重，汽车产业是齿轮行业最重要的下游产业。改革开放以来，通过市场选择和竞争，我国齿轮行业形成了华东、华北、西南、华中、西北、东北六大齿轮主产区，而华东地区齿轮生产占据了全行业的半壁江山。

　　我国五金行业的发展格局正悄然发生变化，之前是供不应求，如今是供过于求。由于相关企业竞争加剧，五金产业链各环节的利润空间均被压缩。同时，国际市场对我国五金产品的要求也逐步发生变化，对我国五金产品的质量、包装、供货期限等都提出了更高的要求，甚至逐步延伸到生产过程和产品的研发环节。纵观全局，中国中小型五金企业要想谋得持续性发展，必须转型

升级，加大技术投入，提升产品质量。夏厦齿轮是中国中小型五金行业中转型成功的代表。夏厦齿轮摆脱了原先以生产配件为主、缺少自主品牌的尴尬局面，转而生产精密小模数齿轮、刀具等产品，并自主研发机床装备。夏厦齿轮的转型是成功的，目前夏厦齿轮是中国小模数齿轮的最大制造基地之一，是国家高新技术企业，拥有小模数传动件工程技术中心，还获得多项专利技术。2012 年，夏厦齿轮步入了宁波市科技型企业之列；2013 年，被评为镇海区专利大户、镇海区转型升级十佳企业、国家高新技术企业。未来我国五金制品出口面临的新变化，将是高新技术产品的出口量增长，低附加值的五金产品被高附加值出口产品取代。转型升级已经成为行业发展的必然趋势，夏厦齿轮的成功转型为这一行业的持续发展提供了有力实证。

2000 年，夏厦齿轮进入了飞快发展期。这一时期，夏厦齿轮秉承"只有专注，才会优秀"的发展理念，坚定不移地走专业化发展的道路，服务客户，服务社会。2002 年，通过了 ISO9001 质量管理体系认证。2003 年，为了改进生产，专门引进国外的小模数高速干切滚齿设备，并获得成功。2004 年，成立了企业工程（技术）研发中心，这段时期公司为各行各业用户生产开发各种小型齿轮产品，在市场上也获得了广泛的认可。其中主导产品电动工具电枢轴及齿轮传动件与国内外知名电动工具制造商配套，小型电机减速机已具备批量生产能力并获得客户好评。2007 年，在父辈的支持下，凭着先进的经营理念，依托母公司专业生产小模数齿轮的丰富经验及雄厚的资本实力，夏挺在国内注册成立了宁波雅仕得传动机械有限公司（以下简称"雅仕得传动"），担任总经理一职。雅仕得传动是父子双方共同承诺各自发展而推出的新业务，但也是依托夏厦母体的力量，独立出来的子公司。雅仕得传动专业生产汽车电子助力转向系统 EPS 小齿轴、汽车发动机正时系统、汽车摇窗电机蜗杆。雅仕得传动的创立使公司实现了第一次转型，从单个零部件生产为主转向汽车齿轮生产。雅仕得传动慢慢地成长，先后与美国汽车零部件巨头 TRW 天合汽车集团、德国莱爱夫股份公司、韩国 Mando 公司进行技术合作，不仅成功开发了多个新一代电子转向系统项目，更引进了国外先进的生产技术及制造设备，取代了日本、韩国公司在亚洲电子助力转向系统市场的领导地位，使本公司产品性价比超过国外产品，成为国内客户首选品牌。2008 年，雅仕得传动通过了 ISO/TS16949 质量管理体系认证，并导入 ERP 等管理系统。2009 年，公司实现销售收入 1 020 万元，利税 289 万元。

雅仕得传动成功之后，夏挺于 2009 年 3 月又与江西一家科技公司合资创办了宁波朗曼达工具有限公司（以下简称"朗曼达工具"）。朗曼达公司于国内首先试制成功高速干切的硬质合金滚刀，开始尝试生产和销售，并取得了当年办厂、当年产出、当年销售产品的良好业绩。朗曼达工具公司拥有小模数蜗杆型剃齿刀、镶片蜗杆型齿轮加工刀具、弹性磨头、滚刀完全利用的综合齿轮方法等发明专利。朗曼达工具还外聘了专家队伍，保证了研发的顺利进行。朗曼达工具研究的超硬超细高速干切硬质合金齿轮滚刀被列为宁波市科技型中小企业技术创新基金项目。朗曼达工具创建的第一年，公司总收入225万元，上缴税收20万元，创利润35万元。

现在的夏厦齿轮已经拥有世界顶尖的加工与检测设备，如德国 KOEPFER KP-160、KP-160、KP-200 高精密滚齿机，日本三菱滚齿机、HAMAI N60 滚齿机，等等；产品应用十分广泛，覆盖汽车、减速机、机器人、自动门控、电动工具、电动车等行业。优秀的品质加上具有竞争力的价格，使夏厦齿轮的产品行销欧洲、美洲、日本等多个国家和地区，并得到了客户的认可，是多家世界知名厂商的优秀供应商。

夏厦齿轮创始人夏建敏经过十几年的摸爬打滚，使夏厦齿轮从一家小五金加工厂成长为国内小模数齿轮的最大制造基地之一。几年内，夏厦齿轮的成长是快速的，成绩是有目共睹的，但企业产品的结构也决定了夏厦齿轮只是一家劳动密集型企业，在国际经济形势整体不佳、国内劳动力成本不断上升的阶段，依靠增加劳动力扩大产能的做法势必被淘汰，只有改进技术，提高产品精度，才能争得市场。此时，夏建敏独子夏挺海外留学归国，在父母召唤、企业急需人才时，夏挺留了下来。夏挺在父亲的认同及支持下开展了与夏厦齿轮不同的汽车齿轮业务，创建了宁波雅仕得传动。雅仕得传动创立之初，父亲夏建敏给了儿子很大的支持，不仅提供资金、设备及技术，还给足发展空间。夏挺的自主创业是成功的，新业务的建立让没有工作经验的他在无历史负担的前提下实现了自主创业，获得了宝贵的经营管理经验，同时培养了一批与企业共同成长的团队成员。而对于夏建敏而言，最重要的莫过于新业务的创立使儿子夏挺能够留在公司，开始全面传承家业，也使得夏厦齿轮实现了首次转型。可以说，雅仕得传动是进行企业传承的新的业务载体，基于业务形态变化的传承方式是家族企业的转移式传承，是一种比较典型的家族企业传承模式。同时，通过创建新业务培养了家族企业继承人的综合能力。在转移传承中，一代创业者能够利用社会网络资源促进业务转移，同时也可以用自己的经验指导接班人；与此同时，在新业务环境下，接班人无须面对家族企业长期以来积累的问题和包袱，可以按照自己的想法和理念去规划和发展新事业。在新事业的磨炼中，夏挺累积了不少行销经验，认识了许多商业合作伙伴，组建了强大的团队，成立了许多相关的科研部门，夏挺逐渐具备了接班家族企业的能力，也因而初步实现了家族企业的传承。

通过家族企业的传承，夏厦齿轮稳定发展，实现了转型升级；同时，继承人有了自己的团队，能力也获得了肯定。2007年，夏挺创办了雅仕得传动，使夏厦齿轮实现了首次转型，从单个零部件生产为主转向汽车齿轮生产。2009年，夏挺又与江西一家科技公司合资创办了朗曼达工具，发展了与齿轮相关的产业链。经过几年的发展，父亲夏建敏及儿子夏挺都达成共识，夏厦齿轮要发展，光靠增加劳动力、提高产能是行不通的。因此，夏厦齿轮在2010年技改中投入了近1500万元，用于引进进口设备，提高自动化程度，提升产品档次，增强企业实力。此外，在全球经济萎靡时，夏厦齿轮另辟蹊径，积极开发新市场和延伸产业链。在开发新市场方面，以往大陆地区的游艇使用的齿轮都是从中国台湾地区及日本进口的，2012年年初夏厦齿轮与国内某知名企业签订协议，为游艇核心部件生产配套齿轮。这一新的游艇市场第一年就为夏厦齿轮带来3000万元以上的新增产值。在延伸产业链方面，夏厦齿轮引进国外先进设备、提高自动化程度，提升产品档次。2012年，公司在引进的同时走上了自主研发设备的道路，并于同年3月组建了夏厦投资控股有限公司，作为企业的产学研平台和研发中心。这样夏厦齿轮从零件加工跨越到数控设备研发制造，在满足企业自身生产需求的同时，还可以将多余设备投放市场，从而创造了新的利润增长点。新业务创建以来，夏厦齿轮稳步发展，在短期内实现转型升级，家族企业传承比较成功。此外，夏挺进入家族企业后，组建了自己的专业研究团队，很快找准了项目，创建了新业务。因为是自己一手培养的团队，在问题的沟通与处理上非常顺畅。同时，经过两项新业务的创建，夏挺的专业管理能力得到了历练及展现，逐渐成为一位沉稳的年轻管理者，具备了企业家的心理素质，并且连续几年被评为宁波市镇海区十大杰出青年、宁波市十大创业新秀。

夏厦齿轮两代经营者企业家精神的共同之处集中体现在恰当大胆的冒险精神及对产品、技术的不断创新，都实行了一种以技术革新、产品转型升级为导向的创业型管理模式。继承人与创始人对彼此创业理念的认同及共有的敢于挑战的冒险精神，使家族企业传承初期创始人欣然接受继承人自主创业的模式。继承人强烈的创业自信、酒店管理专业和海外留学背景、个人禀赋等，使新业务创立之后家族企业在技术创新、产品延伸、管理改革方面获得了长足的发展。继承人的自助创业为企业延伸产业链、实现转型积蓄了力量。夏挺针对夏厦集团的情况对未来发展做了非常合理的规划：原来的夏厦齿轮工厂只做传统行业，但要做得更精；雅仕得传动以后就做齿轮箱的开发设计与装配；公司旗下的各个子公司要有不同的定位，发挥各自的强项，体现各自的优势，实现转型升级。

综上所述，互相欣赏、合作，家族的信任，和谐的家族文化，人格特质的契合以及创始人的保驾护航，能为传承奠定扎实的基础。在夏厦齿轮的传承案例中，以企业家精神为主导的家族性资源的有效传递是成功传承的基础，以放手创业为主的培养方式是成功传承的保障，以创新转型为载体的家族企业转移式发展是成功传承的路径。在夏厦齿轮案例中，企业家精神得到了有效的传承。这里的企业家精神主要指夏厦齿轮两代人的创新精神、冒险精神、合作精神、敬业精神、学习精神、诚信及执着精神。企业家精神资源之所以得到有效传承，最重要的因素是两代人都敢于挑战、敢于尝试，对创建新业务有共同的认识；父亲不安于现状的创业精神，潜移默化地感染着儿子，使儿子在传承中选择效仿父亲自主创业，最终实现家族性资源的完整传承。夏厦齿轮创始人对继承人的培养方式是支持、放手，尊重对继承人的兴趣爱好、专业选择、就业选择等。创始人夏建敏给了继承人很大的支持，不仅提供资金、设备及技术，还给足发展空间，即便有了不同的想法，也决不干涉。在这种支持下，继承人组建了自己的创业团队，开始研发新技术，走上了实业创业之路。由此可见，在传承过程中，创始人要给予继承人足够的自由、足够大的平台，让其自主探索未来发展之路，同时也要努力激发继承人参与家族企业的兴趣，创造机会让继承人参与家族企业的经营管理。

八、浙江爱妻电器有限责任公司家族企业案例分析

浙江爱妻电气有限公司（AICHEN）（以下简称"爱妻电器"）创始人周赛方（岳父）励精图治，通过大规模技术改造和技术开发，把一家小家电加工作坊发展成为国内知名的电器生产企业，且仅用一年多时间就成功完成了企业的代际传承，2009年将公司业务大权交由鄂大川（女婿）经营管理。爱妻电器主营电压力锅、电磁炉、电饭煲和豆浆机等厨房用具，所在的行业属于家

电制造业，并逐渐向技术密集型制造业转变。厨房用具每家每户都要用，它不是一次投入就可以使用几十年的产品，属于家庭必需品，因此存在刚性需求。此外，随着居民生活水平的提高，高品质厨房用具的需求越来越大，城镇及农村地区对高品质厨房用具的需求也在上升，因此这一市场潜力巨大。鄂大川接管公司之后，根据自己对当前经济形式的分析和对未来经济趋势的准确预测，结合公司的品牌优势和技术优势，对公司业务和销售渠道进行了精简，将公司原有的众多业务聚焦在电压力锅、电磁炉和电饭煲等具有明显技术含量的产品上，同时果断放弃外销业务，专注于公司产品的内销业务，企业经营井然有序，业绩稳步上升，公司的核心竞争力和可持续发展能力大大增强，得到家族成员和业界的一致赞誉。爱妻电器创始人通过内部培训、资金支持和充分信任，使企业继承人在完全熟悉公司环境和公司业务的基础上，独立思考，果断决策，对原有庞杂的业务和销售渠道进行聚焦，迅速成长为可以独当一面的企业家。爱妻电器的代际传承也是民营企业成功代际传承的榜样和典范。

目前，创立于1992年的爱妻电器已然成为一家专业研发、生产、销售中高档炊具、生活小家电产品的现代化大型企业，同时也是国内规模最大的压力锅生产企业之一，企业员工达800余人，公司拥有雄厚的技术力量和一流的产品生产线，具有完善的产品检测手段和售后服务体系，并且已通过ISO9001：2008质量管理体系认证。公司为压力锅国家标准拟定单位之一，压力锅产品通过了QS认证。电器产品全部符合3C国家强制性产品认证要求，并先后获得德国GS、TUV安全标准证书，美国UL安全认证，中国香港标准及检定中心授予的英国BS1746：1987安全证书，为此浙江爱妻电器有限公司被评为高压锅——餐具十大品牌、浙江省著名商标，入选中国五金制品行业协会理事单位。凭借先进的生产设备、严格的品控流程、高水平的技术研发队伍，爱妻电器产品在同行业竞争中始终保持着高品质的领先优势。公司拥有自有知识产权的产品专利83项，其中发明专利6项，是宁波专利示范企业。公司严格执行国家质量标准，被评为质量示范单位、浙江省管理示范型企业，产品被评为全国消费者信得过产品、浙江省名牌产品，爱妻商标被评为浙江省著名商标。

经过20多年的辛勤耕耘，爱妻电器产品已从压力锅单品拓展到炊具系列和小家电系列，两大类别共160多个品种。爱妻电器公司已在国内建立了完善的销售网络和售后服务网络，产品进入了各知名卖场、地方卖场、专卖店等销售渠道，市场份额不断扩大。2011年，整个集团的总产值逾8亿元人民币，其不粘压铸铝锅产品远销美国、加拿大、日本、欧盟、中东、东南亚等国家和地区。凭借优良的品质、精湛的工艺、新颖的造型，爱妻电器已成为高品质的象征，产品赢得了广大消费者的青睐和赞誉。爱妻电器一贯秉承"科技、创新、求实、诚信"的企业宗旨，以不断提升国内外消费者的生活层次为己任，让每一位消费者充分享受爱妻电器陈品带来的生活魅力，体验厨房之乐趣，品享人生之美味。爱妻电器在发展过程中，不仅重视企业自身的发展，而且勇于承担社会责任，为社会各界捐款，开展慈善公益事业，2014年成为宁海县人民政府表彰的"宁海慈善贡献奖"获奖单位之一。

爱妻电器董事长周赛方，总经理鄂大川，二人为翁婿关系。爱妻电器的代际传承属于岳父传承、女婿接班，接班后女婿对公司业务和销售模式进行了聚焦，传承方式和类型都具有很强的代表性，传承时间较早，传承过程顺利，传承效果良好。鄂大川在爱妻电器的传承，既有"空降兵"的性质，又有"温水煮青蛙"的特点。"空降兵"是因为鄂大川在进入爱妻电器之前在恒生银行做主管工作，业务开展比较好；"温水煮青蛙"是因为鄂大川被女朋友劝说在岳父不知二人关系的情况下去公司面试做销售业务。这种跨度较大的行业转换，需要极大的决心，也需要较长的适应期。但是，凭借自己在银行积累的工作经验和超强的学习能力，鄂大川在公司成长得很快，销售业绩提升迅速，对公司的环境、产品和存在的问题有了自己的看法，不久就引起了未来岳父周赛方的注意，而同时女朋友也向周赛方坦白了二人的关系，这样1年后鄂大川就顺理成章地接管了公司，一步一步顺利完成爱妻电器的代际传承。爱妻电器总经理鄂大川2009年从岳父周赛方手中全面接管公司的业务，传承过程可以说是"自然"和"稳健"的，也是宁波家族企业传承的典范。周赛方通过启发式的聊天和身体力行，潜移默化地将自己的经验、经营理念和创新精神传承给鄂大川。鄂大川早期的经验积累，以及与岳父的融洽沟通也对爱妻电器的代际传承起到了重要作用。

面对公司发展遇到的诸如企业摊子过大、产品种类过多、销售模式陈旧、炊具行业市场准入"门槛"低、国内消费者消费能力有限等巨大"瓶颈"，鄂大川悉心学习、虚心请教、认真归纳分析和总结，根据公司的品牌优势和技术优势（专利），结合当时国际金融危机的形势和自身对未来经济发展趋势的预测，果断决定将原有的庞杂的业务范围进行大规模的精简，将公司业务聚焦到电压力锅、电磁炉和电饭煲等具有明显品牌和技术优势的产品上，同时果断放弃公司的外贸业务，专注于优势产品和内销。在继续加强技术研发的基础上，利用公司的专利技术不断开发系列产品，加大技术创新；增加对人才引进的投入，提高企业管理水平，在岳父的协助下，逐步劝退公司管理层中的家族成员，采用规范的制度来管理公司；利用公司已经建立的品牌和技术优势，精简业务，对产品进行聚焦，专注于产品生产、研发和销售；果断放弃公司原有的外贸业务，聚精会神做产品内销；秉承"质量是企业生命线"的宗旨，不断提高产品的质量，使公司产品通过了各种高水平的产品质量认证；加强制度建设，除了行政管理以外，重点加强生产及业务管理；加强管理团队建设，以内部选拔为主、外部招募为辅的方式，组建产品研发团队、产品销售团队，用对人、用好人。经过几年的发展和变革，爱妻电器不仅顺利地完成了家族企业的传承，突破了公司发展的"瓶颈"，而且业绩平稳上升，不断发展壮大，目前公司占地面积和员工人数逐年增加，总产值超过10亿元。通过一系列措施的贯彻实施，公司的产值逐年增加，2011年达到了6亿元，2013年更是突破了8亿元大关，企业效益大幅度增长。2012年，爱妻电器入选全国浙商500强企业；2013年，爱妻电器被评为国家日用五金炊具卓越企业，跻身2013中国餐具、烹饪灶具品牌排行榜之列，成为浙江管理示范单位。对于公司的未来发展，鄂大川也做了规划，将逐步收缩工厂，重点放在品牌经营上，组建品牌开发团队、质量控制团队、供应链团队，着重进行品牌运作。

爱妻电器的案例中，岳父周赛方和女婿鄂大川的性格特质存在很多相似性，从岳父早期创业经历中所表现出来的勇于挑战、与员工同甘共苦，可以看出创始人性格开朗、有领导魅力，因此在他身边聚集了很多忠诚度很高的人才，形成了丰富的社会网络关系资源，有一定的社会影响力和号召力；女婿在银行工作期间就有着出色的工作能力和管理能力，其性格内敛，乐观向上，非常有人缘，接手家族企业后不但注重合理配置和发展企业内部资源，而且积极开拓社会网络资源，在现代企业管理理念指导下，利用自身优势，对企业进行了全面的改革，迅速让公司走上正轨，转危为安，继而持续发展，为家族企业的顺利传承奠定了扎实的基础。在传承初期，企业面临经营与管理危机，继承人与创始人对行业发展趋势的相同判断及二人共有的企业家精神使创始人在家族企业传承时完全信任继承人并放手让其开拓创新。加之继承人沉稳的性格和老练的作风、在银行多年积累的管理经验、个人禀赋等，使传承后的爱妻电器家族企业实现了技术创新、产品聚焦、市场聚焦、管理改革。产品和市场聚焦为企业延伸产业链、实现长足发展积蓄了力量。当然，顺利传承还有赖于家族的信任和宽松的家庭沟通气氛，这在传承初期都非常重要。创始人的彻底放权表明其对继承人的能力有信心，家庭内部的明确分工也体现了创始人对继承人的能力有信心。获得家族信任后，继承人对家族事业的使命感和责任感更强了。家族文化很好地为家族企业的持续传承提供了支撑，也为传承的成功保驾护航。父辈的指导、建议、鼓励和肯定，改变了继承人的自我效能感。所以，爱妻电器交接后，继承人使公司在品牌建设、新市场拓展、技术引进和技术升级等方面都有了长足的发展。

九、宁波东方电缆股份有限公司家族企业案例分析

宁波东方电缆股份有限公司（以下简称"东方电缆"）成立于1998年，坐落于浙江省宁波市，位于中国大陆海岸线中段，经济发达的长江三角洲南翼，毗邻上海、杭州，具有得天独厚深水良港的北仑港。注册资本11 000万元，下设2个全资子公司，即江西东方电缆有限公司和宁波海缆研究院工程有限公司。东方电缆作为宁波的一家国家级高新技术企业、国家创新型企业，自1998年由夏崇耀（父亲）创立以来，发展迅速，并已成功上市。东方电缆是自主研发并专业制造电线电缆的企业，主要从事各种电线电缆的研发、生产、销售及其服务，主导产品为海缆、电力电缆和电气装备用电线电缆，主要包括220kv及以下交联电缆（交联海底电缆、光电复合交联海底电缆、高中低压电力电缆）、核电站用电缆、轨道交通用电线电缆、通信电缆等，其中以海缆、高压电力电缆为公司业务发展重点。拥有550kv及以下交流海缆、陆缆，±300kv及以下直流海缆、陆缆的系统研发生产能力，并涉及海底光电复合缆、海底光缆、智能电网用光复电缆、核电缆、通信电缆、控制电缆、电线、综合布线、架空导线等一系列产品；同时提供海洋工程用线缆的客户定制化服务（如脐带缆等）；并通过了ISO三大体系认证，拥有挪威船级社DNV认证证书。

电线电缆是输送电（磁）能、传输信息和实现电磁能量转换的线材产品，广泛应用于国民经济各个领域，被喻为国民经济的"血管"与"神经"。电线电缆制造业是国民经济中最大的配套行业之一，是机械行业中仅次于汽车行业的第二大产业，电线电缆产品广泛应用于电力、能源、交通、通信、汽车，以及石油化工等产业，其发展受国内外宏观经济状况、国家经济政策与产业政策，以及各相关行业发展的影响，与国民经济的发展密切相关。目前，中国电线电缆制造业总产值已经超过美国，成为世界第一大电线电缆生产国。从2006年开始，我国先后出台了《国务院关于振兴装备制造业发展的若干意见》

及《装备制造业调整和振兴规划》等政策，电线电缆行业的需求大幅增加，电线电缆行业的产值大幅提升。2011年开始，国民经济"十二五"发展规划及多地的区域海洋经济发展规划等一系列政策相继出台，江苏四大风电项目特许权招标等工作纷纷启动，全国第一个海洋经济特区——浙江舟山群岛新区获批，这些举措必将带来海洋能源开发的加速发展，进而产生对海缆的巨大需求，海缆即将进入一个黄金发展期，东方电缆公司市场前景广阔。

作为国家级高新技术企业、国家创新性试点企业、浙江省创新性示范企业、宁波市工业创业创新综合示范企业、中国青年科技创新行动示范基地，浙江省重点创新团队，东方电缆建有省级企业技术中心、院士工作站、博士后科研工作站。通过长期的引进和培养，东方电缆建立了一支拥有93名技术人员的高水平专业技术团队，拥有专业的海缆研发平台和海缆研发团队。东方电缆是浙江省专利示范企业，目前拥有47项专利，包括12项发明专利、35项实用新型专利、3项发明专利等等。东方电缆建立了完善高校的技术创新组织体系：科学技术协会负责技术、研发的决策、评审；企业技术中心负责研发的组织和协调；专业项目组负责项目的具体实施。东方电缆公司坚持"跟踪—调研—消化吸收—创新—领先—再创新"的技术创新路径与原则，以市场为导向，紧跟国际前沿技术，始终保持着海缆技术在国内的领先优势。同时，东方电缆公司制定了形式多样的人才激励政策和绩效考核制度，高度重视对研发人员的再培养，提高研发人员的积极性，为东方电缆公司技术创新提供了保障。东方电缆通过持续的技术创新和自主研发，逐步在海缆产品制造和工业设计两个领域内形成了17项核心技术，并获得38项专利，是国内少数拥有成熟的110kv及以上海底电缆和脐带缆生产技术的企业，打破了国外线缆生产巨头在高电压海缆领域多年的市场垄断。

2009年夏峰（儿子）进入东方电缆公司后，利用其自身的理工科背景和技术优势及浙江省海洋经济发展的机遇，加强科学研究，以科技促发展，带领企业转型升级，目前东方电缆已经顺利完成家族企业的传承。在传承过程中，为了更好地完成家族起源的传承，东方电缆采取了业务聚焦的形势（即聚焦海底电缆业务），传承人夏峰从科技研发和技术创新切入，一点一滴进行积累和沉淀，从而辐射公司的生产、销售等各方面业务，不仅提高了公司的核心竞争力，而且自身的能力逐渐提升，进而顺利接班。通过科技研发和技术创新，企业继承人在海底电缆和脐带缆的研发及产业化过程中各项能力快速提升，迅速成长为可以独当一面的青年企业家；与此同时，海缆业务的聚焦又让家族企业整体实力得到提升并实现可持续发展，也为公司顺利实现代际传承奠定了坚实的基础。因此，东方电缆这种以业务聚焦为路径的家族企业传承方式，也是民营企业成功待机传承的典范。

东方电缆公司的代际传承的推进计划非常普遍，夏崇耀送儿子去英国留学，选择先进制造工程专业，让儿子学习和公司业务相关的知识，为将来的接班做准备。夏峰在英国学习期间，已经开始关注东方电缆的业务和发展方向，其在实习期间从事的设备安装工作，也为后来进入公司积累了丰富的经验。2009年夏峰从英国留学回来后，进入企业并没有全面接管公司的业务，而是从技术创新入手，着手组建自己的核心科研团队，并成立东方海缆研究院，将自己的重点放在公司未来发展方向上，即将海底电缆和脐带缆作为发展方向，结合公司的实际情况，承担国家科技部、海洋局的科研项目，进行研究与开发，逐步实现产业化。通过对海底电缆和脐带缆的研发，公司的知名度逐渐提高，从而带动了公司的市场营销、品牌建设和企业管理，夏峰则由主管研发的部门经理发展成为全面接手公司业务的副总经理。既增强了公司的科研实力，又提升了公司的业绩，更为重要的是，夏峰在工作的过程中，各方面能力不断提高，逐渐成长为可以独当一面的管理者。这种以业务聚焦方式进行代际传承的方式，有很强的代表性，传承人高瞻远瞩，让继承人学习先进的技术，从而在接手公司时有自身的核心优势；继承人则凭借其读书和实习期间在技术方面的积累和沉淀，以技术创新切入公司业务，逐渐接手公司业务，顺利实现传承。

总之，东方电缆公司的代际传承，不仅仅是一种传承和守业，还是在父辈的肩膀上，牢牢把握当前社会发展的趋势，聚焦公司技术的一种创新，利用了研发和技术优势逐渐接管公司，并通过不断承接国家级的科研项目提升公司的核心竞争力，使公司有了自己的核心技术，严格意义上讲，这也可看作是二次创业。夏峰进入公司之后，公司的核心竞争力明显提高，业务重点向海缆转移，公司在海缆方面的投入不断增加。公司2014年的融资计划中，总融资4亿元，其中1.8亿元用于补充流动资金，剩余的2.2亿元则投向海缆项目。在海缆业务方面，2013年度实现营业收入1 871.90万元，净利润304.64万元，该项业务的净利率为16.27%，远高于公司传统电线电缆业务。公司在海缆业务方面迅速发展，加上核心技术的研发，其核心竞争力不断提升，在同行业中的地位逐渐提高，目前已经成为国内电缆行业的龙头企业。家庭成员对夏峰非常认可，社会评价很高，自夏峰2009年进入公司，他从公司的科研团队组建到东方海缆研究院的成立，从参与国家科技部"863计划"项目到现在亲自主持科研项目，从研发部门辐射到公司各个部门，一步一个脚印，踏踏实实做事，认认真真做人，继承了父辈身上内敛、谦虚的特质，他聚焦技术创新，不断提高公司的核心竞争力和知名度，将江东方电缆做到了前所未有的高度。父亲夏崇耀对此十分自豪，也非常满意。从社会评价来看，不论是浙江的媒体，还是宁波的媒体，都对夏峰给予了极高的评价，并对其未来的发展寄予了很高的期望。

夏峰进入公司后，除了关注公司的技术创新、市场营销、品牌建设、产品质量之外，非常重视人力资源建设，尤其关注企业员工的满意度。东方海缆研究院成立之后，夏峰亲自到全国各大院校招聘应届毕业生，组建公司的科研团队，这些新员工专业各不相同，包括海洋经济、通信工程、机械工程等，夏峰与他们一起摸索，共同参与课题的开发与研究，通过几年的打磨，团队成员之间相互信任，员工对夏峰做事、做人都非常信服，满意度很高。在研究院的专家队伍建设方面，夏峰采用"柔性引智"，即与各地专家维系管理合作关系。最终，依托中国海缆前沿生产技术，汇集以院士为代表的20多名国内知名专家，以及该企业50余名技术骨干建立了海缆研发团队。在企业内部，夏峰致力于创建和谐企业，设立了"困难互助资金"，专门资助重病员工和特殊困难员工，并坚持每年春节走访慰问困难员工，把温暖和关爱传递给每一名需要帮助的员工。

对于东方电缆第一代创业者而言，诚信经营、领先意识和技术创新是其不可或缺的因素。家庭团结和睦、分工明确和家族成员间顺畅的沟通坚定了继承人继承父业的信心。父子两代经过冲突与磨合之后配合得更加默契，对科学研发、技术革新引领企业发展的理念更加认同，在传承意愿、经营理念和价值观等方面达成共识，继承人逐步建立起了传承责任感。在这种责任感的引领下，继承人结合自身所学，从技术创新顺利切入，认真钻研，既完成了经验型专业知识的传承，又打造了一支本领过硬的技术团队。而继承人的个人禀赋和家族社会网络资源的共享和拓展，使父子之间产生了广泛的协同效应，包括领导风格、经营理念、沟通方式等，从而顺利实现了家族企业的传承。

十、小　　结

20世纪80年代以来，家族制管理是我国大部分民营企业生产经营及发展壮大的最佳选择，这是因为在企业初创阶段家族制管理创造了极高的效率，而且部分企业的家族制管理还在继续创造着高效率，从而推动了企业的高速发展。随着创业者年龄的日益增长，许多家族企业都面临着权力交接、领导人换代等紧迫问题。家族企业二代群体也面临着是否成为父辈事业接班人的选择，及如何在财富自由后实现人生超越等挑战。宁波现有的家族企业中，10%的家族企业初步完成了传承接班，其他大量的家族企业正面临或即将面临传承问题。这表明，宁波家族企业的传承并不顺畅，宁波民营企业的长远发展还存在较大的隐忧。从企业绩效表现来看，已完成传承的宁波家族企业，其传承效果差异显著，如有的企业传承失败，企业萎缩甚至消亡；有的企业传承成功，企业的资本实力及竞争力有了较大提升，财务状况显著改善。这些成功传承的企业分别对原有业务进行了转移、演进或精简。当下，宁波家族企业面临传承高峰，挖掘并探究企业成功传承的普适性规律对于家族企业、宁波民营经济乃至中国民营经济的可持续发展都是非常有意义的。成功传承后的家族企业在产品、技术、管理、市场、品牌等方面获得了演进、转移和聚焦发展，企业的核心竞争力进一步提升。这些家族企业必将助力宁波经济的发展，并为其他家族企业的代际传承提供一定的借鉴。

参 考 文 献

[1] AVLONITIES G J, Salavou H E. Entrepreneurial orientation of SMEs, product Innovativeness and performance [J]. Journal of Business Research, 2007, 60 (5): 566 - 575.

[2] BATJARGAL B. Internet entrepreneurship: Social capital, human capital, and performance of Internet ventures in China [J]. Research Policy, 2007 (36): 605 - 618.

[3] BENNEDSEN M, FAN J P H, JIAN M, et al. The family business map: Framework, selective survey, and evidence from Chinese family firm succession (2015) http://dx.doi.org/10.1016/j.jcorpfin [2016 - 03 - 25].

[4] Bergen P. G., Ofek, E., "Diversification's Effect on Firm Value", Journal of Financial Economics, 1995, 37: 39 - 65.

[5] Berkovitch, Elazagand M. R Narayanan, Motives for takeovers: An Empirical Investigation, Journal of Financial and Quantitative Analysis, 28, September, 1983.

[6] BLOCK J H, MILLER D, JASKIEWICZ P et al. Economic and technological importance of innovations in large family and founder firms: An analysis of patent data [J]. Family Business Review, 2013 (26): 180 - 199.

[7] BUNKANWANICHA P, FAN J P H, WIWATTANAKANTANG Y. The value of marriage to family firms [J]. Journal of Financial and Quantitative Analysis, 2013 (48): 611 - 636.

[8] Cater, J. R., "In Search of Synergy: A Structure - Performance Test", Review of Economics and Statistics, 1977, 59: 279 - 289.

[9] Carroll, Archie B., A Three Dimensional Conceptual Model of Corporate Performance, Academy of Management Review, 1979, 4 (4): 497 - 505.

[10] Dennis, Debark K., John J. McConnell, Corporate Mergers and Securi-

ty Returns. Journal of Financial Economist, 2002: 124 – 130.

［11］ Eddleston K A, Kellermanns F W, Zellweger T M, Entrepreneurial behavior of family firms: does stewardship perspective explain the difference? ［J］. Entrepreneurship Theory and Practice, 2012 (36): 347 – 367.

［12］ Ensley M D, Pearson A W. An exploratory comparison of the behavioral dynamics of top management teams in family and non family new ventures: Cohesion, conflict, potency, and consensus ［J］. Entrepreneurship Theory and Practice, 2005, 29 (3): 267 – 284.

［13］ Frederick, William C., From CSR1 to CSR2, Business and Society, 1994, Vol. 33 (2): 150 – 164, 152.

［14］ G. Redding: Weak Organization and Strong Linkages: Managerial Ideology and Chinese Family Business Networks in G. Hamilton (ed), Business Networks and Economic Development in East and Southeast Asia ［Z］. Centre of Asian Studies University Of HongKong, 1991.

［15］ Guanghall, Patrick A. Readings in Mergers and Acquisitions – Blackwell, 2001: 143 – 156.

［16］ Harris, M., Kriebel, C. H., Raviv, R., "Asymmetric Information, Incentives and Intra – firm Resource Allocation", Management Science, 1982, 28 (6): 604 – 620.

［17］ Higgins M C. Career imprints: Creating leaders across an industry ［J］. Family Business Review, 2005 (16): 235 – 240.

［18］ Iriberri N, Rey – biel P. Let's (not) talk about sex: The effect of information provision on gender differences in performance under competition ［R］. Working Papers, 2011.

［19］ Jensen M. C and Mecking W, Theory of the firm: Managerial behavior, agency costs, and ownership structure, Journal of Financial economics Review, 3, Oct 1976.

［20］ Joseph C. Krallinger. Mergers & Acquisitions: Managing the Transaction. Mc Graw. Hill, 1997: 153 – 201.

［21］ Jensen M. and W. Meckling, 1991, "Specific and General Knowledge and Organizational Structure", in Lars Werin and HansWijkander, eds., Main Currents in Contract Economics (Blackwell, Oxford University Press).

[22] Lang, L. H. P., Stulz, R. M., "Tobin's Q, Corporate Diversification and Firm Performance", Journal of Political Economy, 1994, 102: 1248 – 1280.

[23] Marquis C, Tilcsik A. Imprinting: Toward a multilevel theory [J]. Social Science Electronic Publishing. 2013 (7): 295 – 245.

[24] McDougall, F. M., Round, D. K., "A Comparison of Diversifying and Non – diversifying Australian Industrial Firms", Academy of Management Journal, 1984, 27: 384 – 398.

[25] Meyer, M., P. Milgrom, J. Robert, "Organizational Prospects, Influence Costs, and Ownership Changes", Journal of E – economics and Management Strategy, 1992, 1: 9 – 35.

[26] Miller, R. A., "Market Structure and Industrial Performance: Relation of Profit Rates to Concentration, Advertising In – tensity and Diversity", Journal of Industrial Economics, 1969, 17: 104 – 118.

[27] Montgomery, C. A., "Product – Market Diversification and Market Power", Academy of Management Journal, 1985, 28: 789 – 798.

[28] Moores K. Paradigms and theory building in the domain of business families [J]. Family Business Review, 2009, 22 (2): 167 – 180.

[29] Myers, S. C., "The Determinant of Corporate Borrowing", Journal of Financial Economics, 1977, 5: 147 – 175.

[30] Roll Richard, The Hubris Hypothesis of Corporate Takeovers, Journal of Business, 59, April 1986.

[31] Santiago A L. The family in family business: Case of the in-laws in Philippine businesses [J]. Family Business Review, 2011 (24): 343 – 361.

[32] Servaes, H., "The Value of Diversification During the Conglomerate Merger Wave", Journal of Finance, 1996, 51: 1201 – 1226.

[33] Silin. R. H: Leadership and value: The organization of large scale Taiwan enterprises [M]. Cambridge, MA: Harvard University Press, 1976.

[34] Stulz R. M., "Managerial Discretion and Optimal Financing Policies", Journal of Financial Economics, 1990, 26: 3 – 27.

[35] Susan McLaren. Developing the general practice manager role: managers' experiences of engagement in continuing professional development [M]. 2007.

[36] Teece, D. J., "Economies of Scope and Scope of the Enterprise", Jour-

nal of Economics Behaviour and Organization, 1980, 1: 233 – 247.

[37] Xu N, Yuan Q, Jiang X, et al. Founder's political connections, second generation involvement, and family firm performance: Evidence from China [J]. Journal of Corporate Finance, 2015, 33 (3): 411 – 423.

[38] Zhou Y U, Hsu J Y. Divergent engagements: Roles and strategies of Taiwanese and mainland Chinese returnee entrepreneurs in the IT industry [J]. Global Networks, 2011, 11 (3): 398 – 419.

[39] 蔡宁, 李建升, 李巍. 企业社会责任, 还是商人社会责任? [J]. 技术经济, 2006, C7.

[40] 陈寒松. 家族企业家精神的传承与创新和研究 [J]. 东岳论丛, 2011 (4): 173 – 177.

[41] 陈晓红, 尹哲, 吴旭雷. "金字塔结构"、家族控制与企业价值——基于沪深股市的实证分析 [J]. 南开管理评论, 2007 (10).

[42] 陈旭东, 余逊达. 民营企业社会责任意识的现状与评价 [J]. 浙江大学学报 (人文社会科学版), 2007 (3).

[43] 陈酉宜. 目前我国家族企业的管理瓶颈及其突破 [J]. 河南师范大学学报 (哲学社会科学版), 2010 (5).

[44] 储小平. 儒家伦理与海外华人经济的发展 [J]. 汕头大学学报, 1998 (6).

[45] 储小平. 职业经理与家族企业的成长 [J]. 管理世界, 2002 (4).

[46] 邓德强, 谷棋. 我国家族上市公司的效率评价与改进 [J]. 财经问题研究, 2007 (5).

[47] 邓宏图, 周立群. 经理人市场: 供求与交易关系研究 [J]. 江苏社会科学, 2001 (4).

[48] 邓宏图. 企业家流动的博弈模型: 经济含义和企业家能力配置 [J]. 经济科学, 2002 (3).

[49] 丁建军, 陈赤平. 信任、专业化分工与家族企业治理机制选择 [J]. 财经科学, 2007 (12): 68 – 75.

[50] 谷棋, 邓德强, 路倩. 现金流权与控制权分离下的公司价值——基于我国家族上市公司的实证研究 [J]. 会计研究, 2006 (4).

[51] 何轩, 陈文婷, 李新春, 赋予股权还是泛家族化——家族企业职业经理人治理的实证研究 [J]. 中国工业经济, 2008 (5): 109 – 119.

[52] 雷丁. 海外企业家的管理思想——文化背景与风格 [M]. 上海：上海三联书店, 1993.

[53] 李秉翰. 家族企业引入职业经理人的风险及其规避 [J]. 财会月刊, 2010 (2).

[54] 李怀祖. 我国家族企业的成长与社会资本的融合 [J]. 西安交通大学博士学位论文, 2003.

[55] 李沛强, 民营企业职业化管理的重要问题及改进对策 [J]. 河北学刊, 2007 (9).

[56] 李双龙. 试析企业社会责任的影响因素 [J]. 经济体制改革, 2005 (4)：67 – 70.

[57] 李先耀. 企业家特异资源、代际传承和家族企业成长关系研究 [J]. 对外经贸, 2013 (8)：108 – 11.

[58] 李新春, 苏晓华. 总经理继任：西方的理论和我国的实践 [J]. 管理世界, 2001 (4).

[59] 李新春. 经理人市场的失灵与家族企业治理 [J]. 管理世界, 2003 (4).

[60] 李新春, 张书军主编. 家族企业：组织、行为与中国经济 [M]. 上海人民出版社, 2008.

[61] 李震. 中国民营企业的品牌战略和品牌管理 [J]. 复旦大学硕士学位论文, 2003.

[62] 刘长喜. 利益相关者、社会契约与企业社会责任——一个新的分析框架及其应用 [J]. 复旦大学博士论文, 2005.

[63] 刘江. 家族企业社会责任的内容及特性 [J]. 企业改革与管理, 2008, C3.

[64] 刘难. 中国家族企业面临的问题及其解决路径 [J]. 长安大学学报 (社会科学版), 2008 (9).

[65] 吕爱兵, 姚文祥. 两次 MBO 间隔 11 年, 解读雅戈尔高增长隐秘内幕 [J]. 财经时报, 2004 – 12 – 27.

[66] 马小援. 论企业环境与企业可持续发展 [J]. 管理世界 (月刊), 2010 (4).

[67]《上海企业诚信与社会责任研究》课题组. 企业道德实力探析——上海企业诚信与社会责调研 [J]. 上海市经济管理干部学院学报, 2005 (6)：

32－41.

[68] 苏琦，李新春. 内部治理、外部环境与中国家族企业生命周期 [J]. 管理世界（月刊），2004（10）.

[69] 苏启林. 朱文上市公司家族控制与企业价值 [J]. 经济研究，2003（8）.

[70] 唐更华. 企业社会责任发生机理研究 [M]. 长沙：湖南人民出版社，2008.

[71] 汤姆森，斯迪克兰德. 战略管理 [M]. 北京：北京大学出版社，2000.

[72] 邢铁. 家产继承史论 [M]. 昆明：云南大学出版社，2000.

[73] 徐萌娜，李建林，王明琳. 家族企业隐性知识代际转移研究 [J]. 经济研究，2012（2）：95－100.

[74] 许永斌，郑金芳. 中国民营上市公司家族控制权特征与公司绩效实证研究 [J]. 会计研究，2007（11）.

[75] 徐永高. 中国家族企业人力资源管理研究 [D]. 厦门：厦门大学，2005.

[76] 杨国枢. 家族化历程、泛家族主义及组织管理 [J]. 台北：台北远流出版公司，1998.

[77] 杨玉秀. 家族企业代际传承中的社会资本及其继承与发展 [J]. 南方论丛，2012（2）：81－90.

[78] 叶国灿. 论家族企业控制权的转移与内部治理结构的演变 [J]. 管理世界，2004（4）.

[79] 易元红. 转型时期家族企业组织演进的机理和环境分析 [J]. 湖北第二师范学院学报，2008，25（7）.

[80] 尹枚. 海外家族企业的探讨 [J]. 广西社会科学，2002（2）.

[81] 余斌斌. 家族企业接班人的胜任—绩效建模——基于越商代际传承的实证分析 [J]. 南开管理评论，2012（20）：61－71.

[82] 于飞，刘明霞. 我国家族企业代际传承知识转移影响因素分析——一个实证研究 [J]. 科技进步与对策，2013（20）：133－139.

[83] 余向前，张正堂，张一力. 企业家隐性知识、交接班意愿与家族企业代际传承 [J]. 管理世界，2013（11）：77－88.

[84] 王方华. 市场营销学 [M]. 上海：复旦大学出版社，2001.

[85] 王福民. 家族性资源、创业导向与企业绩效关系研究 [D]. 长沙: 中南大学, 2013.

[86] 王美婷. 家族企业内部治理结构存在的问题研究进展 [J]. 潍坊高等职业教育, 2009 (6).

[87] 王询. 文化传统与经济组织 [M]. 大连: 东北财经大学出版社, 1999.

[88] 王扬眉, 王海波, 刘美玲, 李爱君, 焦百强等. 宁波家族企业传承模式及典型案例研究 [M]. 杭州: 浙江大学出版社, 2016.

[89] 魏志华, 林亚, 吴育辉, 李常青. 家族企业研究: 一个文献计量分析 [J]. 经济学季刊, 2013 (10): 27-56.

[90] 张建琦. 机理与雇主的对策取向 [J]. 管理世界, 2002 (5).

[91] 张建琦. 黄文锋职业经理人进入民营企业影响因素的实证研究——对经理人进入意愿的分析检验 [J]. 中国民营企业, 2004 (6).

[92] 赵光忠. 核心竞争力与资源整合策划 [M]. 北京: 中国经济出版社, 2003.

[93] 郑佰嗦. 家庭主义与领导行为 [J]. 台北: 远流出版事业股份有限公司, 1991.

[94] 仲理峰. 家族企业高层管理者胜任特征模型 [J]. 心理学报, 2004 (1).

[95] 周其仁. 农村变革与中国发展 [M]. 香港: 牛津大学出版社, 1994.

[96] 朱江. 我国上市公司的多元化战略和经营业绩 [J]. 经济研究, 1999 (11).